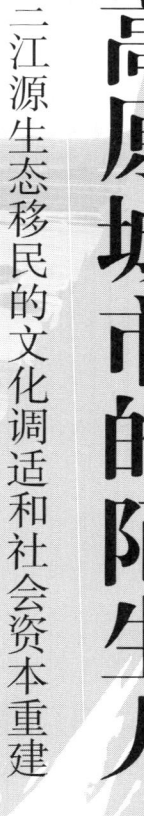

# 高原城市的陌生人

## 三江源生态移民的文化调适和社会资本重建

中共青海省委党校、青海省行政学院、青海省社会主义学院出版资助项目

韦仁忠 著

中国社会科学出版社

## 图书在版编目(CIP)数据

高原城市的陌生人：三江源生态移民的文化调适和社会资本重建/韦仁忠著．—北京：中国社会科学出版社，2016.6
ISBN 978-7-5161-7192-9

Ⅰ.①高… Ⅱ.①韦… Ⅲ.①移民安置—研究—青海省 Ⅳ.①D632.4

中国版本图书馆 CIP 数据核字(2015)第 291011 号

| | |
|---|---|
| 出 版 人 | 赵剑英 |
| 责任编辑 | 吴丽平 |
| 责任校对 | 贺少雅 |
| 责任印制 | 李寡寡 |

| | |
|---|---|
| 出　　版 | 中国社会科学出版社 |
| 社　　址 | 北京鼓楼西大街甲 158 号 |
| 邮　　编 | 100720 |
| 网　　址 | http://www.csspw.cn |
| 发 行 部 | 010-84083685 |
| 门 市 部 | 010-84029450 |
| 经　　销 | 新华书店及其他书店 |
| 印　　刷 | 北京明恒达印务有限公司 |
| 装　　订 | 廊坊市广阳区广增装订厂 |
| 版　　次 | 2016 年 6 月第 1 版 |
| 印　　次 | 2016 年 6 月第 1 次印刷 |
| 开　　本 | 710×1000 1/16 |
| 印　　张 | 15.5 |
| 插　　页 | 2 |
| 字　　数 | 231 千字 |
| 定　　价 | 58.00 元 |

凡购买中国社会科学出版社图书，如有质量问题请与本社营销中心联系调换
电话：010-84083683
版权所有　侵权必究

三江源第一个移民村：河源新村全貌图

河源新村屋顶的经幡

三江源草原上用经幡摆成的佛塔

黄河源头纪念碑

与移民代表在一起

残疾母亲在床上拉转经筒

移民家里的经堂

河源新村近景

移民办公室外墙上的标语

晒在墙上的牦牛粪燃料

经济条件较好的移民家

大武镇的帐房宾馆

移民在寺院里听经

严重沙化的山坡

厨房里的救济面粉

城镇出生的移民二代

河源新村独门独院的移民房

误以为笔者是记者:"反映"情况

经幡傍的"夏窝子"

日渐缩小的鄂陵湖

移民家里的酥油灯

与访谈对象一家在一起

移民孩子的"碎辫子"

这是一户跑运输的移民家

已当储物间的厕所

与负责移民点的工作人员在一起

同一家人不同的服饰

冬窝子

# 目　　录

**绪论** ……………………………………………………………………（1）
 第一节　选题背景与选题缘由 ………………………………………（2）
  一　选题背景 ……………………………………………………（2）
  二　选题缘由 ……………………………………………………（4）
 第二节　研究对象与研究意义 ………………………………………（5）
  一　研究对象 ……………………………………………………（5）
  二　研究意义 ……………………………………………………（7）
 第三节　相关研究文献回顾 …………………………………………（9）
  一　国外相关研究文献综述 ……………………………………（9）
  二　国内研究状况 ………………………………………………（13）
  三　国内外相关研究的局限性 …………………………………（27）
  四　研究思路 ……………………………………………………（28）
 第四节　研究方法、理论与创新 ……………………………………（29）
  一　研究方法 ……………………………………………………（29）
  二　研究理论 ……………………………………………………（30）
  三　研究创新 ……………………………………………………（31）
 第五节　相关概念界定 ………………………………………………（31）
  一　三江源 ………………………………………………………（31）
  二　三江源区生态移民工程 ……………………………………（33）

**第一章　三江源生态移民：生活空间剧变的迁徙者** ………………（36）
 第一节　中华水塔三江源：特殊的生态战略位置 …………………（36）

一　三江源是亚洲乃至北半球气候变化的启动区 …………… (36)
　　二　三江源是中国及东南亚的江河之源 ………………………… (37)
　　三　三江源是中国乃至世界高寒生物资源宝库 ………………… (37)
　　四　三江源:特殊的社会生态区位定位 ………………………… (38)
第二节　三江源生态移民的实施:由宣称到政策实践 ……………… (39)
　　一　三江源生态移民工程实施背景 …………………………… (39)
　　二　从理想到现实:三江源生态移民工程诞生过程 ………… (41)
　　三　生态移民工程的完成情况 ………………………………… (43)
第三节　生态移民的搬迁形式与安置方式 …………………………… (45)
　　一　生态移民搬迁形式 ………………………………………… (45)
　　二　生态移民安置方式及相关待遇 …………………………… (46)
第四节　走进雪域高原:原住地与安置社区印记 …………………… (48)
　　一　三江源头的"他者世界"——迁出地:玛多县
　　　　扎陵湖乡印象 ……………………………………………… (48)
　　二　城市边缘的新村落——迁入地:河源移民新村
　　　　城镇社区印象 ……………………………………………… (51)
第五节　移民文化变迁解读 …………………………………………… (55)
　　一　关于文化和文化变迁 ……………………………………… (55)
　　二　文化变迁机制和变迁内容 ………………………………… (57)

## 第二章　生态移民物质文化的嬗变 ………………………………… (58)
第一节　生态移民生产方式变迁 ……………………………………… (58)
　　一　生产环境的变迁:居住在城市边缘的"草原人" ……… (58)
　　二　产业结构与产业形式的变迁:骤变的劳作模式 ………… (60)
第二节　移民生活方式的演化 ………………………………………… (70)
　　一　服饰的多元化:藏袍与西装的更替 ……………………… (72)
　　二　饮食结构的复杂化:肉类到蔬菜的转化 ………………… (75)
　　三　居住空间的稳固化:告别流动的帐篷 …………………… (79)
　　四　交通和通信的便捷化:告别马匹和牦牛 ………………… (83)
　　五　消费方式:单一化向多样化方式转变 …………………… (85)

## 第三章　制度文化的转型 …………………………………………（94）

### 第一节　所有制的变迁：生产资料与劳动者相分离 …………（94）
一　历史记忆：草场承包到户，牲畜作价归户 ……………（94）
二　今日状况：草场统一封育，牲畜出栏变现 ……………（96）

### 第二节　组织制度的转换：初级群体到次级组织 ……………（99）
一　难舍的亲情：血缘为纽带的初级群体的解体 …………（99）
二　生疏的新村落空间：地缘为纽带的聚落形式 ………（101）

### 第三节　婚俗惯制变化明显 ……………………………………（102）
一　婚礼仪式胜过结婚证 …………………………………（102）
二　夹杂城市元素的婚礼 …………………………………（106）

### 第四节　教育模式的转化：寺院教育的衰落与现代教育的落地生根 …………………………………………………（110）
一　舍寺院外无学校，舍宗教外无教育，舍喇嘛外无教师 ……………………………………………（110）
二　马背小学到寄宿制学校的探索 ………………………（111）
三　制约三江源牧区教育的其他原因 ……………………（113）
四　姗姗来迟的现代教育 …………………………………（115）

## 第四章　精神文化的变迁 ………………………………………（119）

### 第一节　价值观的文化差异 ……………………………………（119）
一　"金钱也重要"与"重义轻财"的碰撞 ………………（119）
二　"投资"与"轻商贱利"的博弈 ………………………（121）

### 第二节　语言障碍引发的心理压力 ……………………………（123）
一　语言交流的困惑：羞涩的汉语 ………………………（124）
二　课堂上的沉默者 ………………………………………（126）

### 第三节　多元文化前的迷茫与惶恐 ……………………………（129）
一　单一的同质性文化到多元的异质性文化 ……………（129）
二　自信的牧者到敏感的"局外人" ………………………（130）

### 第四节　宗教文化变迁 …………………………………………（132）
一　心灵的栖息地：城市边上的寺院 ……………………（133）
二　宗教信仰标志性符号——经幡的锐减 ………………（134）

## 第五章　移民社会变迁中的"文化震惊"及文化失调 …………（135）
### 第一节　文化震惊及其边缘化 ……………………………（135）
　　一　文化震惊与边缘化解读 …………………………（135）
　　二　从"主流"到"边缘" ………………………………（136）
### 第二节　市民？牧民？：自我身份认同的困惑 …………（137）
　　一　角色认同冲突 ……………………………………（137）
　　二　角色认同中断 ……………………………………（141）
　　三　身份认同的失落感 ………………………………（143）
### 第三节　价值观的震荡与边际人格 ………………………（145）
　　一　价值观的混乱 ……………………………………（145）
　　二　二元人格：左右摇摆的认同危机 ………………（147）
### 第四节　惶惑与无助：移民社会网络的瓦解 ……………（148）
　　一　"熟人社会"的解体和社会资本的损失 …………（148）
　　二　"近邻不如远亲" …………………………………（150）
### 第五节　矛盾与焦虑：原有生产生活技能在新环境中的失灵 ……（152）
　　一　失灵的人力资本 …………………………………（152）
　　二　受损的劳动技能 …………………………………（154）
### 第六节　心理归属感的缺失 ………………………………（156）
　　一　城市里的孤独客 …………………………………（156）
　　二　城市边缘人：心理归属的失落 …………………（157）

## 第六章　移民文化调适与社会资本重建 ……………………（159）
### 第一节　社会资本视域下的移民文化调适 ………………（159）
　　一　社会资本的内涵及范畴解读 ……………………（160）
　　二　社会资本的分类及测量方式 ……………………（163）
### 第二节　社会资本与移民文化调适的内在联系 …………（168）
　　一　社会资本与移民文化调适方向的一致性 ………（169）
　　二　社会资本是移民文化调适的基础，文化调适进一步完善社会资本 ……………………………………（170）
　　三　社会网络的重建是确保移民文化"顺利转型"的保障 ……………………………………………（171）

四　社会资本与移民文化调适之间存在着契合性 …………（172）
第三节　社会资本在移民文化调适中的功能解读 ……………（172）
　　一　信任在移民文化调适过程中的功能 …………………（173）
　　二　社会网络在移民文化调适过程中的功能 ……………（175）
　　三　互惠在移民文化调适过程中的功能 …………………（176）
　　四　共有规范在移民文化调适中的功能 …………………（176）
第四节　移民文化调适中的社会资本存量分析 ………………（178）
　　一　信任社会资本的缺失 …………………………………（178）
　　二　社会网络资本的弱化 …………………………………（181）
　　三　互惠社会资本的欠缺 …………………………………（182）
　　四　社区共有规范的不完善 ………………………………（183）
第五节　移民文化调适和社会资本重建的思路与对策 ………（184）
　　一　移民文化重建和调适的对策探讨 ……………………（185）
　　二　移民社会资本构建路径 ………………………………（195）
第六节　"强关系"到"弱关系"的转型：从血缘到业缘 ……（201）
　　一　强关系与弱关系解析 …………………………………（201）
　　二　血缘到业缘的转型 ……………………………………（205）

**总结与讨论** ……………………………………………………（208）

**参考文献** ………………………………………………………（213）
　　一　专著类 …………………………………………………（213）
　　二　期刊类 …………………………………………………（219）
　　三　外文参考 ………………………………………………（225）

**后记** ……………………………………………………………（227）

# 绪　　论

美国植物学家、植物生态学的先驱考尔斯（Cowles）出于保护生态环境的目的，于20世纪将群落迁移的概念导入生态学，最先提出了"生态移民"的概念："所谓生态移民（eco-migration），亦称环境移民（environmental migration），系指原居住在自然保护区、生态环境严重破坏地区、生态脆弱区以及自然环境条件恶劣、基本不具备人类生存条件的地区的人口，搬离原来的居住地，在另外的地方定居并重建家园的整体性人口迁移。"[①] 从考尔斯之后，"对此理论的研究在各个国家方兴未艾，此起彼伏，并在实践中不断得到丰富和发展。首先在发达国家，如美国、意大利、加拿大等国家，而后逐渐在发展中国家，如巴西、埃塞俄比亚、越南等国家展开；中国自20世纪90年代在内蒙古、新疆、贵州、云南等地先后实施了以扶贫为主的移民政策，其中，三江源生态移民工程是由政府主导并执行的，投资75亿元人民币，面积36.3万平方公里，包括16个县1个乡，是仅次于三峡移民的大工程。"[②] 根据《青海三江源自然保护区生态保护和建设总体规划》，"三江源自然保护区生态移民（简称"三江源生态移民"）是为了保护三江源自然保护区而采取的重要生态措施，自然保护区内共有22.3万人'规划'移出10140户、55773人，总投资6.31亿"。[③] 移民分为永久性移民[④]和

---

[①] 一迪：《生态移民的困惑》，《华夏人文地理》2003年第5期。
[②] 尕丹才让、李忠民：《牧区生态移民述评——以三江源国家级保护区为视角》，《青海师范大学学报（哲学社会科学版）》2011年第4期。
[③] 《果洛三江源生态保护和建设工作巡礼》，2011年果洛州三江源办公室印。
[④] 永久性移民：指从三江源自然保护区的核心区搬迁出来，不再回迁的移民。

十年禁牧期移民①。"三江源生态移民的移民方式采取'政府引导,牧民自愿'的原则。安置方式以本省内集中安置②为主,插花安置③为补充,安置地点主要选择在乡镇、县城或州府所在地的周边。"④ 国家对牧民进行一定的补助及安置补偿。其标准(生活补助)因移民性质的不同而灵活变动,但都是以户为单位进行补偿的。永久搬迁的牧民每户每年8000元饲料粮补助款,用来保障生活的各方面开支,十年禁牧期的牧民每户每年则是6000元。本书所调查的青海果洛藏族自治州大武镇河源新村⑤移民点,属于永久性移民。本书同时又以玉树、格尔木、黄南的部分移民点为辅助调查点,其目的是让研究结果更趋于客观、全面和理性。

## 第一节 选题背景与选题缘由

### 一 选题背景

三江源地处青藏高原的青海省,因属长江、黄河、澜沧江(湄公河)

---

① 十年禁牧期移民:指从三江源自然保护区的实验区和缓冲区搬迁出来的移民,原居地禁牧十年,十年之后,移民可以选择回迁也可以选择不回迁。
② 集中安置:指国家给生态移民统一规划和建设安置区,按照属地原则,把搬迁的移民集中起来居住和生活的安置方式。
③ 插花安置:指不给移民统一规划和建设安置区,而是根据移民自己的选择或其他的条件使移民插入非移民的居住地生产和生活的安置方式。
④ 韦仁忠:《"二元社区"到"敦睦他者"——三江源生态移民的社会融合解读》,《西藏大学学报》2012年第4期。
⑤ 河源移民新村位于青海果洛州府所在地大武镇环城北路,总占地面积300余亩,全村共有150户,631人(另包括玛多县黑河乡、黄河乡各3户,计21人),其中男性300人,女性331人,劳动力总计287人。社区共分为三个村民小组,第一组44户172人,第二组50户180人,第三组56户280人。发展到今天,人数已经增加到689人,其中男性321人,女性368人;劳动力328人,其中女性169人;残疾人口24人;丧失劳动能力的53人;五保户10人;绝对贫困人口219人;全村在校生148名;共有党员25名,"三老人员"2名,团员23名,各基层组织健全。同时为方便管理,下设三个村民小组。全村住房中20户住房为第一批搬迁时建的样板房,其余130户定居房屋为小型院落,住宅面积为72.8平方米,均配有煤房、厕所,户均占地面积330平方米。同时与定居房屋建设工程配套的供水工程、社区办公用房、公共厕所、供水、卫生所、220伏输电线路、通信线路、道路等配套设施已竣工并交付使用,全村已实现通路、通电、通水、通程控电话。

三大水系发源地而得名。① 它是孕育中华民族、中南半岛悠久文明历史的世界著名江河,长江、黄河和澜沧江的源头汇水区,也是世界上高海拔地区独一无二的大面积湿地生态系统,是全球高海拔地区生物多样性最集中的地区,被称为高寒生物自然种质资源库和高原基因库,更是中国江河中、下游和周边地区生态安全和区域可持续发展的生态屏障。由于平均海拔4000米以上,严酷的自然条件导致该地区抗干扰和自我恢复能力低下,是国家级生态功能保护的重点区域。近些年来,"随着全球气候变暖,冰川、雪山逐年萎缩,生态环境已十分脆弱。随着人口的增加和人类无限度的生产经营活动,又大大加速了三江源区生态环境恶化的速度"。② "目前,三江源区退化草场面积已占到可利用草场面积的26%—46%。加之近半个世纪以来后天人为的无序开发,致使保护区内生态与生存环境不断恶化,广大牧民生产生活受到了严重影响。更为严重的是随着区内植被与湿地生态系统的破坏,水源涵养能力急剧减退,导致三江源中下游地区旱涝灾害频繁,工农业生产受到严重制约"③,并已直接威胁到中国长江、黄河流域乃至东南亚诸国的生态安全。

针对三江源在全国生态安全中的重要地位,中国正不断加大三江源生态保护和建设的力度,"为了从根本上改善三江源区生态状况,2003年'青海省三江源自然保护区生态保护和建设'工程正式启动。打算在2004—2010年期间,首先对三江源18个核心区的牧民进行整体移民,规划计划涉及牧民7921户,43600人,力争在5年内将三江源核心区变成'无人区'。三江源区生态移民共涉及牧户10140户,55773人。自2004年7月开始,首批位于具有'黄河源头第一乡'之称的青海玛多县扎陵湖乡的388户藏族移民跨县域搬迁入驻果洛州府所在地大武镇,组建河源移民新村,自此三江源区生态移民工程拉开浩大帷幕。"④

2011年8月5日,从新华社记者吴光于在人民政府网上以显赫的标题——"青海'三江源'全部完成生态移民工作"的报道获悉,"这项

---

① 参见《话说三江源》,《西藏旅游》2006年第4期。
② 《中文百科在线:三江源》(http://www.zwbk.org/zh-cn/Lemma_Show/137886.aspx)。
③ 韦仁忠:《"二元社区"到"敦睦他者"——三江源生态移民的社会融合解读》,《西藏大学学报》2012年第4期。
④ 同上。

投资75亿元实施生态环境保护与建设工程，一期工程将于2012年完成的项目，目前已全部完成移民工作"。① "本研究调查点河源新村的移民属于第一批移民，如今已过了近10年的城市生活，按政策他们每年每户8000元的生活补助将被取消。"② 那么，面临如此状况，他们是否已适应城市？聚集在心头的还是压力和焦虑？是否因为不适应而向往、留恋原来的生活家园？尤其因为全民信仰藏传佛教而根深蒂固的价值观在世俗化、理性化和多元化的城市面前是否被解构但缺乏建构？他们生活得好吗？他们能顺利转型吗？能扎根城市吗？在这样一种研究欲望的推动下，笔者选择了此题目。

## 二 选题缘由

"移民问题不单纯是经济问题，也是人类发展过程中的社会和文化问题，涉及移民的社会影响、社会心理、社会适应和社会融合。民俗学、社会学和人类学的学人应全过程参与移民项目的调查、实施情况、监测、评估的开展和实施，以其专业知识来充分考虑移民的生活、心理、文化、宗教等因素。"③ 三江源生态移民进城是在制度建设背景下实现的，其文化变迁是一种"剧烈变迁"。牧民群体"骤然地"由草原进入城镇，虽然身体跨越到了城市（镇），但他们的心理、生活方式、文化及身份都还停留在牧民的阶段，缺少城市化这一渐进过程。因为从草原到城市（镇）的跨度太大，缺少连贯性，牧民的行动逻辑和价值选择中缺少城市行动的逻辑和价值观念。生态移民的复杂性远远超过一般的其他类型的移民，其文化类型完全"相异"于迁入地的类型，从居住空间的剧烈变迁到生产、生活方式的陡然改变，移民迁出地和迁入地的结构性差异影响等，完全出乎移民的预期判断。整个过程不仅仅是改变居住环境的问题，还

---

① 《青海"三江源"全部完成生态移民工作》，中央政府门户网站（http://www.gov.cn/jrzg/2011-08/05/content_1920163.htm）。

② 韦仁忠：《"二元社区"到"敦睦他者"——三江源生态移民的社会融合解读》，《西藏大学学报》2012年第4期。

③ 《瞭望新闻周刊：非自愿移民是世界性难题》（http://news.sina.com.cn/c/sd/2010-09-19/110221132810.shtml）。

涉及移民社会、经济、文化、心理等适应和移民社区管理等诸多问题。不是说只要移民离开草地搬进定居点就万事大吉，每一项事情都面对着一个个活生生的人，这不是简单的经济数学方程，更不是一朝一夕的事情，而是一项复杂的系统工程。

从生态移民"文化震惊"的剧烈性来看，"此工程实际上已经是人为的'进化'工程，居住空间上由传统的'游牧群落'向'城镇集中定居社区'的'迁移'，完全是高度浓缩的'社会发展史'"。① 传统社会的原貌被彻底打破，传统文化所在的特定自然环境、社会环境，特定的生产方式、生活方式、生产技能、民俗惯习②被迫发生改变。"这种'社会跃进'可能在表面产生社会高速发展的迷人光环，但同时也会产生由这种'高速'带来的一系列文化上的极度不适应"③，导致移民文化的失调。面对新环境对原生活观念的冲击，原有的生活惯习和城市"格格不入"，移民的文化处于"碎片化"状态而无所适从。迷惘、失落和无助是他们的写照，生态移民变成了"生态难民"。所以，学术界的介入进而提供智力支撑，已经迫在眉睫。

## 第二节 研究对象与研究意义

一 研究对象

河源移民新村是本书选取的主要调研点和研究对象。它是玛多县扎陵湖乡生态移民整体搬迁的安置社区，位于大武镇环城北路，距离大武镇集市约1公里，是一个典型的城镇社区。以"他者"的眼光来研究三江源生态移民的文化变迁，是一种理解与解释共存的艰难尝试与探索的

---

① 徐君：《三江源生态移民研究取向探索》，《西藏研究》2008年第3期。
② 惯习是内化的、具体化的社会结构，它是历史的产物，产生于特定的社会世界，并且在历史的某一特殊时期发挥着一定的作用，具有持久性和传递性。惯习有可能产生"滞后现象"。例如，一个离开农村而进入华尔街工作的人，他以往在农村所获得的惯习就是不能有助于其在华尔街的生活和工作。转引自侯均生《西方社会学理论教程》，南开大学出版社2003年版。
③ 徐君：《三江源生态移民研究取向探索》，《西藏研究》2008年第3期。

过程。因为三江源生态移民涉及乡镇范围广，而安置地也不集中，移民数量较大，如果在较短的时间内，在语言不通的情况下想做普遍的调查，难度很大，基本是一件不可能的事情。一般来说，安置地越是在大的城市（镇），移民的"文化震惊"程度越剧烈。

所以，笔者特意选择了最具代表性的青海果洛州大武镇的河源新村生态移民点作为追踪调查的典型案例，意欲通过这一移民点的调查，以"窥一斑而见全豹"的典型调查方法来研究生态移民的文化变迁及其调适和重构。之所以选择这个研究地点，有以下原因。

第一，河源移民新村的生态移民具有地缘位置的特殊性。三江源生态移民是在全球变暖、雪线上升的自然灾难与人类自己的不当活动，如过度放牧、淘金等行为使源头环境日益恶化、水源不断枯竭的大背景下的一项大举措。而河源移民新村正是响应国家政策，由三江源区18个核心保护区之——扎陵湖、鄂陵湖湿地核心保护区首批迁入果洛州府所在地——大武镇的第一个移民新村落。这俩"姊妹湖"不仅仅是黄河源头最大的湖泊，它们对黄河总水量的调节功能也是异常强大的。其特殊性也映射在了当地牧民的身上，所以这一群体也属于真正意义上的"源头居民"。由他们组建成的第一个生态移民社区理所当然最具三江源生态移民的代表性。

第二，河源新村的社区重建已初具规模。河源新村移民是三江源生态移民中最具代表性的移民，他们是从保护核心区首批搬迁到城市（镇）社会的"吃螃蟹者"。2004年7月，根据《三江源生态环境保护与建设规划》的要求，他们率先从400公里之外的玛多县跨县域整体搬迁至果洛玛沁县的生态移民试点工程点。至今已有11年时间，社区建设已初具规模，轮廓基本定型，也是带有试验性质的万人瞩目的一个移民社区。与之后的其他移民社区相比，该移民社区的发展水平较高。生态移民不同于三峡移民或其他性质的一般意义上的移民，没有成功经验可借鉴，属于探索性的工程。所以本研究选择河源新村移民社区作为调查点，既有反思性，又有探索性。

第三，河源新村的生态移民属于永久性禁牧搬迁移民。根据《三江源生态环境保护与建设规划》的要求，三江源区的生态移民分为"永久性搬迁移民"和"十年禁牧期移民"两类。后者属于短暂性的移民行为，

10年过后他们又会回到"休养生息"了一段时间的草原重操旧业，继续之前的游牧生活。而河源新村的生态移民则属于永久性移民，他们将彻底离开草原，放弃传统的游牧生活方式，从"散居牧民"到"城镇居民"，重新开始一种完全不同于草原游牧的生活，他们需要继续社会化和再社会化，逐步适应城市（镇）生活，并创业、立业，成为"市民"。这种跨越式转变能否顺利实现？他们是否能适应城市生活？他们会返迁吗？选取该点做研究，有对上述问题做探讨的考虑。

## 二 研究意义

### （一）现实意义

三江源生态移民过程是一种社会过程，一种在外力的作用下，发生在移民身上的社会、文化、经济以及心理变迁的过程。他们放下羊鞭搬进城市，其劳作模式发生了巨大的变化。脱离了原来熟悉的环境，其生活的地域环境、方式、社会关系、文化认同、身份认同都不同程度发生了变化。引起了心理上的"震荡"，对新环境充满着困惑。对于这些新出现的问题，如果只用单纯的行政手段和经济手段应对，很明显已远远不够，因为移民工程不同于其他工程，面对的是一个个活生生的人，由"文化震惊"引起的一系列连锁反应不是用钱就能解决的，而是需要用专业的科学知识和方法走进移民的内心深处，对其提供"援助"，使其走出困境。部分移民之所以不满现状，不只是经济层面的原因。所以具体政策执行者需要从相关研究成果中汲取科学知识来提升理解和分析能力，进行及时的总结，制定出"双赢"的策略，使移民顺利转型，逐步适应城市（镇）生活。而要达到这个目的，专家学者层面的学术介入非常必要。这些探讨对刚刚"竣工"的三江源生态移民工程无疑具有重要的实践意义，对其他类型生态移民社区重建也具有重要的借鉴意义。

本书运用社会学、人类学和民俗学的理论与方法深入调查点，掌握第一手资料，科学分析与总结，具体描述移民文化变迁的内容，深入分析移民由变迁引起的"文化震惊"现象，找出问题的根源，提出相应的文化调适思路。这些可行性对策和参考性方案，为实现调节移民文化"震惊"、生活适应、身份的认同、社会资本的重构提供可操作性的理论架构。"进而巩固民族团结、民族凝聚力,破解国外社团和势力在藏区问题尤其是移民问题上对中国政府的种种歪曲与误解。"①

通过分析上述问题,本书对三江源生态移民文化的调适和重构提出合理的学术建议,使三江源生态移民能够顺利地、较快地适应当地生产生活,达到移民"迁得出、稳得住"的目标,是本研究的另一现实意义所在。

### (二)学术意义

从目前来看,学术界对三江源生态移民的研究,大多是从政策研究、经济效益研究与管理学研究的层面上入手的。研究方法偏重量化分析和模型分析,研究本位偏重政策制定和决策。有关三江源生态移民人文关怀、身份认同、文化震惊、社会网络重构问题、民族文化保护、移民文化和心理适应等问题涉及较少,即使偶有涉及,也多是宏观层面上的阐发,缺乏必要的深入调查与微观分析。生态移民要解决的关键问题不是"环境问题"本身,而是由于环境变化引起的移民的社会、文化和心理因素等问题。那么,我们应该从一个什么样的视角来认识和理解这些因素呢?本书试图从"对生活整体的关照,从感受生活的角度"②对移民的衣食住行、劳作模式、社会人际生活、娱乐与闲暇生活、消费理念、精神与宗教生活、社会网络等方面给予通盘的系统研究。论述其嬗变、调适和重构的过程,为三江源生态移民的顺利转型提供可资借鉴的学术支持。

三江源生态恢复与建设工程是一个庞大的系统工程,其复杂性不是哪一个学科、单一路径能够一揽子解决的,客观上需要将其作为一个整体去研究,要求民俗学、人类学、社会学、政治学、经济学等科学领域通力合作。因此,本研究的又一学术价值在于:为多学科协作攻关提供了平台,从而有利于多学科特别是实现民俗学、人类学、社会学、政治学等学科交叉融合。从另一个视角来看,用民俗学、社会学和人类学等学科交叉研究的范式"可以填补国内外关于藏区生态移民与社会文化变

---

① 徐君:《三江源生态移民研究取向探索》,《西藏研究》2008年第3期。
② 刘铁梁:《感受生活的民俗学》,《民俗研究》2011年第2期。

迁研究等方面的空白，这将在一定程度上拓宽移民研究的深度与广度"。①

## 第三节 相关研究文献回顾

### 一 国外相关研究文献综述

#### （一）相关理论基础

美国学者奥格本（W. F. Ogburn）认为，社会变迁主要是文化变迁。②变迁的文化需要重构。重构（Refactoring）最早是用于计算机软件设计的词，所谓重构是这样一个过程："在不改变代码外在行为的前提下，对代码做出修改，以改进程序的内部结构。重构是一种有纪律的、经过训练的、有条不紊的程序整理方法，可以将整理过程中不小心引入错误的机率降到最低。"③ 本质上说，重构就是"在代码写好之后改进它的设计"。在哈贝马斯的著作中，更喜欢用的是"Nachkonstruktion"（后构）一词，在译成英文时无可避免地被替换成了更容易理解的"Reconstruction"——重构。

文化的变迁要经历一个解构到重构的过程，这正像美国文化学者詹姆逊（Fredric Jameson）声称的后现代文化形象的基本形态——"碎片化"（fragmentization）。④ 他认为对于民族传统文化更应该从"重构"的视角来看待其形态的演化，而不应该用一些极端的概念，如"断裂"（rupture）或"非连续性"（discontinuity）等词汇来表达传统文化的继承和延续。因为重构文化认同更多是对族群文化差异的认知和对一种趋同的民族心理的建设。"以'重构'来替代'断裂'，其实是为了社会发展

---

① 徐君:《三江源生态移民研究取向探索》,《西藏研究》2008年第3期。
② 参见［美］威廉·费尔丁·奥格本《社会变迁：关于文化和先天的本质》,王晓毅、陈育国译,浙江人民出版社1989年版。
③ ［美］Martin Fowler:《重构——改善既有代码的设计》,侯捷、熊节译,中国电力出版社2003年版。
④ 参见［美］弗雷德里克·詹姆逊《文化转向》,胡亚敏等译,中国社会科学出版社2000年版。

阶段与文化发展之间建立一种逻辑上的相互关系。"① 每个民族的文化在社会变迁中都会经历一个碎片化大重构的过程，这个过程是该民族在新环境中逐步达到文化认同的必经之路。因为对新文化的接纳与认同是在与其他民族的接触与交往中吸收、借鉴而逐渐形成的。在彼此的碰撞中，群体中的成员逐渐会对当地的社会规范和价值标准产生一定的认同，群体的行为在认同中逐步达成一定的共识（consensus），于是认同意识也就应运而生了。认同意识一旦产生，该群体所属的成员就能找到归属感，归属感又能使群体成员产生心理凝聚力。英国社会学家赫伯特·斯宾塞（Herbert Spencer）创建了社会有机体理论，而社会有机体理论里延伸出的是适应理论。该理论认为社会每时每刻都在变化，在这种情况下，"每一种有机体（包括社会）总是在适应它的生存环境，适应是一个不断被打破又不断趋于完整的过程，适应性总是大致且总处在不断进行的状态中"。② 美国社会学家帕森斯（Talcott Parsons）从功能的视角创立了"AGIL 功能模式"系统理论，这在他 1951 年出版的《社会系统》一书中有详细的阐述："任何系统要得以生存就必须具备四项功能：适应功能（A）、目标达成功能（G）、整合功能（I）和维模功能（L）。"③

美国社会学家高斯席德（Goldscheider.G）曾对发展中国家的城市移民有深入的研究，他的研究强调变化与过程。他认为移民的社会或文化适应就是指在变化的环境中移民所做出的一种不断的行为调整。他特别强调要理解移民的社会适应，就该把适应理解为移民行为本身。在他的不断探索中逐步形成了一定的研究路径："移民的适应可以界定为一个过程，在这个过程中，移民对变化了的政治、经济和社会环境做出反应。从农村到城市常常包含了这三方面的变化。"④ "社会化是人对社会的适应、改造和再适应、再改造的复杂过程。社会化贯穿于人的一生和社会的整个过程，适应也贯穿于人的一生。"⑤ 三江源生态移民从牧区"跳跨"到城市（镇），自然环境和生活环境完全不同于以往的草原牧区，为

---

① 萧俊明：《文化转向的由来》，社会科学文献出版社 2004 年版。
② 杨善华、谢立中：《西方社会学理论》，北京大学出版社 2005 年版。
③ 吴帅琴：《三峡农村移民文化适应研究》，硕士学位论文，山东大学，2007 年。
④ 《论农民工阶层的城市适应》（http://www.fwsou.com/yikelunwen/4/20070911/100750.html）。
⑤ 工康：《社会学词典》，山东人民出版社 1988 年版。

人处世、待人接物等也和草原完全不同，其原来的社会角色也发生了颠覆性的改变，在城市（镇）面前，他们之前的惯习与价值观等需要重新调整，以成功扮演新环境中新的社会角色，即对他们进行继续社会化或再社会化是迫在眉睫的事。在新环境中，移民只有逐步"摆脱"原来文化模式的束缚，调动主观能动性，清晰定位自己的新角色，才能顺利完成社会化，达到文化的适应。

国外关于移民适应性的研究一直是个热点问题。尤其是美国、加拿大这两个基本由移民构成的国家。主要有"熔炉论"和"文化多元论"，"熔炉论"来自美国学者克勒夫科尔，他认为美国已经并且仍然继续将来自不同民族的个人熔化成一个新的人种。继他之后还有美国社会学家肯尼迪提出的"三重熔炉论"和美国乔治·斯图尔特提出的"变形熔炉"，还有美国芝加哥学派的著名学者帕克"社会同化"和"种族关系循环论"，即"接触、竞争、消极适应、最后同化"[1]。跟"熔炉论"相对应的是"文化多元论"，它是美国学者卡伦1924年提出的，"文化多元论"承认不同族群或社会集团之间享有保持"差别"的权力精神，与美国的宣言和宪法序言中的平等思想是相互吻合的。另外还有文化适应研究和族群认同决定着移民的文化调适这两方面的研究。"文化适应是指移民以融入的方式进入新的环境，迁移人口的适应模式有两种，一是改变自我，用较长的时间进行调适。调适包括：改变职业、改变生活方式、调整社会关系、参与社交活动、改变居住环境。这些主要是帕克和沃斯的研究成果。另一种适应的模式是重建原有的生活环境和文化。"[2] 当移民形成一个移民网络的时候，迁移者会在新的社区中重建原有的生活方式和文化，如唐人街。"关于族群认同决定移民的适应性这方面的研究是凯伊斯在《种族的适应和认同：1979年缅甸边界的Karen人》中用族群的概念来分析和解释泰缅边界的移民的认同。他认为，族群是专指那些同属一个共同的大文化，有着相同的语言、生活习俗和生产方式等，但却存在生活方式差异的人群。决定族群成员身份的因素，单看其来源是不够的，

---

[1] Park Robert Ezra, "Our racial frontier on the Pacific", *Journal of in Race and Culture*, Vol.1, 1926.

[2] 程瑜：《白村生活——广东三峡移民适应性的人类学研究》，民族出版社2006年版。

起作用的不是所分享的共同文化,而是当事人的归属和认同。影响族群认同的决定性因素是群体间的社会差别,这些差别形成了某些基本的社会认同,由此引申出不同归属感和文化认同感。族群的概念因为其概念的灵活性,从一开始就成为分析移民适应性的重要工具。"①

### (二) 国外有关中国生态移民研究

国外生态人类学家们对于草场与生态环境的研究做了很多工作,不过多数是立足于对生态环境破坏比较严重的地区,也有对中国北部内蒙古、宁夏和西南贵州、云南等地的考察,如澳大利亚墨尔本大学人类学和环境学院的米切尔·韦伯对内蒙古生态移民的研究,日本综合地球环境学研究所的中尾正义等对中国生态环境的考察,英国剑桥大学生态人类学家 Caroline Humphrey 和 David Sneath 对亚洲内陆的调查研究②等。涉及藏区的生态环境也有比较多的生态学意义上的研究,主要集中在西藏北部羌塘地区,如 J. Fox,TseringYangzom 的《生物多样性保护与西藏羌塘地区牧业共存或冲突》(Biodiversity Conservation and Pastoralism in the Tibetan ChangTang Coexistence or Conflict)。而对于藏区的移民问题,密西根大学人类学者 Charlene Makley 发表了《安多藏族的流动性与城镇化》(Mobility And Urbanization Among Amdo Tibetans)。Charlene Makley 曾在甘南做过调查,用人类学的方法分析了安多藏族的流动性意愿以及与城镇化的关系。对于生态移民问题,目前国外学者调查与研究的较少。

由于藏区的特殊性,尤其是在市场经济条件下,人口按经济规律有所流动,被国外很多学者认为是政府有意对西藏进行汉化而歪曲。2006年在德国柏林召开的第十一届国际藏学会上日本学者 C. Vasantkumar 提交了一篇题为《归属之路:安多藏族移民与中国民族限制》(The Routes Of Belonging: Amdo Tibetan Migrants And The Limits of the Chinese Nation.) 的文章③,从 2004 年到 2007 年三年期间,一些报刊新闻媒体文章中,有学

---

① 周甜:《三江源生态移民的社会适应调查研究》,硕士学位论文,西北民族大学,2010年。

② Caroline Humphrey and David Sneath, *The End of Nomadism Society: State and the Environment in Inner Asia*, Durham, NC: Duke Universy Press, 1999.

③ 11th seminar of the international association for Tibetan studies, Germany, 2006.

者一直持这种错误观点。从目前情况看，国外的学者对于三江源生态移民研究还没有真正切入。在藏区的一些国外基金会，为了项目的顺利实施，也会对藏区的社会文化以及风土人情进行一些必要的调研，典型的有在青海玉树的挪威服务基金会、加拿大起步高原基金会、保护国际基金会等，他们在推进的过程中也会把三江源生态移民作为调查对象，做一些调研工作，但都只停留在表层，不具备学术性和推广借鉴的意义。

## 二　国内研究状况

国内学者对移民的研究可以分为自愿性移民（voluntary migration）和非自愿性移民（involuntary migration）两个部分。在本研究中，笔者将三江源生态移民工程的性质定义为非自愿性移民。随着"生态移民"概念的出现和政策的实施，中国对于生态移民的研究越来越多。

笔者在中国知网（http://dlib.edu.cnki.net/kns50/）以"生态移民"为关键词跨库检索1990—2013年23年间的论文，总数为5447篇，从2002年到2013年这11年间论文就达5397篇。可见生态移民的研究处于很火的阶段，同时从5447和5397的篇数看出，对生态移民的研究集中在最近十年。说明了人类对生态环境的关注度越来越高，也越趋于"共识"。这些论文分别从生态学、社会学、民族学、人类学、经济学等不同的学科视角进行研究。从目前的情况看，移民主要有工程建设移民、生态移民、扶贫移民、灾害移民等类型（还可以按不同的标准分为自愿移民、非自愿移民、自发性移民和难民移民等）。而对于以上几种移民类型，国内的研究主要集中在工程移民方面，而对扶贫移民、生态移民和灾害移民的研究则相对薄弱。具体可以分为以下几个方面。

### （一）关于生态移民的研究

#### 1. 有关生态移民定义、分类和可行性的研究

在对生态移民的研究中，不同学者对生态移民的界定，其角度和着眼点有所不同，葛根高娃和乌云巴图侧重于从经济角度来认识生态移民，他们认为，"生态移民是由生态环境恶化，导致人们的短期或长期生存利

益受到损失，从而迫使人们更换生活地点，调整生活方式的一种经济行为。"[1] 而闫秋源则认为"所谓生态移民是指在生态系统中，人类为了生存而主动调整其与资源、环境之间的关系，保持生态系统内部诸要素的相对平衡所进行的人口迁移"。[2] 池永明则侧重于从人口迁移的角度去认识生态移民，相类似的研究还有李宁和龚世俊[3]、王放和王益谦[4]等学者。而孟琳琳和包智明则从生态移民所指对象的内涵方面对生态移民做出了界定，他们认为，生态移民主要包括两个方面的含义："一是指生态移民这一行为，即将生态环境脆弱地区分散的居民转移出来，使他们集中居住于新的村镇，以保护和恢复生态环境、促进经济发展的实践活动。二是指移民的主体，即那些在生态移民实践中被转移出来的农牧民。"[5] 尤其包智明把近几年有关生态移民研究所涉及的定义进行了详细的比较和解读，提出"生态移民是因为生态环境恶化或为了改善和保护生态环境所发生的迁移活动，以及由此活动而产生的迁移人"[6] 的概念。在文中，他对移民的经济补偿、文化保护、迁入地的规范与原则以及移民如何参与各种事象等问题进行了讨论。

"为了研究的需要，学者们从不同角度对生态移民进行分类。"[7] 皮海峰在《小康社会与生态移民》一文中把生态移民分为六种类型："因兴修水利水电工程引起的生态移民；以防沙治沙、保护草原为目的的生态移

---

[1] 葛根高娃、乌云巴图：《内蒙古牧区生态移民的概念、问题与对策》，《内蒙古社会科学（汉文版）》2003年第2期。

[2] 闫秋源：《环境社会学视野中的生态移民与社区构建》，硕士学位论文，中央民族大学，2006年。

[3] 参见李宁、龚世俊《论宁夏地区生态移民》，《哈尔滨工业大学学报》2003年第1期。他们认为："所谓生态移民，是指在生态系统之中，由于多种原因造成了自然环境的恶化和自然资源的枯竭，导致人口与资源环境的矛盾激化，人类为了生存而主动调整其自身与资源、环境之间的关系，以保持生态系统内部诸要素的相对平衡所进行的人口迁移。"

[4] 参见王放、王益谦《论生态移民与长江上游可持续发展》，《人口与经济》2003年第2期。他们认为："生态移民亦称环境移民，系指原居住在自然保护区、生态环境严重破坏地区、生态脆弱区以及自然环境条件恶劣、基本不具备人类生存条件的地区的人口，搬离原来的居住地，在另外的地方定居并重建家园的人口迁移。"

[5] 孟琳琳、包智明：《生态移民研究综述》，《中央民族大学学报》2004年第6期。

[6] 包智明：《关于生态移民的定义、分类及若干问题》，《中央民族大学学报（哲学社会科学版）》2006年第1期。

[7] 皮海峰、吴征宇：《近年来生态移民研究述评》，《三峡大学学报》2008年第1期。

民;以防洪减灾、根治水患为目的的生态移民;以保护大江大河源头生态为目的的生态移民;以扶贫为主要目的的生态移民;以保护自然保护区内稀有动植物资源或风景名胜区生态系统为目的的生态移民"。① 包智明则从移民主体的地位和生产方式的角度进行分类:根据迁移后的主导产业,分为"牧转农业型、舍饲养畜型、非农牧业型和产业无变化型等";根据是否有政府主导,分为"自发性生态移民与政府主导生态移民";根据迁移的社区整体性,分为"整体迁移生态移民与部分迁移生态移民";根据移民是否对迁移有决定权,分为"自愿生态移民与非自愿生态移民,或叫非强制生态移民与强制生态移民"。②

侯东民在《草原人口生态压力持续增长态势与解决方法——经济诱导式生态移民工程的可行性分析》中认为,"生态移民的可行性体现在两个方面:一是草原人口稀少,国家完全有能力对这部分移民进行安置;二是移民治理方式相对其他治理方式在财政上是最节俭最有效的"。③ 对草原地区实施诱导式大规模生态移民的过程进行了可行性分析。池永明也认为,"从西部地区经济与社会发展的现状看生态移民是可行的"。④

2. 对生态移民的原因、必要性和意义的研究

翟岁显、翟瑞雪对三江源生态移民的高成本原因进行了探讨。⑤ 盖志毅、宋维明、陈建成等认为"政府在牧区实施生态移民意义重大,是实现草原生态系统可持续发展的一项重要措施"。⑥ 东日布从生态效益、经济效益和社会效益三个层面对阿鲁科尔沁旗生态移民的扶贫工程进行了

---

① 皮海峰:《小康社会与生态移民》,《农村经济》2004 年第 6 期。
② 包智明:《关于生态移民的定义、分类及若干问题》,《中央民族大学学报(哲学社会科学版)》2006 年第 1 期。
③ 侯东民:《草原人口生态压力持续增长态势与解决方法——经济诱导式生态移民工程的可行性分析》,《中国人口科学》2002 年第 4 期。
④ 池永明:《生态移民是西部地区生态环境建设的根本》,《经济论坛》2004 年第 1 期。
⑤ 参见翟岁显、翟瑞雪《三江源生态移民的高成本原因分析》,《经济与社会》2006 年第 3 期。
⑥ 盖志毅、宋维明、陈建成等:《草原牧区生态移民及其对策》,《北京林业大学学报(社会科学版)》2005 年第 3 期。

考察与研究，肯定了实施生态移民扶贫的成效。① 崔献勇、海鹰、宋勇认为"生态移民是众多生态环境保护措施中的一项"。② 从环境保护的角度出发，强调生态移民在缓解生态脆弱区环境压力，保护生态环境方面的作用。而张军认为"生态移民的意义既包括生态保护，也包括经济发展和反贫困，因而是多重的"。③ 他从摆脱贫困、促进区域经济发展的视角探讨了必要性和意义。赵宝海在《被"设计"了的生活——以内蒙古额济纳旗生态移民为例》中通过个案考察了额济纳旗生态移民的过程。认为"国家对区域性生态空间的社会进行干预是必要的，不能因为生态移民实施过程中出现一些问题就否认生态移民的积极意义"。④ 同时强调"国家在改变农牧民同原居地生态关系的同时需要保障移民家庭的生产、生活的可持续性"。⑤

3. 关于生态移民的现状、存在问题和对策建议研究

一迪认为"生态移民究竟应该怎么移，移出去后又怎么安置不仅仅是生态环境问题，更是一个社会问题"。他对敖鲁谷雅乡鄂温克猎民以个案的形式，图文并茂地对生态移民的困惑进行了思考。⑥ 梅丹芬从政府、移民、受益不确定群体这三个维度下分析了生态移民制度架构下的困境。⑦ 任国英实地调查了内蒙古鄂托克旗后，建议"对迁出地的草场实行封闭保护，科学选择迁入地，建立生态移民保障机制，强调关注当地群众的'地方话语'"。⑧ 认为"生态移民并没有真正起到扶贫作用，经济效益和社会效益不明显，迁出地的草场并没有得到很好的保护。移民工程实施过程中出现政策和行为之间的偏差，影响到移民效果，强调当地

---

① 参见东日布《生态移民扶贫的实践与启示》，《中国贫困地区》2000年第1期。
② 崔献勇、海鹰、宋勇：《我国西部生态脆弱区生态移民问题研究》，《新疆师范大学学报》2004年第4期。
③ 张军：《建立生态效益补偿机制，筹集生态移民经费，推动生态移民发展——阿拉善地区农牧经济与生态环境协调发展的战略构想》，《中国发展》2003年第3期。
④ 赵宝海：《被"设计"了的生活——以内蒙古额济纳旗生态移民为例》，硕士学位论文，中央民族大学，2006年。
⑤ 同上。
⑥ 参见一迪《生态移民的困惑》，《华夏人文地理》2003年第5期。
⑦ 参见梅丹芬《生态移民制度安排下的困境与出路》，论文集，2006年全国环境资源法学研讨会（年会）。
⑧ 任国英：《内蒙古托克旗生态移民的人类学思考》，《黑龙江民族丛刊》2005年第5期。

人的参与对解决问题的帮助"。① 徐红罡通过调查内蒙古自治区阿拉善盟沙漠化与"生态移民"的情况，指出"实行生态移民战略并没有有效地缓解草原的生态压力，应探索改进草原的管理模式。生态移民只是位于辅助措施的地位，减轻草地生态压力的根本战略措施应该是加强群众不断从实践中学习的能力，提高牧民和相关人员保护草原的意识"。②

初春霞、孟慧君等提出"对生态移民进行统筹管理，将移民与产业结构调整联系起来，多渠道筹集资金，建立移民社会保障制度。因为生态移民实施中面临着移民新村受资金渠道单一、水资源瓶颈的约束、对迁出区的保护不够，迁出地生态环境没有得到恢复、移民过渡期存在贫困等问题"。③ 阿布力孜·玉素甫等也认为，"生态移民目前存在的最大问题是贫困、资金、产业结构不合理等问题"。④ 白建俊、谢芳认为，"生态移民技能培训滞后、后续产业培育效果不明显、贫困面大等为生态移民存在的主要问题"。⑤ 中日两国学者组成的联合调查组对生态移民研究也给予了一定关注，是最值得一提的。他们的研究以众多学者合作撰写的形式，分别从生态、经济和文化三个层面解读"生态移民"政策实施过程中正在产生的诸种问题。地域涉及内蒙古、新疆、贵州、甘肃等地。这对推动国内生态移民研究起到很大的作用。

孟琳琳、包智明等通过梳理最近几年的生态移民研究，提出"生态移民中出现认识上的不足、政策措施上与管理上的不力等问题，直接影响了移民的效果"。⑥ 葛根高娃、乌云巴图在《内蒙古牧区生态移民的概念、问题与对策》一文中认为，"目前人们对生态移民的关注更多的聚焦于'异地安置'模式的探讨上，往往忽略了相关的各种问题，如移民规

---

① 任国英：《内蒙古托克旗生态移民的人类学思考》，《黑龙江民族丛刊》2005年第5期。
② 徐红罡：《"生态移民"政策对缓解草原生态压力的有效分析》，《国土与自然资源研究》2001年第4期。
③ 初春霞、孟慧君：《内蒙古生态移民面临问题及其对策思考》，《北方经济》2005年第6期。
④ 阿布力孜·玉素甫、陈祖群：《生态移民反贫困的实证研究》，《广西民族大学学报》2007年第3期。
⑤ 白建俊、谢芳：《对黄南藏族自治州三江源自然保护区生态移民情况的调查》，《青海金融》2007年第7期。
⑥ 孟琳琳、包智明：《生态移民研究综述》，《中央民族大学学报》2004年第6期。

划和实施方案不够科学,细节工作没有得到重视,法律介入不够等问题"。① 梁福庆在《中国生态移民研究》一文中叙述了"生态移民的背景、生态移民意义、中国生态移民的兴起和发展、生态移民的类型、生态移民安置模式及政策等概况,分析了中国生态移民存在的主要问题及原因,提出了进一步搞好中国生态移民的有关对策建议"。②

乌力更提出:"生态移民是一个复杂的系统工程,除了考虑生态移民工作的环境效益和经济效益之外,还要考虑到少数民族群体的利益和民族文化的维护,更不能忽视民族问题。"③ 何玉邦从建立健全保护区管理机构、调动牧民积极性、加强宣传、加强法制建设、制定优惠政策和补偿机制等方面提出建议。④ 董得红提出"实行森林资源生态价值补偿是改善江河流域生态环境状况的重要措施之一"。⑤

4. 有关移民社会适应研究

风笑天利用1979年、1999年、2000年连续三年的数据以定量方法多元统计、分析和描述了三峡移民在新的安置地的社会适应过程和状况。他用敏锐的眼光,以客观理性的立场、适当案例的形式探讨三峡移民在新的社会环境里的社会适应状况和各种影响适应的因素。他研究的总体结果显示,随着移民在安置地生活时间的推移,移民的社会适应状况已熬过最难时刻,逐渐向好的方向发展。但并不是说已经完全适应当地生活,要达到完全适应还需经历相当长的时间,需要在各种连续不断的生活事件、生活经历的磨砺与熏陶中逐渐完成。在他的研究中,对社会适应的解读并不是笼统地做出结论,而是根据移民适应的程度分成不同的层次:排在第一位的是移民的日常生活领域的适应,如住房、语言、风俗习惯与邻里关系等,适应状况可以用"较好"一词来形容;其次"是经济发展方面的适应,如生产劳动等;最后是心理方面的适应,比如移

---

① 葛根高娃、乌云巴图:《内蒙古牧区生态移民的概念、问题与对策》,《内蒙古社会科学(汉文版)》2003年第2期。
② 梁福庆:《中国生态移民研究》,《三峡大学学报(哲学社会科学版)》2011年第4期。
③ 乌力更:《试论生态移民工作中的民族问题》,《内蒙古社会科学》2003年第4期。
④ 参见何玉邦《三江源自然保护区建设措施》,《青海科技》2003年第1期。
⑤ 董得红:《三江源森林资源生态环境价值补偿问题刍议》,《青海环境》2003年第4期。

民的心理融合、身份与社区认同、'我群感'、'归属感'等主观感受的适应"。① 经济方面和心理方面的适应程度都停留在"较差"的程度。② 叶嘉国、雷洪在《三峡移民对经济发展的适应性——对三峡库区移民的调查》一文中对三峡移民在经济发展过程中的适应性进行了研究。③ 崔广平在《三峡库区农村移民心态分析》中抓住移民的心态进行了研究。④ 包晓霞在《"落地生根"还是"落叶归根"？——移民的社区意识探析》一文中对移民的社区意识进行了探析。⑤ 总体来说，目前说三峡移民已经适应了安置地的社会生活还为时过早，三峡移民处于"落地未生根"的适应状态。

陶格斯在生态移民的适应方面做过比较详细的研究，从他的《浅谈镶黄旗生态移民在呼和浩特市郊区的社会适应性》一文可以获悉，由于镶黄旗生态移民在呼和浩特市郊区的社会适应性差，没有顺利融入迁入地的生产和生活，62户生态移民中仅剩下20户还在迁入地生活，42户移民已经被迫返迁。如此高的返迁率说明"迁得出，稳得住"要想落实好，并不是一件容易的事。⑥ 陶格斯硕士论文的研究对象也是呼和浩特市蒙古族生态移民，其研究结果认为内蒙古生态移民总体上属于谋求温饱的生存型移民。在选择去留的态度上还比较模糊，移民表示如果今后发展好的话也可以考虑留下来，反之则可能要回家乡去。⑦ 敏俊卿、努尔古丽的《生态移民的社会文化适应研究——以塔什库尔干阿巴提镇为例》从生态人类学的研究视角对塔什库尔干塔吉克自治县生态移民地区社会、生活和文化等方面的变迁和适应过程进行了描述。论文指出"因迁入地与迁出地之间巨大的空间距离以及在文化、社会等的适应中必须经历漫长、

---

① 乌恩：《阿鲁科尔沁旗生态移民问题研究》，硕士学位论文，内蒙古师范大学，2011年。
② 参见风笑天《"落地生根"？——三峡农村移民的社会适应》，《社会学研究》2004年第5期。
③ 参见叶嘉国、雷洪《三峡移民对经济发展的适应性——对三峡库区移民的调查》，《中国人口科学》2000年第6期。
④ 参见崔广平《三峡库区农村移民心态分析》，《计划与市场》1997年第8期。
⑤ 参见包晓霞《"落地生根"还是"落叶归根"？——移民的社区意识探析》，《甘肃社会科学》1997年第6期。
⑥ 参见陶格斯《浅谈镶黄旗生态移民在呼和浩特市郊区的社会适应性》，《华北农学报》2006年（专辑）。
⑦ 参见陶格斯《生态移民的社会适应研究——以呼和浩特市蒙古族生态移民点为例》，硕士学位论文，中央民族大学，2007年。

艰苦和曲折的过程,所以,移民注定要面临难以想象的诸多困境。"① 移民适应性研究方面,杨甫旺也做了一定的探讨,内容比较宽泛和详细,"从生产方式到生活方式的适应,从宗教信仰到身份的适应等方面做了对比分析"。②

潘华、马伟华在研究宁夏吊庄移民时,探讨了文化适应和生育观念等变迁问题。他们研究的对象是宁夏西海固地区的回族群众,这些移民从山地搬迁到宁夏北部能得到黄河灌溉的地区。由于文化"涵化"的影响,移民群体在主流文化面前其思想观念发生了变迁,尤其是生育观念变化最为明显和直接。③ 东梅在宁夏生态移民的经济适应方面也做了一些探讨,主要对比分析移民前后的收入以及移民和迁入地农户的收入,在此基础上分析移民的适应状况。④

5. 生态移民综合研究

任国英、包智明等组织研究生对内蒙古的生态移民进行了一些社会学方面的调查,并先后有一批研究生围绕内蒙古生态移民作为选题写成硕士论文。如孟琳琳"以内蒙古的一个移民社区作为研究对象,从生产生活方式、思想意识和风俗习惯等方面的变化、移民所经历的社会变迁和文化适应、社区凝聚力等问题等进行了描述"。⑤ 胡华征以生态移民的性质为着眼点,"从环境社会学角度对内蒙古自治区阿拉善盟孪井滩生态移民进行生态移民的自愿与非自愿性及其相关问题进行了探讨"。⑥ 闫秋源从环境社会学的"条件"和"功能"理论视角对内蒙古鄂托克旗棋盘井移民村的生态移民与社区构建的自然地理条件、社会经济条件、政策

---

① 敏俊卿、努尔古丽:《生态移民的社会文化适应研究——以塔什库尔干阿巴提镇为例》,《西北民族研究》2008年第3期。
② 杨甫旺:《异地扶贫搬迁与文化适应——以云南省永仁县异地扶贫搬迁移民为例》,《贵州民族研究》2008年第6期。
③ 参见潘华、马伟华《移民的文化适应与生育观念调适——以宁夏吊庄移民为例》,《西北人口》2008年第1期。
④ 参见东梅《生态移民与农民收入——基于宁夏红寺堡移民开发区的实证分析》,《中国农村经济》2006年第3期。
⑤ 孟琳琳:《生态移民对牧民生产生活方式的影响研究——以敖力克嘎查为例》,硕士学位论文,中央民族大学,2004年。
⑥ 胡华征:《生态移民的自愿与非自愿性研究——内蒙古阿拉善盟孪井滩调查》,硕士论文,中央民族大学,2004年。

制度条件以及生态移民点功能、社区功能等进行了论述,并用大量的访谈材料支撑说明移民经济与社会生活重建与适应情况。①

马小平探讨了生态移民这一行为对移民主体的生活方式变化、族群文化建构以及宗教信仰变迁等的影响。分析了生态移民在面临自然环境变化、生存空间转移和社会转型加速的社区重建过程中在各个领域所做出的一系列带有建构意义的调适。从移民社区重建的实践中,探查文化适应与社区重建之间的双向互动关系,阐述了促使生态移民可持续发展的主要途径。② 焦克源、王瑞娟、苏利那在《蒙古族生态移民的文化变迁考察——基于对内蒙古李井滩的调查》一文中运用理论思辨的研究方法,对内蒙古李井滩进行深入的田野调查,以人口社会学的视角,重点论述了蒙古族生态移民在迁移人口的同时引起了民族文化的深刻变迁,其变迁范围涉及物质文化、制度文化和精神文化三个方面。③ 闫天灵的《汉族移民与近代内蒙古社会变迁研究》一文以历史学的实证研究为基础,对汉族移民的历程、社会成长、经济文化重构及内蒙古生态环境变迁进行了研究。④ 马效义在《移民教育与社区文化重构——宁夏芦草洼吊庄移民的教育人类学透视》一文中认为"移民过程是一个文化变迁的过程,同时也是社区文化重构的过程"。⑤ 该文论述了对移民进行再社会化的思路,并强调移民教育在社区文化整合过程中的积极意义。

苟丽丽的硕士论文探讨了现代化背景下国家与少数民族地区社区的互动关系,主要分析了以"绿色"象征为标志的生态移民政策的诞生与实施的具体过程。⑥ 吴晓英的硕士论文《沙漠化地区生态移民模式研

---

① 参见闫秋源《环境社会学视野中的生态移民与社区构建——以内蒙古鄂托克旗棋盘井移民村为例》硕士学位论文,中央民族大学,2005年。
② 参见马小平《人类学视野下生态移民的文化变迁——基于宁夏永宁县闽宁镇移民社区的调查研究》,硕士学位论文,西北民族大学,2010年。
③ 参见焦克源等《蒙古族生态移民的文化变迁考察——基于对内蒙古李井滩的调查》,《前沿》2008年第11期。
④ 参见闫天灵《汉族移民与近代内蒙古社会变迁研究》,民族出版社2004年版。
⑤ 马效义:《移民教育与社区文化重构——宁夏芦草洼吊庄移民的教育人类学透视》,《湖南师范大学教育科学学报》2009年第4期。
⑥ 参见苟丽丽《"绿色"的权威及其实践——内蒙古的一个生态移民村的社区透视》,硕士学位论文,中央民族大学,2006年。

究——以民勤湖区为例》，通过问卷调查和参与式方法对民勤湖区生态移民点政策、效果、现状以及当地群众的认识等进行了描述，分析比较了政府组织的生态移民模式与自发移民模式之间的各项指标，力图确定未来湖区发展的最佳模式。① 史俊宏的硕士论文《草原牧区生态移民问题研究——以内蒙古乌拉特中旗为例》提出"进一步实施乌拉特中旗牧区生态移民需要寻找多种补偿途径，选择恰当的生态移民点，走开发性生态移民道路，建立合理的草原流转机制以保护移民草原产权和建立科学的生态移民管理机制"② 等观点。尚巍然的《可持续发展观视野下的"退牧还草"——以克什克腾旗为例》一文在具体的调查中发现"当地的牧民经济利益和社会利益有明显的矛盾和冲突，而生态环境的恢复是以牺牲牧民的经济利益为前提的，同时国家的配套政策相对滞后而出现一系列不具有可持续发展的问题"。③

### （二）关于三江源生态移民的研究

1. 关于三江源保护意义及相关问题之对策研究

唐小平、陈孝全、杨德福等从"社会、经济、政治等角度阐发了三江源生态保护的意义"。④ 李皓认为，"生态移民是民族地区经济与生态共同发展的现实选择，要将产业发展和城镇建设相结合，做好生态移民工作"。⑤ 侯东民提出，"有效卸载当地人的生态压力、进行生态移民是解决贫困与生态恶化问题的根本出路"。⑥ 近年来，还有一些学者从全面建设小康社会、和谐社会建设、国家现代化的战略高度，从国家生态安全和

---

① 参见吴晓英《沙漠化地区生态移民模式研究——以民勤湖区为例》，硕士学位论文，兰州大学，2006年。
② 史俊宏：《草原牧区生态移民问题研究——以内蒙古乌拉特中旗为例》，硕士学位论文，内蒙古农业大学，2006年。
③ 尚巍然：《可持续发展观视野下的"退牧还草"——以克什克腾旗为例》，硕士学位论文，内蒙古大学，2006年。
④ 唐小平等：《三江源区基本生态特征与自然保护区设置》，《林业资源管理》2003年第1期。
⑤ 李皓：《论生态移民与民族地区现代化》，《黑龙江民族丛刊》2005年第1期。
⑥ 侯东民：《草原人口生态压力持续增长态势与解决办法——经济诱导式生态移民工程的可行性分析》，《中国人口科学》2002年第4期。

国防、民族团结等方面分析生态移民的政治、经济、生态和社会意义。如李皓提出"生态移民是实现民族地区经济与生态和谐共生的现实选择，只有生态移民才能加快民族地区现代化进程"。① 马洪波从三江源地区可持续发展的重要意义、生态退化的原因、实现可持续发展的制度创新和产业选择等方面进行了述评。②

刘晓琼等人选取三江源区 16 个县经济发展的 21 项指标，考评出三江源区县域经济发展中存在的问题以及生态问题，提出县域经济发展与生态建设互动的措施。③ 韩永荣在《三江源区水资源面临的问题及对策》一文中对三江源生态环境保护提出了一些对策和思考。④ 尹秀娟等对三江源生态移民迁入地城市化建设速度慢的原因进行了研究⑤，并提出了一些合理的建议。此外还有陈洁对三江源生态移民工程存在问题也进行了研究⑥。政策层面的论文还有赤旦多杰、淡乐蓉的《论三江源地区生态特性分析与政策支持》，岳天祥、黄宏胜的《三江源生态系统过程和生态建设综合效益评估系统》等。

2. 关于三江源生态移民与传统文化变迁研究

对于移民与文化变迁之间的关系，青海果洛藏族自治州宣传部百乐·司宝才仁发表了《谈三江源生态移民及其文化变迁》，提出"生态移民必然带来文化变迁，而文化适应是实现移民工程的关键"⑦的观点。此后，百乐·司宝才仁、韩昭庆的《试论三江源生态移民的文化变迁》一文从文化社会学的角度，"分析了三江源生态移民文化变迁的必然性，从

---

① 李皓：《论生态移民与民族地区现代化》，《黑龙江民族丛刊》2005 年第 1 期。
② 参见马洪波《三江源地区可持续发展研究述评》，《青海社会科学》2006 年第 5 期。
③ 参见刘晓琼等《三江源地区县域经济发展与生态建设互动研究》，《干旱区资源与环境》2007 年第 1 期。
④ 韩永荣：《三江源区水资源面临的问题及对策》，《四川水力发电》2004 年第 4 期。
⑤ 参见尹秀娟、罗亚萍《"三江源"生态移民与迁入地的城镇化建设》，《青海师范大学学报》2007 年第 2 期。
⑥ 参见陈洁《青海省三江源退牧还草和生态移民考察——玛多县的调查分析》，《青海民族研究》2008 年第 1 期。
⑦ 百乐·司宝才仁：《谈三江源生态移民及其文化变迁》，《青海师范大学学报》2006 年第 3 期。

三江源移民的自然和人文因素的背景入手,对移民文化变迁的内容进行了论证,再次指出文化适应才是三江源实现生态移民的最终目的"。① 张娟认为,生态移民在搬迁之后的主要现状是"存在着生产环境和生产方式、生活方式、语言环境、思想观念等诸多的不适应,从迁出地到迁入地涉及的不只是生产生活的变迁,更深层次的其实涉及的是文化的变迁"。②

3. 关于三江源生态移民后续生存问题研究

尹秀娟等人从三江源生态移民与迁入地城镇化建设的关系入手,提出"应通过推进迁入地城镇化建设来实现移民与迁入地的可持续发展"。③后又提出"三江源生态移民后续产业发展缓慢、生态补偿机制建设滞后、生态环境建设难度大、人口增长过快、教育落后、人力资源匮乏、地方政府行为建设滞后是制约迁入地实现可持续发展的因素"。④ 乔军提出"应该保障三江源生态移民的各项权利,包括补偿权、居住权、发展权、知情权、参与权、监督权、申述救济权、再教育权、社会保障权、习惯权等权益,把移民工作纳入到法制化轨道"。⑤ 马宝龙以果洛藏族自治州扎陵湖乡移民为对象分析了三江源生态移民适应性问题,提出"应该多渠道帮助移民实现顺利转产、打破传统思想束缚、建构一套特殊的支持政策等"。⑥

徐君与民间环保组织"绿色江河"合作对三江源生态保护与建设及生态移民进行了连续三年(2005年、2006年、2007年)的深入调研,并

---

① 百乐·司宝才仁、韩昭庆:《试论三江源生态移民的文化变迁》,《复旦学报》2007年第3期。
② 张娟:《对三江源区藏族生态移民适应困境的思考——以果洛州扎陵湖乡生态移民为例》,《西北民族大学学报(哲学社会科学版)》2007年第3期。
③ 尹秀娟等:《"三江源"生态移民与迁入地城镇化建设》,《青海师范大学学报》2007年第2期。
④ 尹秀娟等:《制约三江源地区生态移民迁入地可持续发展的因素》,《西北人口》2006年第5期。
⑤ 乔军:《对三江源生态移民权利保障的思考》,《攀登》2006年第3期。
⑥ 马宝龙:《困境与对策:三江源藏族生态移民适应性研究》,《甘肃联合大学学报》2007年第3期。

形成系列调研报告。① 她和她的研究团队对三江源区域移民问题进行了深入的考察，在大量的数据和调研资料的基础上，提出"生态移民的后续产业及移民生存问题、宗教信仰问题、大量移民汇流、空置草原的无序管理问题都促使并要求政策制定者、研究者在谈论和实施生态移民时应持更审慎的态度"。② 还有一些关于三江源生态建设与生态移民调查研究的内部报告，典型的有2003年九三学社青海省委员会对于三江源的调研形成的内部报告《三江源问题报告集》，该调研报告促成国家最终启动三江源生态恢复与建设工程。

绽小林等以《青藏高原三江源区生态环境与生态移民及社会发展困境问题研究——以青海藏区藏民族移民群体为主体的实证研究》为题，从宏观层面论述了三江源生态移民后续产业发展与生态补偿机制需要深化研究。③ 对于三江源区的生态问题以及如何进行生态建设，董锁成等认为"必须重视科学研究，制订高水平的科学规划，采取有力措施妥善安置核心区的移民，建立科学研究基地，加强生态环境建设，促进草场生态系统的恢复，走可持续发展的道路，建立上、中、下游利益补偿机制，促进江河源区生态环境事业的良性发展"。④

张涛等人提出"三江源生态移民规模应该适度，后续产业的选择应立足于绿色、生态环保，走以现代化畜牧业为主的多元化道路"。⑤《三江源区生态移民的规模及其后续产业的选择》一文从经济学角度，研究分析青海省三江源区在生态经济系统协调发展前提下产业结构调整的可行

---

① 徐君、绿色江河：《2006年三江源生态移民考察报告》；徐君、李保军：《2005年治多县生态移民调查报告》；邓文、徐君：《2005年格尔木市生态移民调查报告》皆为（内部资料）；徐君：《生存与发展：三江源生态移民补偿政策研究》，《"西藏及其他藏区社会变迁及经济发展"学术研讨会摘要汇编》，2006年。

② 徐君：《理想在现实中幻灭：05年三江源生态移民调查：以青海玉树州玉树县A乡为例摘要》，载《西藏及其他藏区经济发展与社会变迁论文集》，2006年。

③ 参见绽小林、陶秉元《青藏高原三江源区生态环境与生态移民及社会发展困境问题研究——以青海藏区藏民族移民群体为主体的实证研究》，《西藏及其他藏区经济发展与社会变迁论文集》2006年。

④ 董锁成等：《三江源地区主要生态问题与对策》，《自然资源学报》2002年第6期。

⑤ 张涛、张潜、张志良：《三江源区生态移民的规模及其后续产业的选择》，《中国人口科学》2005年增刊。

性，及后续产业的选择性①。除此之外，还有对生态移民高成本的原因分析②，从生态学的角度对保护生态和移民增收实现双赢③、移民的整合问题④展开讨论。

4. 关于三江源生态移民适应性的研究

解彩霞研究了三江源生态移民的社会适应，包括日常生活适应、生产适应、人际适应、风俗习惯适应、心理适应状况，并分析了影响三江源生态移民社会适应的因素。⑤ 索端智认为"三江源生态移民的社会适应受到几个基本因素的影响，非自愿移民的心理不适；人的整体发展能力带来的全面的社会适应困难；从自给自足到市场经济条件下的竞争环境带来的不适；从游牧到非牧的跨文化转型带来的不适"。⑥ 石德生在《三江源生态移民的生活状况与社会适应——以格尔木市长江源生态移民点为例》一文中具体分析了三江源生态移民的一系列改变，如思想观念、消费方式、宗教信仰以及城市化等。其结果表明"目前移民还没完成生活方式、行为、观念、心理等方面的城市化，移民在日常生活中还保持着较为传统的生活，移民夹在两种不同的文化当中，出现了文化震荡和边际人格现象"。⑦ 马宝龙的《三江源区生态移民与社区重建研究——以青海果洛州河源移民新村为例》⑧ 以社区重建为核心提出了相应的适应机

---

① 张涛、张潜、张志良：《三江源区生态移民的规模及其后续产业的选择》，《中国人口科学》2005年增刊。

② 参见翟岁显、翟瑞雪《三江源生态移民高成本的原因分析》，《生态经济（学术版）》2007年第1期。他们认为"牧民生活成本高，生产技能差，地区缺乏产业支持，青海财力有限和生态保护困难是导致生态移民高成本的原因"。

③ 参见马茹芳《关于三江源区生态移民的思考》，《四川草原》2006年第4期。认为生态环境和牧民能否实现"双赢"，关键是牧民能否在新居住环境下致富。这是生态移民的关键，是影响三江源生态保护和建设成效的决定因素。

④ 参见王小梅、刘峰贵等《三江源区生态移民整合问题研究》，《生态经济（学术版）》2007年第2期。

⑤ 参见解彩霞《三江源生态移民的社会适应研究》，硕士学位论文，兰州大学，2009年。

⑥ 索端智：《三江源生态移民的城镇化安置及其适应性研究》，《青海民族学院学报》2009年第2期。

⑦ 石德生：《三江源生态移民的生活状况与社会适应——以格尔木市长江源生态移民点为例》，《西藏研究》2008年第4期。

⑧ 马宝龙：《三江源区生态移民与社区重建研究——以青海果洛州河源移民新村为例》，硕士学位论文，西北民族大学，2008年。

制。周甜认为"三江源生态移民这一过程造成了藏族牧民原有的生产技能、生活习惯被迫发生改变，原有的维系社会可持续发展的人文与社会基础被破坏，以及因急剧变化而产生的消极、迷惘、失落等心理问题，从而引起了社会适应问题，即生存和发展问题"。①

### 三　国内外相关研究的局限性

通过文献综述我们看到，各地移民的适应状况不尽相同，影响移民社会适应的因素也有所差异，并总结了生态移民中存在的一些主要问题，如思想认识不充分、科技扶持不够、资金投入不足、移民回迁、法律介入不足、民族问题等。通过对上述研究的回顾，我们发现以上研究具有以下几点不足。

第一，在研究视角、方法上，从经济学、人口学、管理学等视角所做的生态移民研究较多，而民俗学、人类学、社会学、宗教学、文化地理学学科对三江源生态恢复和建设以及生态移民的研究介入明显不足。从资料收集方法看，用文献方法收集自然和经济资料的比例较高，而扎实深入田野，掌握第一手资料的方法还远远不够。而采用民俗学、人类学的参与观察、深度访谈以及参与式方法进行研究的几乎没有。

第二，在研究层次上，关于生态移民的研究，针对生态移民的宏观研究比较多，而微观研究相对少见。宏观研究侧重制度层面的研究，微观研究侧重迁移者的行为研究。两者之间存在着断裂，系统综合研究欠缺。宏观层面研究主要体现在对生态移民这一特定发展阶段出现的社会现象的认识，如对生态移民概念的界定、对生态移民战略意义的考量、对生态移民效益的分析、对生态移民相关政策的探讨等。而从微观层面对生态移民社区的研究比较缺乏，如对于移民搬迁后，人们的生产生活方式的转变、社会适应、心理融合、新迁社区建设的微观研究相对少见。

---

① 周甜：《三江源生态移民的社会适应调查研究》，硕士学位论文，西北民族大学，2010年。

第三，在研究对象和深度上，目前国内学术界对于生态移民的研究主要以北方草原尤其是内蒙古为主。由于搬迁时间不长，对于三江源生态移民研究的深度和广度明显不够，从笔者收集的资料看，研究多集中在移民概念的界定与分类，移民的必要性、紧迫性、移民的价值与意义等方面，更多地关注"生态"的重要性，而忽略了"移民"主体。缺乏对三江源生态恢复与建设的文化机制等问题的研究，更缺少对移民文化变迁与"文化震惊"的深描，在民族文化保护、移民的心理适应、身份认同与社区归属感等问题涉及不够。偶有文章有涉及，但大多都漂浮在大而笼统的宏观层面，缺乏必要的深入调查与微观分析，在学术理路上更多地表现为冷冰冰的技术与经济分析，而对作为移民主体的文化和情感关注不够。

## 四 研究思路

本书将以一个典型移民社区——果洛河源移民新村为例，将其作为主要追踪调查点，同时以玉树、格尔木、黄南部分移民点为辅助调查地。通过五次扎实的田野作业深入到生态移民当中，切身感受他们的"纠结"生活。用参与观察、问卷调查和实地深入访谈的方式与他们同吃同住，获取最真实的第一手材料。在兼顾宏观、突出微观的层面上观察他们在新的生活世界中在各方面所发生的一系列"文化震惊"和不适应。感受这一群体在新环境中原来的社会网络关系被瓦解，其社会资本被严重"剥夺"后所面临的困惑与迷惘。研究中力图突破以往单纯宏观上的空泛论说和过于冰冷的数据模型分析，立足于"人"，充分体现民俗之"民"的主体性与广泛性。将民情、民心、民声和民怨注入自身本体之中，使人们生活饱含温情与欲望。[①] 努力克服漂浮在大而笼统的层面，用扎实深入的田野调查和理性分析，突出"人"之主体地位，倾注应有的人文关怀。摒弃以往冷冰冰的技术、经济分析，转到对"人"自身的理解。对作为移民主体的心理困惑、文化和情感予以更多的关注。即从"人"本身出发，从变迁主体的感受去理解文化变迁，从社会资本的视域提出文

---

① 参见万建中《关于民俗生活魅力的随想》，《山东社会科学》2010年第7期。

化调适和社会资本重建的对策。

用定量和定性相结合的方式,对移民文化变迁及引起的失调进行客观分析。在所提出的文化调适思路中,关注民族传统文化的现代重构,使移民的身份认同在自然过渡中完成,而不是将城镇的所有主流价值观强制性地一厢情愿地灌输给移民,使其全盘"接受",以达到"适应"的目的,这种方法忽视了移民群体的主体地位和接纳能力,是没有人情味的。书中之所以强调社会资本的重构,是因为移民在"剧烈变迁"中失去的不仅仅是信任、情感支持、物质支持和亲密网络关系,更主要的是心灵的安全感和归属感。结合实际重点探讨适合移民群体的社会资本重建机制和途径,合理构建移民的社会网络资本,使其在"我群体"中找回迷失的自我,消除不安定感,形成自我支持系统,以达到移民对自己的角色和身份的认同。在与安置地居民彼此的信任、互惠和共有规范的基础上逐渐形成业缘和地缘关系,在"他群体"中逐渐找到社区归属感,从而"安居乐业"。否则,其结果只能是:"留住他的人,留不住他的心"而返迁。本书在河源新村移民社区的基础上更广泛地关注了其他移民社区,挣出三江源生态移民文化变迁和文化调适的基本思路:嬗变—调适—重构,并在政府层面和个体层面提出了相应的思路和对策。

## 第四节 研究方法、理论与创新

### 一 研究方法

研究三江源生态移民生产生活、社会资本与社会文化变迁、适应与重构是一种描述性与解释性共存的过程,笔者以演绎推理的典型调查方法来研究生态移民的社会适应状况及存在的问题。本书采用社会学、人类学和民俗学的研究方法,结合实地研究。具体的研究方法如下:

(1) 文献法。通过对图书目录、期刊目录、索引、网络数据库、电子阅览室、图书馆与本研究相关的资料进行查阅、抽样、鉴别和整理四个阶段,根据研究的目的,按照统一的标准,去粗取精,去伪存真,对资料加以分类整理，使其系统化和条理化。其中既有中央及省市县等权威部门发布的文本资料，也有生态移民迁出地与迁入地所做的文本资料。

（2）问卷法。问卷法是社会调查中最常用的资料收集方法。美国社会学家艾巴·巴比称"问卷是社会调查的支柱"。为了更系统地掌握移民生活中的变化以及由此引起的"文化震惊"，笔者设计了比较详细的问卷，内容涉及移民文化变迁的方方面面，从家用电器的使用到衣着款式及质地，乃至饮食中的每个细小改变，都统计在里面，对深入分析移民文化变迁前后的生活状态提供了一定的可靠资料。

（3）深度访谈法。它是为搜集个人特定经验的过程及其动机和情感所做的访问。由于考虑到该移民点成员的文化程度不高，对问卷的理解存在困难，加之汉语水平交流存在障碍，为了使收集到的资料更接近于实际情况，因此与移民们进行深度访谈，就某一个问题深挖下去，在多次的交流中了解他们的适应过程和情感。

（4）参与观察法。多次短期的田野调查尽管能掌握移民基本的信息和状况，但如果没有一段时间的近距离参与观察，掌握到的资料就缺少连贯性和系统性，因此笔者通过与生态移民共同生活一段时间，走进他们的生活，采取既朴实又现实的态度，从中观察、了解和认识他们在迁入地的生活方式。

（5）深描法。民俗学是感受生活的学科，只有对观察到的事象深入描写出来，才能够让读者深刻体验生活本身。

## 二 研究理论

理论和实际相联系是研究问题的不二法门，探讨三江源生态移民的文化变迁、文化震惊和社会适应的相关问题，需要借助适合的理论分析才能得出可信的解释与结论。笔者在本书中将运用"文化震惊""边际人格""身份认同""文化适应""社会资本""社会认同"等相关理论对其进行理性的解析和阐述。

## 三 研究创新

本书以移民文化变迁带来的震惊和极度的不适应为切入点,从"对生活整体的关照"和"感受生活的角度"出发,首次以民俗学的视野观察、深描、分析三江源生态移民在物质文化、制度文化和精神文化上的嬗变,立足于"人",充分体现民俗之"民"的主体性。兼顾研究对象身与心两方面的感受,以体悟生活的视角去理解"人",突破了宏观上冰冷的空泛论说和过分理性的数据模型分析。在阐释中兼用人类学和社会学的研究方法,使研究结果既饱含温情,又有客观真实性。

## 第五节 相关概念界定

### 一 三江源

三江源地处青藏高原的青海省,因属长江、黄河、澜沧江(湄公河)三大水系发源地而得名。[①] "平均海拔 3500—4800 米,是世界屋脊——青藏高原的腹地、青海省南部,为孕育中华民族、中南半岛悠久文明历史的世界著名江河:长江、黄河和澜沧江的源头汇水区。2009 年经我国科考队考证,依据'河源唯远'的原则,确定卡日曲为黄河的源头;当曲为长江的源头;扎曲为澜沧江的源头。地理位置为北纬 31°39′—36°12′,东经 89°45′—102°23′。行政区划包括青海省的玉树、果洛两个藏族自治州全境,海南藏族自治州的兴海、同德两县,黄南藏族自治州的河南、泽库两县共计 16 个县以及格尔木市的唐古拉山乡。共 127 个乡镇。总面积为 30.25 万 $km^2$,约占青海省总面积的 43%,占 16 县 1 乡总面积的 97%。现有人口 55.6 万人,其中藏族人口占 90% 以上,其他还有汉、回、撒拉、蒙古等民族。"[②] 目前关于三江源的区域范围主要有三种划分:

---

① 参见《话说三江源》,《西藏旅游》2006 年第 4 期。
② 《百科名片:三江源》(http://baike.baidu.com/view/14248.htm)。

第一种从流域角度测算其面积为31.8万平方千米,第二种从新建的三江源国家级自然保护区的角度确定其面积为15.23万平方千米,第三种从行政区划角度确定其总面积为36.3万平方千米。三江源区汇聚长江总水量的25%、黄河总水量的49%、澜沧江总水量的15%,是亚洲乃至世界上孕育大江大河最集中的地区,被誉为"中华水塔""亚洲水塔""地球之肾";也是世界上高海拔地区独一无二的大面积湿地生态系统,是全球高海拔地区生物多样性最集中的地区,被称为高寒生物自然种质资源库和高原基因库,更是我国江河中、下游和周边地区生态安全和区域可持续发展的生态屏障。

　　三江源地区是青藏高原的腹地和主体,以山地地貌为主,山脉绵延、地势高耸、地形复杂。"区内气候属青藏高原气候系统,为典型的高原大陆性气候,表现为冷热两季交替、干湿两季分明、年温差小、日温差大、日照时间长、辐射强烈、无四季区分的气候特征。三江源区河流密布、湖泊、沼泽众多,雪山冰川广布,是世界上海拔最高、面积最大、分布最集中的地区,湿地总面积达7.33万平方公里,占保护区总面积的24%。"① 三江源区是一个多湖泊地区,主要分布在内陆河流域和长江、黄河的源头段,大小湖泊近1800余个,湖水面积在0.5平方千米以上的天然湖泊有188个,总面积0.51万平方千米。其中,矿化度1—3克/升以下的淡水湖和微咸水湖148个,总面积2623平方千米。盐湖共计28个,总面积1480平方千米,矿化度大于35克/升。"列入中国重要湿地名录的有扎陵湖、鄂陵湖、玛多湖、黄河源区岗纳格措、依然措、多尔改措等。其中扎陵湖、鄂陵湖是黄河干流上最大的两个淡水湖,具有巨大的调节水量功能。"②

　　历史上,三江源曾是水草丰美、湖泊星罗棋布、野生动植物种群繁多的高原草甸区,被称为生态和生命的"净土"。但现实情况却不容乐观、令人警醒。近几十年来,由于天灾人祸等许多自然和过度放牧等人为的因素,整个青藏高原的生态环境已在明显恶化,形势日益严峻。目

---

① 《三江源自然保护区特种邮票版头——海岸线》(http://blog.sina.com.cn/s/blog_531429bc0100pgvw.html)。

② 《百科名片:三江源》(http://baike.baidu.com/view/14248.htm)。

前,"位于高原腹地的'三江源'随着全球气候的变暖,冰川、雪山逐年萎缩,众多江河、湖泊和湿地缩小、干涸;沙化、水土流失的面积仍在不断扩大;荒漠化和草地退化问题日益突出;长期的乱垦滥伐使大面积的草地和近一半的森林遭到严重破坏;虫鼠害肆虐;珍稀野生动物盗猎严重;无序的黄金开采及冬虫夏草的采挖屡禁不止;受威胁的生物物种占总类的20%以上,远高于世界10%—15%的平均水平,部分地区的人类已难以生存"。①

三江源曾被称为生态"处女地"。但受严酷自然条件的制约,生态环境十分脆弱。"由于自然因素和不合理人类活动的双重作用,这里生态环境日益恶化,草场严重退化,水土流失加剧,土地沙漠化面积扩大,湿地退缩,生物多样性锐减。"② "江河流域生态环境问题已经成为中国21世纪可持续发展的心腹大患,而这些又与上游和江河源头地区生态退化、植被破坏密切相关。"③

过度放牧和乱采滥挖,也加剧了土地严重退化、草场沙化。"三江源地区生态环境的恶化严重影响和制约了当地各民族的生存与发展,造成了本地区畜牧业生产水平低而不稳,少数民族地区贫困程度不断加大,经济发展落后。同时还严重影响大江大河中下游地区以及东南亚国家的生存与发展。"④

## 二 三江源区生态移民工程

三江源区生态移民工程是《青海省三江源自然保护区生态保护和建设总体规划》⑤ 中的一部分。这份总体规划主要包括退牧还草、退更还林(草)、封山育林、沙漠化治理、重要湿地保护与禁渔、黑土滩治理、鼠

---

① 《三江源自然保护区》特种邮票版头(http://blog.sina.com.cn/s/blog_531429bc0100pgvw.html)。
② 《推进生态立省 建设生态文明先行区》(http://views.ce.cn/view/ent/201211/29/t20121129_23893458.shtml)。
③ 《三江源之生态环境》(http://nanancz.2011.teacher.com.cn/feixueli2011admin/UserLog/UserLogView.aspx?cfName=20110715nanancz3483&UserlogID=3483)。
④ 同上。
⑤ 参见《青海三江源自然保护区生态保护和建设总体规划》,铅印本。

害防疫、水土保持、森林草原防火、保护管理设施和保护能力建设、生态移民、小城镇建设、建设养畜配套、能源建设、灌溉饲草料基地、人畜饮水、人工增雨、科研课题及应用推广、生态监测等各项生态保护和建设项目。其中的生态移民工程是其中最为复杂的工程，是该规划中的重中之重。历史上，三江源曾是水草丰美的"处女地"。但是，近年来，随着温室效应、人类无限制的生产经验活动、过度放牧等原因，三江源区的环境日趋恶化，水源涵养能力急剧减退，植被与湿地生态系统遭到严重破坏，已直接威胁到我国长江、黄河流域乃至东南亚诸国的生态安全。在自然和人类活动的双重作用下，青藏高原的生态环境逐渐退化。位于高原腹地的三江源地区生态环境也趋于恶化。如一些地区超载放牧，掠夺性地利用草场，乱采滥挖黄金、冬虫夏草，盗猎珍稀濒危野生动物，使得草场大面积退化，畜牧业水平降低，植被破坏，优良牧草减少，有毒杂草增加；鼠害肆虐，有些丰美草场已经变成寸草不生的黑土滩；土地沙化和水土流失不断加剧，面积逐年扩大，沙尘暴天气增多；冰川退缩，水位下降，江河断流，湖泊干涸；自然灾害频发，雪、旱、风沙等灾害加剧，防灾抗灾能力低下。"三江源的冰雪、湖泊及沼泽地均为江河的重要补给源和水源涵养区，如果环境持续恶化，不仅直接威胁当地群众的生活，甚至会影响中华民族和东南亚地区的可持续发展。这里独特的生态环境及其孕育的珍稀野生动植物和得天独厚的旅游资源，都是大自然赋予人类的珍贵遗产，是全人类共同的财富。保护三江源，就是保护地球生物多样性资源和物种基因库，保护人类的珍贵遗产和生存环境。这些自然资源的开发必须与环境保护紧密结合起来，否则将会导致生态环境恶化，遗患无穷。这也正是出台《青海省三江源自然保护区生态保护和建设总体规划》的目的和意义所在。"[①]

为了从根本上改善三江源区生态状况，保持生态良好和可持续发展，在国务院支持下，青海省在2003年正式启动了"青海省三江源自然保护区生态保护和建设"工程，由主要的十大工程组成，其中，生态移民工程是最为复杂的大工程之一，因为它面对的是一个个活生生的人，得妥

---

[①] 《三江平原 or 三江源地区_ Geoinformatics》（http：//blog.sina.com.cn/s/blog_ 4b700c4c0102dxcj.html）。

善安排牧民群众生产生活，协调各种利益关系，还得考虑各种立场。同时移民工程又是一个系统工程，需要科学精确地测算相关的数据。当时的数据显示：保护区内的实际人口为 223090 人，但是如果使区内生态真正能"休养生息"，所能容纳的人口不能超过 133731 人。所以在这种情况下需要生态移民 89358 人。但是，如果真移民这么多人，可能会牵扯很多的问题，会直接影响三江源自然保护区生态保护和建设总体规划。经过对各种因素的论证与综合考虑，最终，规划决定实际移民为 10140 户，55773 人。2004 年 7 月，三江源区生态移民工程拉开浩大帷幕。首批位于具有"黄河源头第一乡"之称的青海玛多县扎陵湖乡 388 户藏族移民跨县域搬迁至果洛州府所在地大武镇，组建了第一个生态移民新村——河源移民新村。三江源生态移民工程，因其地域之广、规模之大，被称作仅次于三峡移民的巨大工程。

# 第一章

# 三江源生态移民：生活空间剧变的迁徙者

## 第一节 中华水塔三江源：特殊的生态战略位置

### 一 三江源是亚洲乃至北半球气候变化的启动区

三江源不仅仅是青海的，更是世界的，它影响着亚洲乃至北半球的气候。它是青藏高原的重要组成部分，是耸立于亚洲大陆对流层中部的"热岛"和"中流砥柱"。夏季，青藏高原的荒漠草地、戈壁具有很强的反射太阳光的能力，成为一个巨大热源，使其上空形成一个强盛的大陆性环流系统，即青藏高压。"它引导印度洋和孟加拉湾上空的部分暖湿气流北上，而后稍加转向进入我国东部地区，给长江中、下游及华南地区带来充沛降雨。冬季，青藏高原又如同一块巨大的天然屏障，阻挡着自北极南下的寒冷气流，在东亚东部地带没有类似屏障的保护。另外，科学研究发现，三江源及其所在的青藏高原还是中国气候变化'启动区'。在漫长的地质历史时期，青藏高原每隆升到一个大气热动力学临界高度，都使地质气候和环境发生一次划'世'代的变化，也即每个地质的开始都基本与青藏高原海拔达到某一临界高度的时间相吻合。由此可以说，三江源地区及其所在的青藏高原不仅是全球气候的被动适应者，也是亚洲及北半球气候的主动创造者。"[①]

---

① 丁忠兵：《论三江源地区的生态地位与可持续发展》，《青海社会科学》2006年第2期。

## 二 三江源是中国及东南亚的江河之源

三江源被形象地比喻为"地球的肾",影响着中国及东南亚的安全水系。源区因其位置独特、海拔高峻,成为全球现代冰川集聚地之一,冰川总面积达 1812.74 平方千米。"三江源地区虽整体海拔很高,但区内地势平坦,水资源储蓄能力较强,有利于河网、水系的形成发育,在三江源地区,仅属长江、黄河、澜沧江三大水系的大小河流就有 180 条,有大小湖泊 16337 个之多,总面积达 2350.77 平方千米,其中面积在 1 平方千米以上的天然湖泊有 226 个。近年,黄河下游持续断流,生态环境呈恶化趋势,其重要原因就是三江源地区冰川退缩、源头水资源减少。因此作为'长江之源'、'中华水塔'的三江源地区,它一旦咳嗽——生态环境遭破坏,长江、黄河全流域就有感冒之虞——或洪涝、或断流。三江源地区对全国实现人和水的和谐相处具有重要意义。"①

## 三 三江源是中国乃至世界高寒生物资源宝库

三江源虽处高寒,但生物资源丰富,是世界高寒草原的典型代表。如果将中国看作一个大的生态系统,那么三江源地区不仅对其环境系统具有重要影响,而且对其生命系统如生物种多样性、生态系统多样性等也具有重要影响。"首先,由于地理位置的独特和海拔高度的影响,三江源地区不仅保留了许多珍贵的物种,使该地区成为现代物种分化和分布中心之一,是我国最重要的生物多样性资源宝库和基因库之一。在一定程度上可以说,三江源是现代众多珍稀高寒野生动植物在地球上生活的唯一家园,是中国这个大生态系统生物多样性的重要载体。其次,三江源的高寒生态系统属于原生环境,是世界高寒草原的典型代表,三江源地区无论在物种多样性还是在生态系统多样性方面,都在我国占有重要地位,是我国的生态组成和生物资源宝库,也是我国人与动植物是否和

---

① 丁忠兵:《论三江源地区的生态地位与可持续发展》,《青海社会科学》2006 年第 2 期。

谐相处的试金石。"①

## 四 三江源：特殊的社会生态区位定位

三江源区是世界上海拔最高、面积最大的湿地生态系统，是我国乃至世界上重要的生态区，也是高海拔地区生物多样性最集中的地区、最珍贵的种质资源和高原基因库。因此，要把生态保护与建设放在首位，退牧还草本身就是基于该地区日益恶化的生态状况实施的一项工程措施。因此必须以生态环境保护和建设为基点，切实做好退牧还草工程，加强区域草地生态和湿地保护与综合治理。通过工程的实施，有规划、有步骤地对三江源地区的草原实行长期禁牧、减畜休牧和轮牧，给高原草地以"休养生息"的机会，遏制生态环境继续恶化的趋势，使天然草原恢复自身的生态功能和草原植被，从而改善草原生态环境和草原畜牧业基本生产条件，实现草原资源的永续利用和高原畜牧业的可持续发展。

三江源地区作为青藏高原的重要组成部分和核心生态功能区，其重要战略地位体现在它对青藏高原自身生态环境的影响上。"倘若三江源地区生态环境良性发展，受其影响，高原西北部地区的生态环境就有可能逐渐改善，反之，如果三江源地区生态环境恶化，其结果必然是高原西北部的荒漠戈壁向东南部扩张，整个高原生态环境将可能因此崩溃。在这种情况下，青藏高原可能就不再是中华大地的生态屏障，而可能成为生态祸根。可见，三江源地区生态环境好坏直接关乎整个青藏高原的生态状况，并进而影响全中国的生态安全。"② 三江源区具有巨大的生态功能，是全国最有影响力的生态调节区，被誉为"地球之肾""生命的摇篮"。正如周甜在她的硕士论文中所说，"三江源区为整个中下游地区提供了可持续发展的基本条件，具有牵一发而动全身的生态战略地位。它同时又是全国生态系统最脆弱的高寒干旱区，它的变化危及江河中下游地区的生态安全。因而三江源区具有全国生态安全、社会稳定的特殊战

---

① 丁忠兵：《论三江源地区的生态地位与可持续发展》，《青海社会科学》2006年第2期。
② 同上。

略地位。"①

## 第二节 三江源生态移民的实施：
## 由宣称到政策实践

### 一 三江源生态移民工程实施背景

随着近几年全球气温的变暖，"温室效应"对三江源地区生态环境的影响越来越明显，冰川消融、雪线萎缩、河流干涸、湿地消失等生态环境恶化的趋势越来越突出，生态环境已十分脆弱。如黄河源头第一县——玛多县，素以拥有4077个大小湖泊而有"千湖之县"的美誉。而2000年卫星遥感影像资料显示，玛多县面积大于0.06平方千米的湖泊仅剩261个。现全县4077个湖泊中四分之三已干涸，实有湖泊不足1000个。黄河在青海省境内的干流总长为1983千米，其中黄河源头干流部分在玛多县境内的流程达350公里。扎陵湖和鄂陵湖是黄河源头地区最大的一对"姊妹湖"。"2003年12月至2004年4月，黄河源头鄂陵湖出水口出现历史上首次断流，这一现象并不是孤立的，而是整个黄河源头乃至三江源地区生态全面恶化的重要标志。黄河断流、湖泊干涸、雪线上升、冰川崩塌、草场退化等一系列迹象表明，黄河源生态全面告急。"② 在这样的现实中，玛多县也从20世纪七八十年代的中国首富县，沦落到现在的国家级贫困县。"而长江源头第一县曲麻莱县城约改滩因河水断流，不得不掘井供人畜饮水，而2000年又因地下水位下降，所掘118口井90%干涸，只能到5公里以外的通天河取水，出现长江源头买水喝的怪事。"③

随着人口的增加和人类无限度的生产经营活动，又大大加速了三江源区生态环境恶化的速度。"主要表现为：草场退化与沙化加剧，水土流失日趋严重，源头来水量逐年减少，生物多样性萎缩，生态难

---

① 周甜：《三江源生态移民的社会适应调查研究》，硕士学位论文，西北民族大学，2010年。
② 新华网青海频道：《过度放牧"千湖之县"为水消得人憔悴》（http://www.people.com.cn/GB/huanbao/1074/2780857.html）。
③ 蒲文成：《青藏高原经济可持续发展研究》，青海人民出版社2004年版。

民逐年增加。目前，三江源区退化草场面积已占到可利用草场面积的26%—46%。加之近半个世纪以来后天人为的无序开发，致使保护区内生态与生存环境不断恶化，广大牧民生产生活受到了严重影响。更为严重的是随着区内植被与湿地生态系统的破坏，水源涵养能力急剧减退，导致三江源中下游地区旱涝灾害频繁，工农业生产受到严重制约。"[1] 并已直接威胁到我国长江、黄河流域乃至东南亚诸国的生态安全。

这些问题既有自然的因素，但其原因和诱发机制也涉及人为因素。"据青海省三江源生态恢复与重建部门和有关专家介绍，自然因素对生态环境的影响速度较慢且不易显现，且生态系统本身具有自我修复和调节的功能，因此人为因素对三江源地区的影响则更为直接和明显"[2]，且挽回不利影响的代价高、进度慢、难度大。

首先，人口和消费快速增长加剧了人与草场资源的供求矛盾。"目前，三江源地区实际人口远远超过生态所能容纳的数目，牲畜 2200 万个羊单位，为解放初期的 3 倍多，正常年份冬春草场超载牲畜 50%—60%，草场长期超负荷透支，使牧草生长得不到休养生息，退化草场丧失修复的功能；加上曾经开垦过 320 万亩的草原，使人类活动超出了生态环境的承载能力。"[3]

其次，产业结构不合理，资源利用上受利益驱动，严重不当。"近30年来，在生态区内采金、挖药，以及煤、铜矿业等资源消耗型产业给自然保护带来威胁；同时，区内社会经济发展过分依赖畜牧、采矿等资源开发型产业，替代产业发展缓慢，产业结构调整难度大；以及资源管理监督不力造成乱采、偷捕乱猎、滥挖等是诱发生态环境问题的重要因素。"[4]

最后，在制度安排上，生产经营方式不当导致牲畜超载。"在家庭承包经营责任制的引导和保护下，受短期经济行为的驱动，个人收益大小

---

[1] 韦仁忠：《"二元社区"到"敦睦他者"——三江源生态移民的社会融合解读》，《西藏大学学报》2012年第4期。
[2] 马勇：《关注"中华水塔"的生态战略地位》，《中国信息报》2008年6月20日第3版。
[3] 同上。
[4] 同上。

基本上取决于草场载畜量,而与草场建设和保护关系不大。在载畜量过大的情况下,抑制了植物的繁衍和更新。"①

针对三江源在全国生态安全中的重要地位,我国正不断加大三江源生态保护和建设的力度,"为了从根本上改善三江源区生态状况,2003年'青海省三江源自然保护区生态保护和建设'工程正式启动"。② 而作为其核心部分的生态移民工程是该工程的重中之重,于2004年7月翻开了新的历史篇章。

## 二 从理想到现实:三江源生态移民工程诞生过程

三江源生态移民工程经历了一个由宣称到具体实施的过程。尽管真正的工作是从2003年开始的,但其前期的基础奠定和社会效益的长远性不得不与20世纪90年代末的西部大开发联系起来。三江源地区的生态环境问题不仅仅是广大流域群众高度关注的事,更被国家高度重视。党和国家领导曾多次指示要大力加强生态环境的保护与建设。从1997年的"再造一个山川秀美的西北地区"的伟大号召,到"退耕还林还草、封山绿化、个体承包、以粮代赈"政策的实施,为西北地区的环保工程拉开了序幕。根据这一精神,国家环保局已将三江源生态环境保护工作列入重要日程。因为三江源地区日趋严峻的生态形势不仅关系着青海省的区域经济发展,同时长江、黄河上游的水源发生危机严重影响了中下游人民的生活和生产,引起了党和国家乃至国际社会的广泛关注,故而,青海省政府、省委大力支持生态环境的重建,提出要将青海省建成一个生态大省,青海省人民政府于2000年5月在长江的通天河畔举行了三江源自然保护区的揭牌仪式,"建立了三江省级自然保护区,成立了青海三江源自然保护区管理局。随后,国家林业局将三江源自然保护区的生态保护与建设作为全国重点林业生态建设工程的旗舰工程"。③ 2003年初,国

---

① 马勇:《关注"中华水塔"的生态战略地位》,《中国信息报》2008年6月20日第3版。
② 韦仁忠:《"二元社区"到"敦睦他者"——三江源生态移民的社会融合解读》,《西藏大学学报》2012年第4期。
③ 《青海三江源自然保护区生态保护和建设综述》(http://www.qhnews.com/index/system/2006/12/10/000032170.shtml)。

务院将三江源地区列为国家级自然保护区,以退牧、休牧、轮牧及移民搬迁主要内容的生态保护工程正式启动。为了贯彻落实中央领导同志对三江源地区生态保护和建设的批示精神,青海省按照由国家发展和改革委员会主持、国家相关部委参加的青海三江源地区生态保护和建设总体规划审查会议提出的意见,组织相关单位于 2003 年 9 月下旬至 10 月,再次实地调查核实了三江源地区生态恶化的基础数据,修订、完善了《青海三江源地区生态保护和建设总体规划》。2005 年 1 月 26 日,由时任国务院总理温家宝主持召开的国务院第 79 次常务会议批准了《青海三江源自然保护区生态保护和建设总体规划》,并要求通过规划的实施,尽快实现恢复三江源生态功能、促进人与自然和谐和可持续发展、农牧民生活达到小康水平三大目标。

三江源区生态移民工程是《青海省三江源自然保护区生态保护和建设总体规划》中的一部分。为了加强三江源区生态环境保护,2003 年 1 月经国务院批准,三江源自然保护区晋升为国家级自然保护区,总面积为 15.23 万平方千米,占三江源地区总面积的 42%。为了从根本上改善三江源区生态状况,在党中央、国务院的支持和关怀下,"青海省三江源自然保护区生态保护和建设工程"正式启动。根据青海省三江源自然保护区生态保护和建设总体规划,通过采取"退出、保护、保障、治理、转变等各种措施,从保护区内退出不合理的生产经营活动,妥善安排三江源区牧民群众生产生活,逐步减轻天然草地的生态负荷,使自然生态和牧业生产相对平衡,保持生态良好和可持续发展"的思路,确定了人工增雨、湿地保护、草原草甸生态保护及治理、野生动植物保护、退耕还林、退牧还草等十大工程。其中,生态移民是其中最为复杂的工程。根据《青海省三江源自然保护区生态环境保护和建设总体规划》,三江源区生态移民共涉及牧户 10140 户,55773 人。具体目标是:力争在 5 年内将三江源核心区变成"无人区"。即在 2004—2010 年,首先对三江源 18 个核心区的牧民进行整体移民,在首次规划中,共涉及牧民 7921 户,43600 人。2004 年初,生态移民工程在青海省相关州县逐步展开。移民的核心就是减轻草场压力,给草地一个休养生息的机会。"自 2004 年 7 月开始,首批位于具有'黄河源头第一乡'之称的青海玛多县扎陵湖乡 388 户藏族移民跨县域搬迁入驻果洛州府所在地大武镇,组建河源移民新村开始，三江源区生态移民工程拉开浩大帷幕。"①

三江源地区的生态保护和建设工程既是国家西部大开发的骨干工程，也是一项投资大、周期长，具有艰巨性和复杂性的系统工程，更是一项惠及三江流域乃至全国人民的民生工程。由于三江源其特殊的地理位置和生态区位，整个工程不仅关系到源区人民的利益，更关系到三江水源下游人民的集体利益和全国的生态安全。"为了确保《规划》的顺利、有效实施，青海省政府成立了由省委、省委常委为领导，与省发展改革委等31个部门联合力量组成的三江源自然保护区生态保护和建设总体规划实施领导小组，并建立了由项目实施地区州、县长为第一责任人的项目实施责任制。"②

## 三　生态移民工程的完成情况

为保护三江源地区生态环境，2004年三江源生态移民工程"主要在玉树藏族自治州的杂多、称多、曲麻莱县，果洛藏族自治州班玛、玛多、达日、久治县，海南藏族自治州同德、兴海县，黄南藏族自治州泽库、河南蒙古族自治县，格尔木市唐古拉山乡实施"。③ 其中，果洛州移民1124户，玉树州移民2376户。海南州移民600户，黄南州移民646户，格尔木市移民128户，这些移民大都安置在自然、经济和社会条件相对较好的城市（镇）周边，或者国有农场等地方，但是从整体来看，生态移民的安置区始终都没有脱离整个三江源地区。笔者调研的地点在果洛州，从相关单位获取的资料可知，全州6县25个乡实施了生态移民和退牧还草工程。项目工程实施以来，全州完成减畜任务83.16万只羊单位，禁牧草场面积2475万亩；生态移民及退牧还草异地搬迁设计项目牧户2702户12042人。其中整体搬迁339户1340人，集中安置2177户9857人，自主安置59户274人。投入定居房建设资金12270万元，建设定居房屋2702套。

---

① 韦仁忠：《"二元社区"到"敦睦他者"——三江源生态移民的社会融合解读》，《西藏大学学报》2012年第4期。
② 周宇：《三江源生态移民与后续产业可持续发展——以青海省格尔木昆仑民族文化村为例》，硕士学位论文，四川师范大学，2010年。
③ 解丽娜：《三江源生态移民工程进展顺利》，《青海日报》2005年11月24日第6版。

从青海人民网公布的详细资料可获知三江源生态移民的具体实施情况:"在2005年年底,玉树州杂多县结多乡210户自主安置户已搬迁入住;曲麻莱县昆仑民族文化村生态移民160户,已完成主体建筑、室内上下水、电安装及屋面等工程;称多县扎朵镇生态移民集中安置43户,移民社区房屋全部封顶。果洛州玛多县黄河、黑河乡生态移民社区在同德牧场实施,189户房屋建设完成基础开挖156户;班玛县达卡乡2004年移民112户、677人搬迁到县城赛莱塘镇,100户集中安置户中65户房屋已全部完工;久治县索乎日麻乡生态移民安置区113户房屋主体全部完工;达日县莫坝乡移民区新建101户房屋已全部建成。黄南州泽库县生态移民200户。其中宁秀乡宁秀村70户中,修建房屋53户、临街住房17户、畜棚32户,现已全面完工;和日乡和日村100户,442人,集中修建房屋79户,16户修建临街二层楼房,5户零散安置;多福顿乡30户中,15户房屋已完成主体。河南县生态移民200户,其中优干宁镇150户中,86户房屋基础已完工,7户已购置房屋,40户在县城购置房屋,余17户为转产户;宁木特乡50户中,8户墙体已全部完工,2户地基已完工,15户地基未开挖,25户在乡政府附近购买房屋。海南州同德县生态移民200户,房屋主体已完成,封顶177户;兴海县温泉乡长水村生态移民100户,计划2006年实施;兴海县唐乃亥乡龙曲村牧民定居工程100户,房屋地槽开挖砼浇筑全部完成,完成砖砌墙体91户,畜棚砖砌墙体工程完成88户,屋面檩条安装完成38户。格尔木市唐古拉乡移民定居点128户已完工,于2004年11月22日入住122户。其余6户将于11月中旬入住。"①

就笔者重点调查的果洛州,至调查阶段,州政府调研团队的调研报告数据显示为"全州六县25个乡实施了生态移民工程和退牧还草工程。项目工程实施以来,全州完成减畜任务83.16万只羊单位,禁牧草场面积2475万亩;生态移民及退牧还草异地搬迁涉及项目牧户2702户,12042人。其中整体搬迁339户1340人,集中安置2177户9857人,自主安置59户274人,已搬迁127户571人;拟建设移民新区25处,建成20处。投入定居房建设资金12270

---

① 青海人民网:《三江源生态移民工程进展顺利》(http://www.qh.gov.cn/system/2005/11/26/006019735.shtml)。

万元，建成定居房屋 2702 套。已有 2411 户，10689 人搬迁入住"。①

截至 2011 年 8 月 5 日，"从新华社记者吴光于在人民政府网上《青海'三江源'全部完成生态移民工作》的报道获悉，这项投资 75 亿元实施生态环境保护与建设工程，预计一期工程将于 2012 年完成的项目，已经提前全部完成移民工作"。②

## 第三节 生态移民的搬迁形式与安置方式

### 一 生态移民搬迁形式

#### （一）整体搬迁

这种类型的搬迁是"工程建设非自愿移民"，所以具有一定的政府强制性。为了实现工程项目，政府将牧民从原住地的草原按计划整体搬迁出来，异地安置在政府所规划好的城市（镇）周边。为了恢复草原生态植被，让环境有所好转，牧民之前所承包的草场要完全禁牧，让其休养生息。禁牧期间或禁牧之后，牧民均不再享有租赁和转让草场的权利。整体搬迁的牧民将成为永久性移民，不能再返回草原从事畜牧业生产，实现草原永久性禁牧。整体搬迁的范围一般为三江源区的"核心区"，如扎陵湖——鄂陵湖湿地保护区内的扎陵湖乡、黄河乡、黑河乡等区域。这些区域生态恶化严重，通过短期封育和人工治理已难以"治愈"创伤。这里被喻为"地球的肾"，其重要的生态地位与全国乃至整个东南亚息息相关。本研究的案例社区——河源移民新村的移民就属于此类。

#### （二）零散搬迁

这种类型的搬迁移民基本属于"自愿性移民"，牧民从其承包的草场

---

① 杨英调研组：《对果洛州生态移民收支状况和后续产业发展的调研报告》，载果洛州三江源办公室资料《果洛三江源生态保护和建设工作巡礼》。

② 韦仁忠：《"二元社区"到"敦睦他者"——三江源生态移民的社会融合解读》，《西藏大学学报》2012 年第 4 期。

上自愿迁出来，搬迁到其所期望的城市（镇）定居立业。政府在整个过程中不负责"全包全揽"，而只是提供适度的安置补助。和整体性搬迁相比，零散搬迁的牧民只属于阶段性搬迁，所以对其所承包的草场也只是阶段性禁牧，其年限是 10 年。在这 10 年期间，牧民不得返回其承包的草场放牧，不再享有草场的租赁和转让权利。但仍可享受在其承包草场上适度采集药草的权利。10 年后，牧民可以自愿选择，既可以选择留下来继续定居在城市（镇），也可以选择返回草原重操旧业——从事畜牧业，重续草场使用权。但放牧数量将受到一定的限制，饲养牲畜必须控制在草原部门核定的载畜量范围内。果洛州玛沁县昌麻河乡移民、甘德县上贡麻乡移民均属于此类型。

## 二 生态移民安置方式及相关待遇

### （一）安置方式

三江源生态移民的移民方式采取"'政府引导，牧民自愿'的原则，生态移民主要安置方式以本省内集中安置①为主，插花安置②为补充，安置地点主要选择在乡镇、县城或州府所在地的附近"。③

1. 集中安置。集中安置是目前三江源生态移民安置方式中最主要的一种形式。根据国务院和当地省（地）市县政府的统一规划来建设安置区。地理位置一般选择在自然条件、经济社会条件均相对发展较好的地方。如州府周边、县城郊区以及乡镇附近或国有农场等地。从 2004 年开始，青海的几个主要地州市均有集中安置的移民，具体安置户数为：黄南州移民 646 户，果洛州移民 851 户，海南州移民 600 户，格尔木市移民 128 户。

2. 插花安置。插花安置是三江源生态移民安置方式的辅助安置方式。

---

① 集中安置：指国家给生态移民统一规划和建设安置区，按照属地原则，把搬迁的移民集中起来居住和生活的安置方式。
② 插花安置：指不给移民统一规划和建设安置区，而是根据移民自己的选择或其他的条件使移民插入非移民的居住地生产和生活的安置方式。
③ 韦仁忠：《"二元社区"到"敦睦他者"——三江源生态移民的社会融合解读》，《西藏大学学报》2012 年第 4 期。

这种安置方式没有经过政府的统一规划，而是在"政府引导，牧民自愿"原则的基础上根据牧民自己的选择（或共同协商后牧民自己同意）将移民零散地安置在州县附近、乡镇或草场条件较好的牧区等地的一种安置方式。这种安置方式的移民因为带有"自愿"的意愿，所以社会适应过程中更具有积极主动性。玉树州多采用这种类型的安置方式，从2004年开始，玉树州共移民2376户，其中插花自主安置形式的有1301户，占54.8%。

**（二）三江源生态移民的相关待遇**

生态移民补助标准不是"一刀切"的方式，而是依照搬迁形式的不同而分为整体搬迁补助标准和零散搬迁补助标准两类，形式比较灵活且符合实际。

1. 整体搬迁补助标准

由于整体搬迁形式是三江源生态移民工程的主体搬迁形式，又是永久性移民的重要组成部分，所以补助标准高于其他形式的补助：每户8万元基础设施建设费补助，用于移民住房和暖棚的建设；每户每年8000元（或6000元）的饲料粮补助费，其用途主要用于牧民日常的生活开支。根据不同的政策安排，移民分为永久性移民和十年禁牧期的移民。永久搬迁的每户每年8000元，十年禁牧期间的每户每年6000元。政府将一直补助10年，10年之后移民将自谋出路。

2. 零散搬迁补助标准

零散搬迁是整体搬迁形式的一种补充，但由于移民主体属于阶段性移民，而且是在自己意愿下主动的搬迁形式，国家对他们的补助主要是"扶他们一程"克服眼前的困难，带有人道主义援助色彩。所以，其补助标准低于整体搬迁补助标准：每户4万元（或3万元）的基础设施建设补助费，主要用途是住房和暖棚的建设和修缮；每户每年饲料粮补助款6000元（或3000元）。其钱数或住房面积因牧户是否拥有草原证而有差异，有草原证的是6000元，无草原证的为3000元，补助期限均为10年。有无草原证还决定着牧户住房的面积，有草原证的牧户住房面积为50.5平方米，每户4万元的基础设施建设补助款；没有草原证的牧户住房面积为34.7平方米，每户3万元的基础设施建设补助款。

## 第四节 走进雪域高原：原住地与安置社区印记

### 一 三江源头的"他者世界"——迁出地：玛多县扎陵湖乡印象

2012年的暑期，京城的"桑拿天气"足以让人内心发慌，然而黄河源头的扎陵湖和鄂陵湖畔却是另一番情景。平均气温只有8℃左右，最高气温也只有20℃左右。湖区多年平均气温为-4℃，10月至翌年4月的月平均气温都在0℃以下，冬季漫长而寒冷，两湖于每年10月中旬出现岸冰，11月下旬或12月上旬全湖封冻，岸边最大冰厚可达1米左右。最冷的1月份，平均气温为-16.5℃；翌年3月以后，湖冰开始消融，5月初，湖冰消融殆尽，冰冻期达半年以上。夏季短而凉爽。选择了8月6号，笔者踏上了田野作业的第五次征程。目标是第一批生态移民的迁出地——六月飞雪的黄河源头扎陵湖乡。

"扎陵湖乡位于玛多县西北角，平均海拔4500米以上，全乡有427户1848人，人均纯收入1779.04元。共辖有尕泽、多涌、擦泽、卓让、勒那、阿涌六个牧业委员会。"[①] 境内扎陵湖与相邻的鄂陵湖是黄河源头两个最大的高原淡水湖泊，素有"姊妹湖"之称。扎陵湖又称"查灵海"，藏语意为白色长湖，古称"柏海"。扎陵湖东西长35千米，南北窄，只有21.6千米，酷似一只美丽的大贝壳，镶嵌在黄河上，湖的面积达526平方千米，平均水深约9米，蓄水量为46亿立方米。鄂陵湖位于扎陵湖之东。鄂陵湖与扎陵湖的形状恰好相反，鄂陵湖东西窄、南北长，犹如一个很大的宝葫芦。湖的面积为628平方千米，平均水深17.6米，蓄水量为107亿立方米，相当于扎陵湖的一倍多。鄂陵湖水色极为清澈，呈深绿色，天晴日丽时，天上的云彩，周围的山岭，倒映在水中，清晰可见，因此叫"蓝色的长湖"。两湖的生态位置十分重要，是三江源自然保护区

---

[①] 《百度百科：青海省果洛藏族自治州玛多县扎陵湖乡》（http://baike.baidu.com/view/1624618.htm?pid=baike.box）。

规划中的核心保护区。

  一大早从西宁出发，经过近 8 个小时的颠簸，终于到了果洛州府所在地——大武镇，和翻译打听好去扎陵湖乡的车次，才在疲惫中和衣躺下。虽然定了闹钟，但还是不放心沉沉睡去。因为去扎陵湖乡的车很少，定点发车，错过了又要等一天。离发车还有一个小时，我们已洗漱完毕，一碗扎实的"牛杂碎"打发了早餐，准时出发了。车走得让人有些绝望，不断挑战着我耐心的极限。草原广袤而寂静，经过了一大片一大片的草场后，我们的新鲜劲已过，隔着车玻璃放眼望去，整个世界单调得让人烦躁，除了绿，似乎没有其他生命，似乎一切都是静止的，如果不是偶尔颠簸的公车提醒一下自己，我感觉生命都仿佛静止了一样。能给视角唯一带来冲击的是那沿着广阔的草原盘旋的没有尽头的公路，在这样的情景下，这条路似乎是希望的所在。好长一段时间，耳畔传来浩荡的水声，本想下车拍照，但车内稀薄而欠清新的空气已把这种心情折腾得了无踪影。绕过一段山峰，两顶白色的帐篷映入眼帘，帐篷旁边是奔流向前的河流。伴随着"动"景的出现，车内的人也仿佛活跃了起来，如果继续静默，我怀疑司机都快睡着了。车上扎陵湖乡的藏族朋友 ZX 指着窗外的溪流首先打破了沉默的氛围："那条河就是从扎陵湖绕下来的，也就是黄河的支流了。"我顿时没有了倦意，用相机隔着玻璃抓拍这动人的一幕：洁白的羊群，纯黑或黑白相间的牦牛点缀在带有温馨味道的帐篷周边，悠闲地吃着青草，有节奏地晃动着尾巴。腾格尔《天堂》里的画面浮现在眼前："蓝蓝的天空，青青的湖水，绿绿的草原……"但好景没延续多长，随着车一路盘绕，眼前的景色也变了，呈现在公路两旁的是退化十分严重的草地，草皮几乎裸露在外，沙化已显出强劲的势头。再继续往前，会看到草场上的铁栅栏（围栏）。ZX 从我的眼神里读懂了我的疑惑，解释说那是搬到下面的人（移民到城镇的人）的草场，政府用围栏把草场围了。接下来又是同样的情景，沉寂、公车由于盘绕而无休止的晃动……好在我带了 MP3，耳机里传来汪峰的《花火》："蓝色的梦睡在静静驶过的小车里，漂亮的孩子迷失在小路上，这是一个永恒美丽的生活，没有眼泪没有哀伤。现在我有些倦了，倦得像一朵被风折断的野花，所以我开始变了，变得像一团滚动炽热的花火，现在我有些醉了，醉得像一只找不到方向的野鸽……"我强烈地意识到我不是醉了，而是有点儿晕了，由于缺氧而真的有点儿晕了。经过几个小时的颠簸，我们终于到了扎陵湖乡政府所在地，活动一下筋骨，跳下车的一瞬间，愕然占据了我的内心。尽管早有听说，自己内心也无数次地想象过它的状况，但眼前的情景还是使我的眼神暴露了内心的震惊：两排土坯房，间或一些砖瓦房，大概10间，构成了这方圆几百里的集市、行政、教育中心。不要说和江浙一带的农村比了，即使与同样是西部农业区的一个很小的村落都没办法比。

海拔高了人的消化功能会减弱，不容易饿，简单地吃点儿东西算是对自己肚子负了责任。我们去了距离乡政府不远的一顶帐篷，那是牧民CR的家，不久前"转场"①过来。走进帐篷，首先映入我们眼帘的是摆放在帐篷正中间的铁炉，一根铁皮炉筒直插帐篷顶部，通向帐外，与帐篷牢固结合。炉子里牦牛粪在燃烧，火苗不断地往外冒，这天然的燃料堪比煤炭。炉子上煮着沸腾的奶茶，满屋子飘着酥油奶茶的味道，食欲慢慢向我袭来。帐篷内的右侧是床铺，上面是一张自己缝制的羊毛毯子，很明显是用来休息和睡觉的地方。帐篷内的左侧放着一个小柜子，柜子上印着具有藏族风格的各种花纹与图案，柜子中间的一个挂钩上挂着一张十世班禅的照片，两条哈达披在照片上，照片下面摆放着点燃的酥油灯。帐篷里摆放十分简单，狭小但暖和。主人CR身着自己缝制的藏袍，干练而热情，给我们倒了酥油奶茶，不慌不忙地说："其他人家远了，好几十里地呢，不通车，都是自己骑摩托车进出草场。"这个结果与我的设想差距太大，本想最少也要走访10户人家，这让我非常失望。权衡再三，和牧民CR协商好了事宜，他用摩托车带我和翻译去另外的人家，绕过一道又一道的山弯，没有红绿灯的拘束，没有交通规则和超载的限制，摩托车肆意、放纵地急速前行，耳畔呼啦啦的风声盖过草原上一切的声响，偶用余光一扫，又一片草原撂在了身后。大约一个小时，我们到了牧民GQDD家，主人不善言谈，还有点儿害羞的样子，但还是得到了想要知道的东西。在撇开实际问题的闲谈中，他似乎才有兴趣，劲头十足，

---

① 搬家的意思，指生活在牧区草原上的人根据一年四季气温变化而迁移的生活方式。牧民将草场根据地势高低划分成片，在不同季节进入不同的草场放牧，一般分为冬春和夏秋草场。"冬不吃夏草，夏不吃冬草"是牧民轮牧生活的真实写照。

虽然翻译没有逐一解释，但从他眉飞色舞的表情中获知是在说今年他出售的牛羊能卖多少"轱辘毛"（藏语，钱）的事情。走出帐篷时，已是下午6点，一丝凉意掠过后背，才深深体会了雪域高原的真正含义。本来还要去一家牧户，但在CR理性的劝说下，我们还是调回了车头，等明天再做计划。傍晚时，温度已经很低，把所带的衣服全套在身上也不足以御寒。不知道是缺氧还是太过疲劳，蜷缩在ZX给我们联系好的床铺上，没有一点儿睡意，仔细聆听风从草地掠过的声音，偶有犬吠划破夜的寂静，思绪如汪洋般一泻千里。来时预想在皓月当空中看高原星星的浪漫情怀荡然无存。只感觉沉甸甸的压力向我袭来，我很现实地想到了本研究的撰写难度，所有一切远远超出曾经无数次的设想。"格桑花开，我打马走过草原，将蹄印烙过草根的睡床……"只是我曾经的梦想，文学描述和现实的距离遥不可及，这种意境只能保存在我丰满的诗句里，现实还是太过骨感，但别无选择。经过了三天，我们共走访了7户人家，但我没能按照原计划继续调查下去，一方面是高原反应，两鬓爆裂一样的疼；另一方面，因为牧民刚"转场"不久，分散性太大，如此宽阔的草原，他们零星点缀在各个角落，如果没有对本地方烂熟于胸的可靠的向导，陌生人已没有胆量和能力触及他们所在的地方，与村落化的农业区千差万别。时间不长，留有遗憾。但百闻不如一见，我真真切切地看到了这里的人和他们实实在在的生活，这远比资料中的体悟深刻得多。

## 二　城市边缘的新村落——迁入地：河源移民新村城镇社区印象

大武镇是青海果洛的州府所在地，是全州的经济、政治和文化中心。相当于内地的一个地级市。1984年建镇。大武藏语意为"丢失马匹的地方"，位于玛沁县县境东部，州、县府驻地。人口2.5万，以藏族为主，占总人口的54%，还有汉、回等民族。面积80平方千米，平均海拔3700米。随着非公有制经济和小商品贸易的发展，大武镇的发展及速度相比于20世纪80年代，可以用"突飞猛进"来形容。"尽管其规模与农业区地市级城市无法相提并论，但在西部偏远的草原地区来说，也算得上是一座相对比较成熟的城市。大武镇在地理位置上几乎处于果洛州的中心，也是到周边附近城镇的主要交通枢纽。"① 笔者所选取的调查地——河源移民新村，位于大武镇环城北路，是青海玛多县扎陵湖乡生态移民整体搬迁的安置社区，距离大武镇集市约1千米，是一个典型的城镇社区。社区总占地面积300余亩，由三个村民小组组成，第一组280人56户；第二组172人44户；第三组180人50户。"全社区共631人150户（另包括玛多县黑河乡、黄河乡各3户，计21人），其中男性300人，女性331人，劳动力总计287人。"②

笔者在移民新村调研过很多次，但印象最深的还是2009年的6月。电视、报纸对三江源生态移民的报道比比皆是，一直想做这方面研究的冲动由来已久，但每次跃跃欲试却又归于夭折，一方面是路途远、海拔高对心理的消极暗示，另一方面是没有课题的支持。各种借口导致迟迟未能成行。这次却是因为笔者工作的原因，在果洛州大武镇带一个民族社会学专业在职研究生班，这个机缘使我抛却任何阻碍实现了夙愿，使对生态移民的了解和认识从电视、报纸真正走向了现实。安顿好班级事宜，独自打的直奔目的地。只用了5分钟，出租车就已到了河源移民新村指挥部门前，和草原相比，交通很是便利。来社区前，笔者已对此社区做过一些功课，从果洛州相关的文件中获知：社区内有住房150套，户均占地面积330平方米，院内均配备煤房、厕所，每户均配备太阳能灶1台。这150套房子虽然同在一个社区，但其结构有所不同，总共分五种类型，第一类130套住宅面积为72.8平方米；第二类4套住宅面积为86平方米；第三类4套房住宅面积102平方米；第四类8套住宅面积占72平方米，暖棚占地80平方米；第五类4套房住宅面积为45平方米，暖棚占地120平方米。我一直纳闷为什么同样是移民，住房却有如此多的类型，原来扎陵湖乡生态移民是三江源区生态移民工程率先实施的第一批，政府在安置社区房屋规划上做了不断的探索，所以才呈现了五种类型的住房结构。但主导类型就是上述那130套经过试验探索后的小型院落。

放眼望去，这150套整齐划一、简明崭新的砖瓦房分两排"镶嵌"在平缓的草原上，房屋明显带有藏族浓郁的文化符号，其风格传统与现

---

① 《百度百科：青海省玛沁县大武镇》（http://baike.baidu.com/view/1624634.htm）。
② 马宝龙：《三江源生态移民与社区重建研究》，硕士学位论文，西北民族大学，2008年。

代兼容，让人耳目一新。房屋中间是一条已经硬化了的水泥路，干干净净，在草原绿色的映衬下格外醒目。路上有玩耍的孩童，穿着可以用"五花八门"来形容，两岁以下的孩子穿着完全是成品衣服，和非藏区的孩子没什么区别，估计是出生在这里的缘故吧。两个小女孩，一个梳着"马尾"，一个梳着藏族特有的发型——满头的小辫子，在追逐嬉戏，扎马尾的女孩上身是成品衣服，下身是校服。"小辫子"上身是藏服，裤子是校服，完全是"混搭"。一个10岁左右的"野小子"骑着自行车在练车技，看到我坏坏地笑，穿着时尚，发型古怪——头后面全剃光，只在头顶留有茶壶盖大的一块头发。汉藏语都会。抬头望去，每家的房屋顶部随风扬起的猎猎经幡会提醒你这里是藏族聚居的社区，看惯了草原成批成批的经幡，这些经幡看起来有点儿单薄和"孤单"。继续深入社区，你会听到个别家庭里传出的用录音机播放的诵经声。还不时看到身着藏袍、手持转经筒的中老年藏族女性，眼神纯净，旁若无人。有几个十二三岁的男孩子在附近的草场上踢球玩耍，追逐嬉闹。移民新村的右侧是河源移民新村管理办公室，河源移民新村指挥部的牌子竖挂在门旁，请一个中年移民给我在牌子旁拍张照片，由于语言不通，我比划了半天也没能照成。办公室旁边是社区的医疗诊所，探头看了一下，没有病人，只有两名医务人员，非常安静。在此转悠、踏查，时有出租车穿梭往来于社区，有几家"藏族小卖部"点缀在社区，都经营一些日常用品，如洗衣粉、方便面、香飘飘奶茶、矿泉水、可乐等。社区内建有两座青海高原藏羊地毯车间，是青海省专门针对移民转产而建。还有几家台球经营点，一群移民青年围在台球桌边，仿佛玩得很投入。西服、夹克、藏袍、校服混杂其中，时有尖叫声传来，这声音与电影里草原骑手的声音是那么的相像。

　　走进移民 CX 家，眼前的景象有些突然，与社区外的景象反差很大。安静至极，没有一点儿人气，不是一条藏狗跳出来，简直就像是废弃的院落。院子里杂草丛生，草高足以没过膝盖，院落的一角一个"尘封"的太阳灶安静地躺在那里，仿佛已有锈迹，似乎不曾启用。院子角落处的厕所里面放了很多杂物，主人说他们不习惯在院子里上厕所，所以当杂物间了。房屋的外表，已有大片的墙皮掉落，显得斑驳多杂。走进室内，是两室一厅的格局，一室里支了床，应该是卧室。另一室应是厨房，堆几袋面粉,锅碗瓢盆也堆放其中,但却没有炉灶。客厅很大,显得简单、凌乱而空旷。客厅中心一个"烤箱"炉子,但没生火。炉旁放着半袋煤炭,堆着一小堆牛粪。虽然是六月,但室内似乎还有点儿凉,CX似乎看懂了我的疑惑,用磕磕绊绊的汉语解释说,烧的贵,节省点儿。客厅的靠窗处支了一张床,铺着几张羊皮褥子,上面是一条毯子。紧靠着床是一组三人沙发,沙发套已经很脏,几个靠垫已完全走形,凌乱地躺在沙发上。家具布置相对简单,正中靠墙摆放着一组藏式的组合柜,柜子中间挂着十世班禅的照片,照片上面搭了很多哈达,照片下面点着酥油灯。

CX身着西服,脖子上戴着佛珠,手腕上也是。他叫来了在外面晒太阳的妻子,顺便叫了一个汉语比较好的移民朋友。我们在闲聊,CX的妻子给我们泡了砖茶(茯茶的一种,形如砖块而得名)。CX解释说,不是不给你奶茶喝,而是真没有,自从搬下来后,断了奶源,基本就没喝过奶茶了,有时候实在想喝了,就买点儿奶粉冲着喝。CX的妻子开始忙碌起全家的中午饭了,我用余光瞟了一眼,她在一个面盆里和面,动作比起农区或城市妇女来还是迟缓和笨拙了点儿。但一锅面条在附近藏族中学读书的孩子回来前还是"成型"了。CX说,现在不比以前了,上面(草原)我们基本每顿都吃肉,搬下来后,吃肉的次数明显减少了,市场上的肉太贵了,吃不起啊,没办法,只能吃面。在CX和他的朋友的陪同下,我又走访了几户人家,普遍过得比较拮据,对未来没有明确的目标。但也有个别情况比较好的,听主人说他是跑运输的,赚了些钱后再也不愿意回草原去了。家里的摆设也明显比其他人家要"阔"些,汉语明显流畅。

离开社区时,已经是下午两点,匆匆奔向临时工作的地点。内心五味杂陈,眼睛有时候会产生错觉,要想了解真实的东西,还需要用耳朵去倾听,这也许就是上帝给我们双耳的缘故吧。单从社区外表看,河源移民新村俨然已经是一个城镇社区。通了水、电、路、电话,社区基础设施也基本健全。移民的子女也可以随时到附近的中小学就读,比起草原来说方便了很多倍。但社区是由人组成的,面对一个个需要"转型"的移民,只注重硬件建设还远远不够,在软件方面也许我们还需更多的关注与努力。

## 第五节 移民文化变迁解读

### 一 关于文化和文化变迁

对于"文化",不同的人有不同的界定和不同的解释。《辞海》中对"文化"的解释是:"人类在社会历史发展过程中所创造的物质财富和精神财富的总和。"这是最一般意义上的文化概念。英国人类学家爱德华·泰勒(Edward B. Tylor)首次在其《原始文化》一书中提出文化概念,将文化的概念定义为:"作为生活成员的人所获得的,包括知识、信念、艺术、道德法则、法律、风俗以及其他能力和习惯的复杂整体。"① 美国社会学家戴维·波普诺在他的专著《社会学》中明确道:"文化是人类群体或社会的共享成果",并要通过"社会交往来学习和传承",指出了文化与社会生活紧密相依的关系。② 美国人类学家克罗伯和克拉克洪在《文化:一个概念定义的考评》中详细归纳和划分,最后总结出了164种文化的定义,并对此加以分析和考察:"文化存在于各种内隐的和外显的模式之中,借助符号的运用得以学习与传播,并构成人类群体的特殊成就,这些成就包括他们制造物品的各种具体样式,文化的基本要素是传统(通过历史衍生和由选择得到的)思想观念和价值,其中尤以价值观最为重要。"③ 此概念除了对看得见的文化事实进行了综合外,也将价值观、思想观念等包容其中。一般来讲它是由物质文化、制度文化、精神文化共同构成的一个复杂整体。

文化变迁在西方近代文化史上是经常被使用的一个概念,它在不同时期的社会科学家的著作中有着不同的表述。在19世纪中期以前由于学科所限,对文化变迁的研究还处在边界不清的状态。到19世纪末20世纪初,文化变迁的概念才正式使用。但在不同学派的著作中,"文化变迁"

---

① Edward B. Tylor, *Primitive Culture*, London: John Murray, 1871.
② 王春林、武卉昕:《文化的社会学解析》,黑龙江大学出版社2011年版。
③ 宋蜀华、陈克进:《中国民族概论》,中央民族大学出版社2001年版。

一词的含义也有着很大的差别。"文化变迁，在英国社会人类学中多用社会变迁的概念，作为人类学和民族学的主要研究课题之一，在学术史上经久不衰。从早期的古典进化论派、传播学派、历史学派、功能学派、心理学派、文化相对论学派、新进化论学派等，各自侧重的角度不同。"[1] 英国人类学家马凌诺夫斯基认为："文化变迁是现存的社会秩序，包括它的组织、信仰和知识以及工具和消费者的目的，或多或少发生改变的过程；普洛格和贝茨则将文化变迁定义为技术、社会、政治、经济组织以及行为准则的变化性；露易斯和乔治则将文化变迁视为一个民族生活方式的改变。"[2] 在英国文化传播学派的著作中，文化变迁则指不同民族文化的迁移浪潮及其相互混合、融化。美国人类学家克莱德·伍兹将文化变迁定义为"一个民族的生活方式所发生的任何变更，不论这种变更是内部发生的，或者是由于不同生活方式的民族之间的相互交往而产生的"。[3] 在德国文化圈派的著作中，文化变迁主要是指"各种文化现象的转移。不同的文化变迁理论对它有不同的定义方法，也有着不同的内涵和外延"。[4] 在中国，孙本文曾把文化变迁看作文化特质和文化模式的变化。[5] 司马云杰将文化变迁概括为文化特质的增量或减量所引起的结构性的变化。[6] 这些定义都是从不同的角度观察文化变迁现象的。从文化变迁的演变史可以看出，文化变迁与社会变迁密切相关。目前大家比较统一接受的概念是："指由于社会内部民族文化自身的发展，或由于不同民族之间的接触，而引起文化系统从内容到结构的整体性改变。"[7] 在特定时候也指文化的跳跃性发展，或文化的突发性变化。文化变迁是一个不以人的意志为转移的自然历史过程，可分为演变型变迁和触变型变迁。演变型变迁由民族文化自身的发展而引起，靠自身的创造来更新，由低到高，由浅入深地演进，是文化流变的普遍趋势。触变型变迁则是由两种

---

[1] 包路芳：《社会变迁与文化调适——游牧鄂温克社会调查研究》，中央民族大学出版社2006年版。
[2] 石奕龙：《应用人类学》，厦门大学出版社1996年版。
[3] ［美］克莱德·伍兹：《文化变迁》，施惟达、胡华生译，云南教育出版社1995年版。
[4] 司马云杰：《文化社会学》，山西出版集团2007年版。
[5] 参见孙本文《社会的文化基础》，世界书局1932年版。
[6] 参见司马云杰《文化社会学》，山西出版集团2007年版。
[7] 陈熙、李左人等：《民族·旅游·文化变迁》，四川人民出版社2009年版。

文化零距离接触，二者通过摩擦、碰撞、选择，从而或融合，或涵化，引起原有文化发生更新。"促使文化变迁的原因，一是内部的，由社会内部的变化而引起；二是外部的，由自然环境的变化及社会文化环境的变化如迁徙、与其他民族的接触等而引起。当环境发生变化，社会成员以新的方式对此做出反应时，便开始发生变迁。"①

## 二 文化变迁机制和变迁内容

文化变迁的主要机制为创新、传播和涵化。创新，通常包括发现和发明两种。传播，依传播形式的不同分为直接传播、间接传播和刺激传播三类。涵化可分为接受、适应（同化或融合）和抗拒三种。社会人类学家能够亲历和体验的文化变迁结果通常是涵化，而不是属于抽象层次上的或"长时段"的"一般进化"。文化的变迁是随社会的变迁而变迁的。"从文化内部因素来看，文化的接触和传播、新的发明和发现、价值观的冲突等是变迁的主要原因。从文化的外部条件来看，社会关系和结构的变动、人口和自然环境的变化等是变迁的主要原因。从总的历史发展趋势来讲，文化变迁是一个渐行不息的过程，既有对传统的萃取与摈弃，又有对外来文化的批判与吸收。"② 三江源生态移民从原来的游牧文化一下子跳到以城市文化为主导的文化类型面前，属于触变型变迁，是一种全方位、大跨度的"剧烈变迁"，涵盖了三个层面：表层——物质文化、中层——制度文化、里层——精神文化。

---

① 黄金：《花篮瑶家庭结构与功能的变迁》，硕士学位论文，广西民族大学，2008年。
② 《百度百科：文化变迁》（http://baike.baidu.com/view/2665926.htm）。

# 第二章

# 生态移民物质文化的嬗变

关于物质文化的阐释和解读材料很多，百度百科里的解释，总体更贴近笔者所要研究的问题："物质文化，是指为了满足人类生存和发展需要所创造的物质产品及其所表现的文化，包括服饰、饮食、建筑、交通、生产工具以及乡村、城市等，是文化要素或者文化景观的物质表现方面。"① 三江源生态移民的物质文化变迁范围宽阔，首先是生活环境及生产方式的变迁，其次是由生产方式的突变而引发的连锁反应：生计方式、产业结构以及生活方式的改变等。

## 第一节 生态移民生产方式变迁

### 一 生产环境的变迁：居住在城市边缘的"草原人"

河源新村移民从400里之外三江源头的纯游牧地区来到了果洛州府所在地——大武镇。生产环境的"瞬间性"和"急剧性"的转变打乱了其生活步伐，生活世界处于无所适从和无序化状态。三江源区的牧民群众长期过着逐水草而居的生活，居住非常分散，这是由于特定的地理环境和低下的生产力水平所决定的。为适应三江源区高山草场的生态环境，藏族牧民在长期历史过程中不断与生态环境调适，形成了一套人与自然环境良性互动的生态文化体系，形成了牧区社会独特的文化和风俗。牧

---

① 《搜搜百科：物质文化》（http://baike.soso.com/v8451799.htm?pid=baike.box）。

民们祖祖辈辈以原始的游牧为生，生产生活十分依赖自然环境，对周围的山山水水有着天生的深厚感情，由于当地的交通极为不发达，牧民的活动以步行、骑牛或骑马为主，近年来也有少数牧民购买了吉普车、摩托车等机动交通工具，但是由于没有好的道路，使用情况也不佳。受交通条件的限制，牧民一般以家为感知出发点，活动范围通常只是在居住点所在地附近，但是对周围环境感知较深刻，这在询问他们对周围环境的变化时总能得到详尽的回答可以看出。每户通常都各有一处夏窝子（夏季定居点）和冬窝子（冬季定居点）。牧民们千百年来一直习惯性地守着固有的生产生活方式，守着固有的文化，在原始、封闭和缓慢的状态下繁衍生息，世代传承。这种在特有环境中形成的文化已深深融进他们的生命，形成其固有的生活世界。实施生态移民、退牧育草工程，通过外力作用打破了这种封闭的状态，诱发社会变迁，从而对移民社会发展及社会群体的心理产生重大影响。

三江源生态移民是在制度建设背景下实现的，牧民群体"骤然地"由草原进入城市（镇），居住空间上由传统的"游牧散居"向"城镇集中定居"的"迁移"，完全是高度浓缩的"社会发展史"。传统社会的原貌被彻底改变。传统文化所在的特定的自然环境、社会环境，特定的生产方式、生活方式一去不复返。移民前后的生活环境差异之大、跨度之宽，是前所未有的，是一种"直线式"的变迁。城市的外部环境冲击着草原的传统文化，在现代与传统之间，牧民原有的"生活经验"失去了效力，缺乏安全感。有些移民一辈子放牧在草原，从来没走进过城市，城市在他们心中只是一个模糊的概念，是一个遥不可及并和自己没多大关联的地方。"一顶帐篷一群牛羊，一年四季游荡草原。"牧民数百年来，就这样往返迁徙，过着钟摆式的游牧生活。搬迁前，由于藏传佛教的影响和固有惯习的因素，牧民把身边的一切都看成是有生命的"生灵"，视当地的山为"神山"，水为"圣水"，在特定的日子还要去转山转水，把情感寄托在山山水水、一草一木中。搬迁到城市（镇）后，密集的楼宇和集中的居住格局代替了他们所熟悉并包含情感的山水草木，面对冰冷的钢筋水泥，牧民失去了情感寄托的载体，心灵无处安放，这种状态加剧了他们对原来生活环境的思念和对新环境的排斥，从而打乱了他们生活的步伐。从自由分散的"逐水草而居"跳跃到"集中定居"，从"日出而作，日落而息"的静谧草原来到霓虹闪烁、白昼不分的喧嚣城市，面对车水马龙的街区，"神秘"的斑马线，一切都是那么陌生。移民原来和草场、牲畜相依相伴的生产环境如今已被城市、打工、生存等无法确定的生产环境所取代。从之前的赶场放牧变为固定场所从事二、三产业，实质生活内容也发生了变化，这种变化对牧民来讲，无疑是一次大的考验，如果能较快地转变思想观念，就容易适应新的生活及生产方式；如果观念不能尽快转变，加上文化水平的限制和语言障碍的不利因素，放弃自然放牧的传统劳作模式，猛然转向完全陌生的其他产业，吸收其他产业信息和技能的效率与速度就会很迟缓，发展的机遇就会擦肩而过。这是一个痛苦的选择过程。在完全生疏的环境面前，他们显得胆怯而无所适从，这些突变对牧民来说是生产和生活方式的一场深刻革命。这些移民不仅居住在城市的"边缘"，在城市主流文化面前也处于"边缘"的状态。因为他们进入城市（镇）的速度太快，来不及反应，身上还是"草原人"的特质，其身份、心理以及生活方式在"骤变"面前未经历渐进的城市化这一过程，原有的价值观在城市（镇）面前被消解，但又不能完全接纳城市（镇）的主流价值观，左右摇晃摆动。行动逻辑中明显缺少城市的特质，生活处于无序化状态。"生态移民的搬迁过程就是一场规模浩大的文化迁徙和文化变迁的过程，而如何实现新的生态环境与文化之间的新的'相互定义'是三江源区藏族生态移民所面临的一个重要课题。"[1]

## 二 产业结构与产业形式的变迁：骤变的劳作模式

生产方式（Mode of production）："是指社会生活所必需的物质资料的谋得方式，在生产过程中形成的人与自然界之间和人与人之间的相互关系的体系。"[2] 有什么样的生产方式，就有与之相适应的产业结构。孛尔只斤·吉尔格勒在他的《游牧文明史论》一书中谈道："游牧文明不仅是一种生产方式，而且还是一种文化模式，它不仅与游牧民族的经济

---

[1] 马宝龙：《三江源生态移民与社区重建研究》，硕士学位论文，西北民族大学，2008年。
[2] 《百度百科：生产方式》（http://baike.baidu.com/view/43915.htm? pid = baike.box）。

生活紧密地联系在一起，而且还是游牧人价值观、生活方式、思维方式、审美取向、传统习惯、精神和心理构型的文化载体。"① 三江源区经济结构是以畜牧业为主单一结构类型，第二、第三产业发展十分滞后。持续恶化的生态，禁牧、休牧、划区轮牧等措施都对以往传统的生产方式提出了警告。搬迁区以前的产业结构是以畜牧业为主导，辅之以零散的副业生产。生态移民旨在禁牧育草，禁牧育草后，畜牧业发展的载体大部分成为生态保护和建设的场地，三江源的生态移民工程是以禁牧育草为前提的，按照工程建设内容的要求，项目实施区的牧民按政策封育了草场，变卖了牲畜，离开了世代居住的草场，来到政府为他们修建的新居点，迁移到一个陌生的环境，过上了一种全新的生活，即"放下羊鞭进城了"。牧民不能再以畜牧业为生，在新环境中原有的产业结构已不复存在，而要向二、三产业转型。这说明牧民放下的不仅仅是"羊鞭"，"而是意味着他们脱离了世代传承的高原畜牧业生产，原来的生产方式在移民族群中已经不复存在。这对于长期生存在草原的藏族牧民来说，困难很大，需要一个长期的再社会化的过程。作为生态移民的牧民，面对着一种新的环境，面对着传统的草原游牧文化与现代的城市（镇）定居文化的冲突，一方面出现了文化震惊、文化断裂，甚至是文化'休克'现象，在生计方式的选择和定位上显得茫然而不知所措"。② 他们世代传承的畜牧业生产在城市（镇）面前由于"英雄无用武之地"而成为历史。可以说退牧还草工程的实施不仅诱发了该地区主导产业的内部变革，而且长期以来单一的经济结构模式也因此开始解冻。就是产业转移，也面临着很多的困难。即便牧民到城市（镇）周边按国家政策从事"畜牧业"生产——牧业生产由放养向舍饲圈养和以草定畜转变。这对多年形成的传统的靠天养畜、逐水草而居、重数量轻质量的畜牧业生产方式会产生重大冲击。这需要移民从自然经济到市场经济观念的转变，管理方式也进一步提出更高的要求——由粗放管理向设施集约管理转变。这种转变

---

① 郝文渊：《藏族牧业社区变迁研究——以甘肃肃南县芭蕉湾村为例》，硕士学位论文，西北师范大学，2009年。

② 周甜：《三江源生态移民的社会适应调查研究》，硕士学位论文，西北民族大学，2010年。

从表面看似乎是一种符合科学规律、效率倍增的绝佳方式。应该会推动当地效益畜牧业、生态畜牧业的发展。但这种转变，必须建立在有一批大量掌握舍饲技术、以草定畜经营管理技术等牧民的基础上，这对习惯了简单放牧的牧民来讲，存在一系列困难，加上语言的障碍和文化水平的限制，让他们很快掌握舍饲饲养管理技能、舍饲装备的科学使用以及饲草基地的高效度经营，简直是难于上青天的事情。

从以下对 DZ 的访谈，我们可以掌握目前移民的第二、第三产业转型情况：

笔者：你对当前的城市（镇）生活满意或适应吗？

DZ：哎，别提了，不是很满意，适应不了啊。我们在草原的时候，主要就是放羊放牛，基本不干其他活儿，有时候打打酥油，缝制帐篷和藏袍，没有干过技术活儿。现在搬下来了，没有牛羊放，没奶挤了，更没有酥油打了，不住帐篷了，穿藏袍的时间也少了，所以也不用缝制了，一天闲得不行，这样闲下去会得病的。

笔者：这么闲，为什么不出去赚点儿钱呢？

DZ：也想啊，但出去打工吧，又没有技术，好多活儿不会干，说句实话，我也看不上那些活，在我们的观念里，那些打扫街道啊、修下水道的活儿都是很下贱的人才去做。

笔者：你宁可闲着，也不出去打工？

DZ：也不是这样，有时候也想去赚点儿钱，但叫人心里不舒服，你比如说，有时候去工地干点儿活儿吧，他们（老板）看不起我们，虽然他们不明说，但我能从他们的眼睛里看出来。我有几次去附近的工地找活儿，老板一看是藏族（移民），都不愿意要，嫌我什么都做不好。有时候也很受打击的。

笔者：那你对现在的生活有担忧吗？

DZ：当然担忧啊，整天这么晃着也不是办法啊，我们年轻人以后还可以慢慢学些技术什么的，年老的真的就什么都不会了。眼看政府补助的时间期限（10 年）快到了，如果政府真的把补助去掉了，不知道该怎么办。

可以看出，移民向第二、第三产业的转移并不顺利。部分比较勤快的移民在"闲了一段时间之后"，加之生活所迫，主观上对转产有了一定的意识和行动，有些人也开始外出打工，如给当地牧民帮牧帮工、修路、环卫、栽树、建筑等短工。但由于客观的原因，缺乏竞争能力。刚搬来的时候，移民缺乏非牧劳动的基本技能，毫不夸张地说基本处于一种空白状态，连铁锹这样的基本工具都不会使用，别说是其他需要技术含量的工具了，工作效率极低，在快节奏的城市社会，速度和效率是企业的生命，在这样的状态下，老板不能容忍雇工如此低下的劳动效率是常理所在。当然也有"用工荒"时期被录用的移民，但习惯了游牧生活的牧民，自由惯了，对"按时上下班"的工作机制完全不习惯，与放牧相比，建筑劳动的强度对他们来说也是很难适应的一个主要因素，超出了移民接受的范畴，从而自动退工。

目前来看，三江源生态移民迁入城市（镇）后，产业转移并不是很理想。从 2004 年的第一批移民算起，他们到果洛州府所在地的大武镇已经 10 年了，但据笔者的观察，很大一部分移民未能放弃传统生存模式和观念而融入新的环境中，成为游离于传统与现代夹缝中间的一个新的群体。目前他们并没有脱贫，移民转产的渠道还不宽泛。经济地位低下，生活水平明显低于安置地居民，逐渐沦为城市（镇）新的弱势群体，经济融合的鸿沟难以逾越。调研中，60 位被访对象在回答"目前最困难的事情是什么？"这一问题时，40% 回答"没处去挣钱"，60% 回答"缺钱"。这个答案在河源移民新村办公室工作人员那里得到了证实。这里的工作人员将很困难的移民进行了登记造册，分成三组，共计 30 户，占总户数 150 的 20%，绝对贫困人口 219 人。笔者截取了他们图标中的第一组为样本（见表 2-1）。值得注意的是第一组中的阿吾家，总共有 11 口人，但饲料粮款是按户发，不是按人口发，所以他们全家 11 口人一年就靠 8000 元的饲料补助款和特困补助款度日，其"缺钱"程度可想而知。

移民缺钱的状态和现实情况形成了极大的反差，客观说，果洛州政府和玛沁县政府在发展移民后续产业方面做了很多努力，立了不少项目，如投资 300 万元的藏毯编制车间建设项目、投资 600 万元的饲草产业建设项目以及投资 430 多万的技能培训项目等。按理说，应该"有处去挣钱"

表 2-1　　　　　　　　河源新村贫困户名单

| 组别 | 姓名 | 人口 | 备注 |
| --- | --- | --- | --- |
| 一组 | 干成 | 7 | |
| 一组 | 才让 | 2 | |
| 一组 | 依尼 | 6 | |
| 一组 | 阿吾 | 11 | |
| 一组 | 格日杰 | 7 | |
| 一组 | 仁增 | 5 | |
| 一组 | 阿强 | 5 | |
| 一组 | 加群 | 5 | |
| 一组 | 增热 | 6 | |
| 一组 | 罗珠 | 6 | |
| 一组 | 公角 | 7 | |

或"不缺钱"才对，但为什么结果相反呢？在实地调查中发现，尽管地方政府针对生态移民群体实施和安排了相关的后续产业发展计划，但是其效果并不太理想。例如藏毯编制车间由当时的红火开业到门庭冷落就没有考虑到藏毯的销路及技术难度问题。说明前期的准备和论证还欠周全，对移民的认识和了解还不够深入。因为织毯工艺对劳动强度、技术素质的要求很高，而这些恰恰是移民不具备的。织毯工艺是劳动密集型工艺，牧民过去一直粗放经营，对现有的工作不适应、不习惯，因而积极性不高，不能很好地进入角色。同时，从事该产业的多为家庭妇女，大多不认识标号，看不懂样图，又与技术人员因语言不通，无法交流，致使技术提高缓慢，编织过程中极易出现错误，影响了编织速度。其次是收入低的问题，织毯工艺是计件工资，一个熟练工人月收入仅为400—500元，而牧民熟练度不高，编织速度慢，加上补贴有限，与之相比则更低，导致牧民群众根本不愿意进行编织地毯的劳作。车间工人流失，经动员参加的新工人由于不熟悉技术，速度缓慢，效率低下。

政府还尝试免费为移民开设机动车修理和汽车驾驶技术培训，刚开始报名学习的人也不少，但结果都是"虎头蛇尾"式地落下帷幕。直到2011年，驾驶培训还在继续，表2-2就是河源移民新村的汽车驾驶员培训名单，但在笔者的跟踪访谈中，这些人基本都没有从事这方面的工作，问其原因，他们说培训其实只是走了一个过场，多数人还是不会开车。有个别几个凑合着能开，但他们表示即便拿到驾照仍然没有钱买车，还是赚不到钱，认为这种培训没有意义。

表2-2    2011年河源新村生态移民汽车驾驶员培训名单

| 序号 | 姓名 | 性别 | 出生年月 | 身份证号 | 备注 |
| --- | --- | --- | --- | --- | --- |
| 1 | 尼玛 | 男 | 1975年5月 | | |
| 2 | 索南达杰 | 男 | 1992年8月 | | |
| 3 | 曲尼 | 男 | 1980年7月 | | |
| 4 | 当杰 | 女 | 1977年1月 | | |
| 5 | 公保 | 男 | 1966年11月 | | |
| 6 | 角麻 | 女 | 1991年7月 | | |
| 7 | 才羊 | 女 | 1969年3月 | | |
| 8 | 多杰才让 | 男 | 1990年12月 | | |
| 9 | 普华 | 男 | 1990年3月 | | |
| 10 | 才让拉毛 | 女 | 1975年2月 | | |

在访谈中相关管理人员将其归之为这些移民的懒惰、没有眼界和不吃苦等。劳务输出方面，由于受牧民传统思想观念的束缚和自身限制也没能发展壮大，不了了之。这样，"原本积极的政府扶持政策被架空，政府的主导力量在生态移民的后续发展中被无端消解"。[①] 使缺乏后续发展动力支持的移民陷入"看不到希望"的境地。没有了赖以谋生的放牧的畜群，也就没有在城市（镇）谋生的一技之长。经济收入的渠道少，移民和安置地居民经济地位悬殊，削弱了移民文化适应的社会基础。

从移民主观原因来看，其严重的"等、靠、要"的消极思想成为阻挡他们适应当地文化和生活的一大障碍，如果不及时清除这种"我是遵照国家和政府的号召迁移出来的，今后的生活也靠国家和政府的安排"

---

① 张娟：《对三江源区藏族生态移民适应困境的思考——以果洛州扎陵湖乡生态移民为例》，《西北民族大学学报》2007年第3期。

奇怪的逻辑思维，外界的力量再大也没有用武之地，因为他们的心态是消极的，就算天上掉馅饼，也得把头从窗户伸出去才行，连"伸头"的想法都没有，那么外界的帮助再多也是无用的。只要"鱼"不要"渔"终将解决不了实际问题。移民不能主动地去寻找新的生产门路，积极地去自主创业，政府和社会团体的许多"帮扶"计划会大大缩减效果。尤其让人担忧的是移民中的很多青壮年，无所事事被看成是一件很正常的事情，没有一点忧患意识和危机意识，"今日有酒今日醉，明日无酒喝凉水"的思想非常严重。整天乃至整年没事可干，显得很安然，很淡定，让人非常吃惊。有时候还游手好闲，酗酒打架，成为迁入地"年轻力壮"的无业游民，不仅浪费了劳动力，还增加了当地社会治安的难度，累积时间长了将成为社会的不稳定因素。这让当地居民对移民的偏见进一步深化，二者融合的难度加大。"而且随着时间的推移，这些青壮年既可能遗失传统的生产技能，又错过了掌握新技能的最佳时机，不利于今后的生存和发展。"①

笔者在各移民点的调查中发现，移民缺乏积极性的案例非常多。他们处于明显的依赖、懈怠状态，认为自己为了国家生态环境做了牺牲，有很大的功劳和贡献，现在有困难理应找政府。部分移民懒惰思想严重，本来很简单的事情，一味靠政府或社区负责人，消极面对生活。以"特殊公民"自居，认为自己不是自愿搬迁，而是国家让自己搬迁。事无巨细，都以"等、靠、要"心态面对。态度不积极、不主动，小困难就变成了大困难。要让这些人融入安置地的生产生活还需要一个很长的过程，思想问题不解决，转产必将非常被动和困难。笔者初次在移民点的一次见闻足以说明上面的情况，笔者进入一家移民院子，杂草丛生，不是一条狗跳出来，还以为这家是没人居住的院落。由于前两天下过雨，院内的坑洼处积水很多，本来可以种些蔬菜、油菜之类的大半个院子荒草横生，白白闲置。中年男主人听到我的声音出来挡狗，都是绕着"积水潭"行走。问他"为什么不平整一下院子里的坑坑洼洼，然后在靠墙处的地方种些蔬菜之类的东西"时，他说："我不会用铁锹，不会种地。"还说要去找乡政府的有关管理人员来给他修整院子。按理说，只要是一个四

---

① 周甜：《三江源生态移民的社会适应调查研究》，硕士学位论文，西北民族大学，2010年。

肢健全的人，就算是一直没有用过铁锹，最简单的这些零碎活儿应该也不是问题。这就是"等、靠、要"思想作祟的表现，认为所有的一切事情应该由政府来帮他做。如果不改变这种消极的奇怪想法，就算在城市（镇）住一辈子，也不可能掌握到第二、第三产业的本领。

当然移民产业结构的转型需多方位考虑，也不能一蹴而就，需循序渐进。如果在具体操作过程中，忽略当地严重滞后的经济基础，不考虑牧民根深蒂固的生产生活方式和思想观念，可能会导致一连串的连锁反应：第一产业的大规模萎缩，第二、第三产业发展尤其是三产的跟进不足，旧的模式解体，新的经济发展模式步履缓慢，尚未建立起来，由于技能与第二、第三产业相匹配的素质的欠缺，原有经济基础丧失。

果洛州河源移民新村的牧民属于永久性整体搬迁移民，所以从政策的规划来看，他们不可能再回到草原去的，要在城市（镇）永久定居，成为真正意义上的"市民"。但是由于客观和主观的诸多因素，移民的收入与当地居民的平均水平还有很大的差距，这一现实状况确定了其适应系数的偏低。因为移民对自然环境、生活居住环境和生产技术等掌握的综合适应程度最终是由移民与当地居民二者的收入比来确定的——移民的收入状况和移民的经济、社会适应程度完全挂钩。换句话说，移民经济活动的适应性决定了他们其他方面的适应程度，移民的社会和经济适应越快，程度越高，收入状况就越好，反之亦然。二者是辩证统一、相辅相成的。但是移民先天和后天都不足的竞争力"注定"了其经济上的劣势地位，连锁反应的结果是他们在其他方面的适应受到"连累"，走入了恶性循环的死胡同——经济适应性差，影响其他方面的适应性。其他方面适应性差，决定了移民在竞争中的弱势地位，这种弱势又决定了其经济地位无法得到改善。因此，"考察移民经济方面的基本情况是了解其适应性的重要指标"。[①] 从总体上看，移民经济状况呈现以下两个特点。

1. 移民经济收入渠道少，较搬迁前有大幅度下降，主观满意度低

搬迁之前的移民，在草原主要经营畜牧业，其经济收入的支柱性来

---

[①] 周甜：《三江源生态移民的社会适应调查研究》，硕士学位论文，西北民族大学，2010年。

源有两个渠道：一是每年冬秋之际出售家畜以及畜产品副业收入；二是每年春夏之际采挖冬虫夏草的收入。因为牛羊肉价格不菲，冬虫夏草也是不断被炒作，价格一路飙升。总体来说，牧民的收入还算可观。现在牧民失去了赖以存在的载体，他们当中除少部分人通过帮牧、到别人草原采挖冬虫夏草、到建筑工地打工、打扫城市街道、到大的帐篷宾馆跳舞等方式解决收入少问题外，大多数家庭靠政策补助和特困补助度日，没有其他经济来源。表2-3是笔者在河源移民新村办公室的统计报表里截取的片段。反映的是2010年政府对特困户的最低生活保障发放情况，总共有52户，笔者选取了11户。从图中可以看出知合金家4口人，得到了1840元的补助金，也是这次补助款里最高的一家。他们家除了这1840元加上饲料补助款8000元，总共9840元，是他们全年的收入，在物价如此高的情况下，别说是提高生活质量，维持生计可能都会有问题。笔者访谈对象JY，家里6口人，母亲和妹妹残疾，两个孩子，他和媳妇也没有稳定的工作。问及为什么不参加阳光工程的培训，学到技术赚点钱时，他们表示，参加过唐卡的绘制，但因为文化水平和语言所限，虽然结业了，但实际操作水平还是很差，达不到厂家的要求和标准，现在也是闲置在家。6口人就靠8000元的饲料粮补助和1380元的特困补助度日。

表2-3　　河源新村农牧区最低生活保障特困补费发放

| 姓名 | 家庭人口 | 补助金额（元） | 领取人签名 | 备注 |
| --- | --- | --- | --- | --- |
| 尼玛 | 1 | 560 | | |
| 李毛才让 | 3 | 1380 | | |
| 同角 | 1 | 560 | | |
| 知合金 | 4 | 1840 | | |
| 小阿吾 | 2 | 920 | | |
| 才昂太 | 3 | 1080 | | |
| 尼吉 | 3 | 1080 | | |
| 汪义 | 3 | 1080 | | |
| 才让拉毛 | 1 | 360 | | |
| 旦杰 | 1 | 360 | | |
| 确吉 | 2 | 720 | | |

他们明确表示，现在收入太低，如果家里人生病了都没钱去看病，只能扛着。生产环境的变化、转产的困难、生产方式的不适应使牧民的经济收入和搬迁前相比大幅度下降。移民对家庭经济情况评价的主观满意度偏低。

2. 移民家庭的贫富差距逐渐拉大，从内隐走向外显

贫富差距是社会结构中以经济状况为标准的社会分化的具体体现。特殊的生产环境、纯游牧的生产生活方式决定了一种单一的文化形态，这种文化形态使牧民家庭之间体现为"同质性"：家庭财产形式单一，主要靠草场面积的大小、牲畜数量的多少来衡量。草场面积因为太大而不能直觉上有明显的感知，每家的草场到底有多大，大家都是一本模糊账。按牛羊的数量来论贫富，撒在草原上的牛羊，四处游走，即使是牲畜数量差别巨大，也不可能有太直观的感受，衣食住行自给自足，种类稀少并趋向一致。在日常生活中，从表面不能一下子看出牧民家庭贫富的差距。长期以来，牧民社会中的贫富差距内隐于这种独特的经济文化类型中，并没有被强烈的感知。

搬迁后，这种状态完全被打破，移民作为经济生产适应活动的主体，其态度、积极性和眼光等对经济收入与产业的顺利转换起着不容忽视的作用。因此，对移民自身的主观陈述、感受、评价和认知进行考察，也是了解移民对迁移后经济生产状况和心态的重要途径。那些曾经被"埋没"的经济条件好些的家庭，在变卖牛羊时得到了"第一桶金"，加之到城市（镇）后开阔了眼界，积极寻求创业之道，具备较多的资本积累，经济收入虽然比不上往昔，但生活没陷入绝对贫困状态。而对那些搬迁前没有牛羊或牛羊数量很少的牧民来说，贫困问题就完全显露出来，"这种贫富差距在固定住房、内外装修、家具摆设、财产种类和形式的多样化中显现。经济条件好点的家庭不仅有洗衣机、冰箱、电视、VCD，而且还在政府扶助贷款的基础上购买了出租车在城市（镇）周边拉人，产业的转型从被动走向主动"。[①] 有些人家还重新改装了政府统一安装的大门。虽然这样的人家是极少数，但这种鲜明的对比使贫富差距外显化。

---

① 周甜：《三江源生态移民的社会适应调查研究》，硕士学位论文，西北民族大学，2010年。

也说明移民家庭的贫富差距在拉大这是一个不争的事实。

## 第二节 移民生活方式的演化

　　生活方式是一个民族与特定的自然地理环境长期互动的结果，是一个特定群体关于衣、食、住、行等的综合性反映。《中国大百科全书·社会学卷》对生活方式做了如下定义性表述："不同的个人、群体或社会全体成员在一定的社会条件制约和价值观指导下，所形成的满足自身生活需要的全部活动形式与行为特征的体系。"这是比较严整的科学表述。"生活方式原属日常用语，19世纪中叶以来，开始作为科学概念出现在学术著作中。马克思、恩格斯在创建历史唯物主义原理时，把生产方式和生活方式两个概念同时提出。他们指出，'在社会生产的每个时代，都有这些个人的一定的活动方式、表现他们生活的一定形式，他们的一定的生活方式'。"[1] 马克思、恩格斯还在其他著作中多次使用这一概念，用以揭示一定历史时期的社会关系和社会过程，从中阐述了有关生活方式的重要思想。20世纪50年代末以来，生活方式研究成为各国学者关注的对象。50—60年代，美国等西方学者主要针对西方社会中人们急剧变化的价值观念和各种人生理想冲突的现实，试图通过对生活方式的选择问题的研究寻求解决各种价值冲突的答案。"70年代以来，西方学者主要关注的课题是新技术革命将给人们的生活方式带来哪些变化，如何建立一种'平衡的'生活方式。同一时期，苏联和东欧国家的社会学家对生活方式做了大量的、系统的研究，涉及生活方式理论体系建构本身，并对各领域、各阶级、各阶层的生活方式，城市和农村的生活方式，生活方式在社会经济发展中的作用，生活方式指标体系的建立，乃至构建生活方式社会学等问题，做了大量的经验研究和理论探索。"[2]

---

　　[1] 《生活方式—心理学—这哲百科网，打造网络哲学百科全书》（http://baike.thezhe.com/index.php?doc-innerlink-%e7%94%9f%e6%b4%bb%e6%96%b9%e5%bc%8f）。

　　[2] 《生活方式—心理学—这哲百科网》（http://baike.thezhe.com/index.php?doc-inner-link-%e7%94%9f%e6%b4%bb%e6%96%b9%e5%bc%8f）。

中国学者对生活方式的研究始于80年代初,其发轫标志是于光远发表在《中国社会科学》1981年第4期的一篇论文——《社会主义建设与生活方式、价值观和人的成长》,这篇文章首次以学术的视野对生活方式进行阐释,这标志着人们对生活方式的探讨不再停留在茶余饭后的肤浅层面。1982年杜任之在《社会》第1期上发表了《谈谈生活方式》的文章。生活方式问题开始被学术界所关注。至此,人们对生活方式的研究进入一个理性认识的阶段,人们对其的研究有了一个全新的认识和解读。尤其是1984年8月前后,《文汇报》和《中国青年报》开辟专栏,组织群众讨论"生活方式"问题,同年12月,《中国妇女》杂志社在北京召开了中国第一次关于生活方式的全国性学术研讨会——"妇女与文明健康科学生活方式"学术讨论会,并成立了全国性的"生活方式研究会筹备组"。"于是一时间生活方式成了人们讨论的热门话题。之后学者们结合中国的社会改革和现代化建设实际,对变革中的中国社会生活方式各领域的问题,做了不少有益的理论和实证研究,出版了数量较多的论著。"① 以下具体分析文化变迁对牧民生活方式的影响内容。

生活方式(Life style)的内容相当广泛,它包括人们的衣、食、住、行、物质消费生活以及与这些方式相关的方面。"可以理解为在一定的历史时期与社会条件下,各个民族、阶级和社会群体的生活模式。指不同的个人、群体或全体社会成员在一定的社会条件制约和价值观念指导下所形成的满足自身生活需要的,全部活动形式与行为特征的体系。"②

三江源生态移民在搬迁前,家庭生活基本依赖于牧业生产,形成了独特的生活方式。喝酥油奶茶,吃牛羊肉、糌粑,穿自己缝制的牛羊皮衣,这些都依赖于牧业生产。可以说每个牧民家庭基本是一个小型的生产生活单位,自家养殖的牛羊可以基本满足日常的食物消费,自家手工缝制的藏袍能很好地御寒并基本解决穿着的问题。住在简易流动的帐篷中,出行时有自家的牧马,运载东西有"草原之舟"之称的牦牛,基本

---

① 沈再新:《散杂居少数民族生活方式变迁研究——以湖北省仙桃市沔城回族镇为例》,博士学位论文,中央民族大学,2009年。
② 毛淑芳:《新疆少数民族大学生体质健康状况与生活方式调查》,硕士学位论文,河北师范大学,2011年。

上可以实现自给自足。

实施退牧育草后,对于长期禁牧育草的牧户来讲,将不再从事牧业生产,他们变卖了牲畜,失去了畜牧业经济的载体,其生活食品、燃料、衣着基本要购买。衣、食、住、行的需求只能从市场的交换中得到满足。这种由自给自足的小牧经济转向市场供给为主的生活方式变化,使牧民的经济负担骤然增加,引起了他们心理上的不适应。不论是长期、阶段性禁牧,还是季节性休牧、划区轮牧,牧民劳动对象、劳动场地、劳动方式,甚至劳动产品都会发生一定的变化,有的牧民转产,从事第二、第三产业,有的牧民继续进行畜牧业经营,但经营方式都会与从前大不一样,这种转变必将对牧民生活方式产生重大影响。

## 一 服饰的多元化:藏袍与西装的更替

服饰作为民族文化的重要载体,它与环境的关系非常密切。河源新村移民搬迁前生活在地势高、气候寒冷、自然条件恶劣的三江源头。为了适应源区独特的生态环境、气候和与之相适应的生计方式,为了适应逐水草而居的牧业生产的流动性,逐渐形成了既实用又不失美观的服饰。高寒的高原气候环境,不仅决定了他们服饰的基本式样,也决定了藏服质地必须厚实耐寒。基本特征是厚重保温,宽大暖和、肥腰、长袖长裙。由于长期的封闭性生存,其服饰发展的纵向差异并不大,其基调变化亦小。[①] 其质料以羊牛毛织物和羊皮等畜产品为主。其形状一般是"大襟、束腰,在胸前留一个突出的空隙(酷似袋子),这样外出时可存放酥油、糌粑、茶叶、饭碗,甚至可以放幼儿,天热或劳作时,根据需要可袒露右臂或双臂,将袖系于腰间,调节体温,需要时再穿上,不必全部脱穿,非常便当,夜晚睡觉,解开腰带,脱下双袖,铺一半盖一半,成了一个暖和的大睡袋,可谓一物多用"。[②] 一般讲究"男穿短,女穿长"。

与河源新村移民的访谈中,有几个男性说,他们在草原时,在日常

---

[①] 《百科名片:藏族服饰》(http://baike.baidu.com/view/193310.htm?pid=baike.box)。
[②] 《藏族服饰——西藏自治区地方物产》(http://www.tourtnt.com/wuchan/detail.asp?itemid=64)。

生活中喜欢穿一种光板羊皮袄，藏语称"仔华"。"这种皮袄一般用羊羔皮镶领，袖口和下边则用宽约五寸的黑布或红布作为镶边。另外一种是用羊羔皮缝制而成的藏袄，藏语称'擦日'。'擦日'一般以色彩鲜艳的各色绸缎作面料，多用 5 寸至 1 尺宽水獭皮镶边并配有外套，被认为是价值可观的上等藏袍。"① 这两种服饰质地较厚，十分耐寒。季节不同，其服饰样式及质地材料也各异，人们按季节穿不同原料缝制的服装。一般来讲，在冬春季，男女老幼都喜欢穿羊皮或羔皮藏袍，其"长度以人等高为标准，着装时头顶藏袍的上部，从袍子的腰部将下摆提至小腿处，束腰带将其固定，然后将袍子的上部放至颈部即成。多采用保暖性能好的羊羔皮、绵羊皮缝制而成，俗称'扎巴皮袄'。少数为棉袍，特点是长、厚、宽大，也注重在大襟、袖口、下摆镶边"。② 夏秋季，有时候也穿氆氇藏袍。男夏装中还有种用褐布作面料的藏服，藏语称"丑"，汉语称"褐衫"。男夏装的色彩较单调，一般是白色或猩红色。"女夏装也有以绸、缎、棉布、化纤等面料缝制而成的无袖或有袖的高领藏袍，特点是左襟大，右襟小，布料质地柔软，注重领、袖的图案。家境富裕者，加佩各类银器、玉器等饰物。"③ 女式羔皮藏袍一般以色彩鲜艳的各色绸缎作面料，在大襟和下摆边缘镶配 5 寸至 1 尺宽水獭皮并配有外套。

在喜庆的节日，男子一般要着礼服，头戴"甲夏"（男子戴的一种小圆帽，用黑氆氇缝制，翻沿，帽檐镶金边），腰间佩藏刀，足登藏靴，显示出男人的英武剽悍。女子要着红、绿、黑布镶两道边，大襟下面镶有"旗角"的藏袍，腰间佩银制小刀等饰物，系珊瑚、珍珠等珠宝项链，其价值上万元，装饰要显示女性的雍容华贵。

牧民搬迁到河源新村后，住在了离市区仅 1 公里的地方，在城市主流文化的影响下，其服饰着装的变迁是很明显的也是最快的。不过这种变化不是"一刀切"的，由于年龄与性别的不同而呈现出不同的变化趋势：年长者不论男女，一般都穿藏族传统服饰——藏袍。年轻者更多地

---

① 周甜：《三江源生态移民的社会适应调查研究》，硕士学位论文，西北民族大学，2010年。
② 蒋彬：《四川藏区城市化进程与社会文化变迁研究——以德格县更镇为个案》，博士学位论文，四川大学，2003 年。
③ 同上。

喜欢购买成品衣服，穿本民族传统服饰的越来越少。甚至有一种很极端的思想，认为穿本民族的服饰就是一种"落后"的表现，价值观严重被扰乱，失去判断的标准，盲目随从。有些喜欢时尚的年轻小伙和姑娘的服饰与内地服饰趋同，甚至同步流行。中年人当中，女性移民大多佩戴藏式装饰，穿藏袍。男性移民大多都穿西装、夹克、休闲服、T恤衫、牛仔裤等。

　　笔者：你怎么没穿校服呢？
　　DJ（小学生）：今天是星期天，所以不穿校服。
　　笔者：你的这件衣服是哪里买的啊？
　　DJ：我阿爸在西宁买的。
　　笔者：你的藏服还穿吗？
　　DJ：不穿了，有时候在过年的时候穿，我不喜欢穿藏服。
　　笔者：为什么不喜欢穿藏服呢？
　　DJ：没我现在穿的衣服好看，再说了，同学们都不穿，我一个人穿不好意思。再就是，穿了藏服玩起来也不方便。大家认为穿藏服很落伍。
　　笔者：你最喜欢什么衣服？
　　DJ：我最喜欢穿运动服，夏天最喜欢穿T恤衫，我感觉很酷。
　　笔者：你父母穿藏服吗？
　　DJ：我阿爸不穿，因为开车，那样会不太方便。我阿妈经常穿。
　　笔者：你这发型以前就这样吗？
　　DJ：没有了，我之前头发比较长，现在是在理发店理的，我这属于小平头，一上学，我们都得理成短发。
　　笔者：如果让你再回到草原去放羊，你回去吗？
　　DJ：我不再回草原，我就喜欢在城里上学，长大了我也不回草原，我喜欢这里。那里干什么都不方便，有时候连电视都看不了。

很明显，年龄越小的移民，对藏服的感情越淡，总体上来看，移民服饰向多元化发展，藏服在城市（镇）文化面前逐渐成为非主流，尤其是绝大多数年轻人以西服、夹克代替了传统的藏袍，偶尔也有和藏服

"混搭"的穿戴形式,在移民的观念中,社交场合和比较正式的场合穿西装、夹克已经成为"共识"。小孩以学校校服为主,以成品时尚童装为辅。女式藏服中融入了流行的元素,出现了改良过的时尚藏服。具体表现在,"风格已开始将传统藏装与现代流行服装相融合,成为一种新式藏装——夏季便宜式无袖女藏袍,和旗袍有点类似。这种服装不仅保留了藏族服装的传统,具有鲜明的民族特征,而且又融合了现代流行服装的精神,具有较强的时尚元素。"① 其面料也发生了很大的变化,以柔顺、细腻的质地见长。这种服饰的变迁,表面上看是一种很平常的事,是为了适应新环境的需要而为。"不当家不知柴米贵",YQ 给我算了一笔账,她家 6 口人,一年光花在买衣服上的钱就让她吃不消。家里就她穿藏服,相对成本低,还耐穿。他儿子基本不穿藏服,都是西装或夹克,一年得 300 元左右,儿媳妇来城市后要求也高了,要么不穿藏服到市场上去买成品衣服,要么对藏服的面料要求很高,这样花费更大,光她(儿媳妇)就得 400 多元,三个孙子花费更大,三套校服,还有换洗的其他衣服,就得 600 多元,一家一年光在穿戴上就得 1400 元左右,在没有稳定收入的情况下,这让她感觉"巧妇难为无米之炊"。

## 二 饮食结构的复杂化:肉类到蔬菜的转化

伴随着迁入地文化和经济收入的影响,三江源生态移民的饮食结构也发生了变化。搬迁前,牧民以糌粑、牛羊肉、奶制品,如酥油、曲拉、酸奶为主要食物,饮食结构较单一。日常饮料是酥油奶茶。这些都来源于自家养殖的牛羊。糌粑是牧民的主食,糌粑形似内地的炒面,其原料有青稞、豌豆、燕麦等。牧民无论上山放牧,还是出门旅行,都要随身携带糌粑。吃时碗里倒少许糌粑,加酥油茶调和后食用。糌粑携带方便,又是熟食,在地广人稀、燃料缺乏的牧区是一种物美价廉、方便实用的食品。"糌粑的制作方法是,将青稞(属大麦类,有白色和紫黑色两种)晒干炒熟,磨成细面,这便成了待食的糌粑了。这与我国北方的炒面有

---

① 蒋彬:《四川藏区城市化进程与社会文化变迁研究——以德格县更镇为个案》,博士学位论文,四川大学,2003 年。

点相似,但北方的炒面是先磨后炒,糌粑却是先炒后磨,不除皮。食用时,将糌粑放入碗中,再放少许的酥油茶,用大拇指扣住碗沿,其余四指不停地转动,待酥油与糌粑拌匀便捏成小团而食。"① "也有一种吃法是烧稀的,里面放些肉、野菜之类,叫做'土巴'。"② "糌粑比冬小麦营养丰富,又携带方便,出门只要怀揣木碗、腰束"唐古"(糌粑口袋),再解决一点茶水就行了,用不着生火做饭。"③

在草原牧区时,牧民一般在初冬牲畜肥壮的季节大量宰杀牛羊,这时候是牧民生活水准最高的时候,可以饱餐新鲜的手抓牛羊肉,因"食用的过程中左手抓肉,右手拿刀,割、挖、剔,把羊骨头上的肉吃得净光而得名"。④ "做法是将刚刚宰杀的新鲜羊肉放入锅中煮30分钟左右,热气腾腾地上桌。吃的时候用手抓起大块羊肉,只需蘸一点'青盐'(食盐)入口,味道异常鲜美。在吃手抓羊肉的同时,还有用剩下的羊杂做的'血肠''粉肠''肉肠'等食物。"⑤ 牧民把食用不完的牛羊肉多用风干法储存。冬末夏初季节,牛羊尚未长膘而不能宰杀时主要吃风干肉。"风干肉一般在冬天,往往是十一月底做。这时气温都在零度以下,将牛羊肉割成小条,挂在阴凉处,让其冰冻风干。既去水分,又保持鲜味。到了第二年三月以后拿下来烤食或生食,味道是鲜美的。不仅肉质松脆,口味也独特,食后回味无穷。"⑥ "冬季制作风干肉既可防腐,又可使肉中的血水冻附,能保持风干肉的新鲜色味。"⑦

酸奶、奶酪、奶疙瘩和奶渣等也是牧民经常制作的奶制品,作为小吃或其他食品搭配食用,算是饮食中的点心。尤其奶酪深得小孩们的钟爱,藏语叫曲拉,在汉语里叫作"奶酪"。"牧民利用提取酥油后剩下的奶水来制取曲拉,把提取酥油后剩下的奶水(藏族称'达拉水')在锅里熬煮,一段时间后锅中便形成不规则颗粒状,然后过滤,把这些颗粒状

---

① 《百度文库:丰富多彩的藏族文化》(http://wenku.baidu.com/view/5bf7816f58fafab069dc02ef)。
② 旺堆:《藏族的源流及发展》,《中国西藏(中文版)》2004年第2期。
③ 《百度文库:丰富多彩的藏族文化》(http://wenku.baidu.com/view/5bf7816f58fafab069dc02ef)。
④ 姚伟钧、谢定源:《饮食风俗》,湖北教育出版社2001年版。
⑤ 《百度文库:丰富多彩的藏族文化》(http://wenku.baidu.com/view/5bf7816f58fafab069dc02ef)。
⑥ 同上。
⑦ 《百度百科:藏族》(http://baike.baidu.com/view/2700.htm)。

的食物放到干净塑料布上自然风干，干了之后便是美味可口的曲拉。曲拉含有很高的蛋白质和淀粉，营养丰富，也是牧民主食之一。曲拉可以与糌粑一起食用也可以与其他原料配合，调制成可口的点心。"①

搬迁之前牧民的日常生活中，"无论男女老幼，都把酥油茶当作必需的饮料。酥油茶和奶茶都用茯茶熬制。茯茶中含有维生素和茶碱，可以补充由于食蔬菜少而引起的维生素不足，帮助消化。藏族有句谚语是'宁可三日无粮，不可一日无茶'，表明了茶对于藏族的重要性"。② 酥油茶的主要原料是酥油、牛奶，还可加核桃粉、花生仁、芝麻仁、鸡蛋和盐。其"做法也很独特，将新鲜的牛奶倒入干净锅中煮沸，当产生小气泡水分开始蒸发。用微火熏一个多小时，液体的表面会有层薄膜，呈金黄色时可以捞出，就是奶油，将这些奶油捞出倒入酥油桶内，随即将奶油急速地搅拌一段时间就会有凝固，然后将凝固的黄油用清水冲洗干净，放入到干净的容器里冷却。喝茶时将烧开的茯茶倒入一个专门打黄油的桶内，再放入大块酥油，用一根棒子在里面上下搅和，直至油茶完全混合，然后倒进锅里加热，便成了喷香可口的酥油茶了"。③ 制成的酥油茶必须倒入一把大壶，并放在微火上保温。"牧民们善饮茶主要是因为牧民多食肉乳等酸性食物，很少食用蔬菜，油腻较大，须以具有碱性的浓茶来调剂、平衡体内酸碱，从而达到除油腻、助消化，以及促进血液循环的目的。"④ 还有普遍饮用的青稞酒，用煮熟的青稞酿制而成。

笔者：你们在这里（城市）的饮食和草原比有变化吗？习惯吗？

CRZX：我们吃的东西和搬迁前的变化很大。在上面（指搬迁前的牧区草原）我们吃的是肉，在这儿我们吃的是草（蔬菜），刚来时根本不习惯，不吃肉总感觉肚子不饱。但没办法啊，来这里后自家牛羊没有了，到市场上去买吧，牛羊肉的价格太贵了，根本买不起，所以我们很少吃，这一说肉，我都嘴馋了。

---

① 《百度文库：丰富多彩的藏族文化》（http://wenku.baidu.com/view/5bf7816f58fafab069dc02ef）。
② 朱芳：《论青海藏族茶文化》，《扬州大学烹饪学报》2005年第3期。
③ 《百度文库：丰富多彩的藏族文化》（http://wenku.baidu.com/view/5bf7816f58fafab069dc02ef）。
④ 同上。

笔者：那你们多长时间吃一顿肉呢？

CRZX：这个说不定，有时候上面的亲戚知道我们吃不上肉，下来时给我们带点，可以解点儿馋。但经常吃人家的也不好意思啊。有时候实在馋得不行了，也会买点儿肉。买的肉不耐吃，没怎么吃就没了。在上面我们想吃肉了，随便宰一个，大锅里煮着吃，可以吃好些日子，现在不行了，想吃肉就得花钱啊。

笔者：除了吃不上肉，你还觉得哪里不习惯？

CRZX：不习惯的多了，现在我们奶子（牛奶）也喝不上了，我在草原时每天都有奶子喝，基本喝茶就有奶子。现在不行了，想喝也得到市场上去买，一箱牛奶要二十好几块钱呢，以前喝牛奶谁还花钱。喝不了牛奶，吃不上肉，在这里吃得很不习惯。

笔者：这么长时间了，你还是很不习惯吗？

CRZX：也不是，刚开始很不习惯，现在稍微好点儿了，但还是很想吃肉，光吃这蔬菜没有油水，胃里酸得很。听城里人说多吃菜对身体好，市场上什么菜都有，但就是太贵了，一般情况下，我们主要买白菜、土豆、萝卜，这些菜便宜，又放得住，还耐吃。

笔者：你会做饭吗？

CRZX：我还是不太会做。我媳妇还可以。在草原时我们做饭很简单，基本是糌粑为主。刚下来时我媳妇也不会炒菜、做米饭和面条，有几次我们做的米饭都是生的，面条更不会做了，现在我媳妇还会炸麻花呢，这都是参加了培训的好处，现在应付日常生活基本没问题了。但比他们城里人还差得远呢。

被访者 CRZX 是河源新村的一名贫困户，他简单而实在的话语，形象地概括了移民饮食结构发生的变化。可以看到，牧民到城市（镇）后牛羊肉、酥油、奶类等失去了自产的源头，由于经济收入所限，面对不菲的价位，只能"望肉兴叹"，移民很少能够消费得起，不能保证原来以牛羊肉及其制品为主的饮食结构，从客观上被迫改变了饮食结构。在问及对现在饮食是否适应时，移民表示很不适应的占 6.1%，表示不太适应的占 41.3%，表示一般的占到了 31.2%，18.1% 的移民表示比较满意，仅有 3.3% 的移民表示非常适应。笔者在进一步调查中了解到，在饮食上表示适应的移民，在移民前家庭经济条件本来就比较好，或者现在还有牛羊在亲戚或兄弟姐妹的草原代牧，他们的饮食结构变化不大，只是比以前的饮食结构更丰富罢了。而饮食不适应的家庭，在牧区时牛羊就不多，变卖的钱已经花得差不多了，没有其他收入来源的情况下，家庭贫困，将面临生存困难。他们当中喝酥油奶茶的习惯，也开始被白开水和茶水取代，饮食结构发生了根本性的变化。也有主观方面的原因，由于受城市（镇）文化的影响，耳濡目染当中，年轻人更喜欢多样化的饮食，他们更喜欢吃炒菜、蒸馍、大米、粉汤或面条，少数家庭还喜欢吃羊肉包子，小孩更喜欢买方便面、火腿肠、面包、蛋糕等，传统食品逐渐在减少。

## 三 居住空间的稳固化：告别流动的帐篷

居住是人们生活的基本条件之一。三江源生态移民在搬迁前，过着纯游牧的生活，他们有两个住所，即夏窝子和冬窝子。冬天绝大多数牧民居住在土木或砖混结构的房子里，即冬窝子里。夏天逐水草而居，夏窝子随实际情况不断迁徙着。"家"在流动的帐篷里不断变换着地方，帐篷是他们的主要住房样式，一般由自家纺织，以黑牛毛帐篷居多。其特点是易搬运和搭就，可以挡风雨，能使用20—30年。用牛毛线织成粗氆氇，缝成长方形的帐幕，其形状有翻跟斗式、马脊式、平顶式、尖顶式等种类。一般由8条长绳把四周绷紧，再用"嘎拉"（帐房杆）支撑起来，外面周绳拉开，钉在四周地上，周围用草饼或粪饼垒成墙垣，一方开门。白天将帐篷布对开分撩两边，人可出入，晚上放下用带结紧。近门中央，支石埋锅为灶，帐顶露一长缝，沿缝缀小钩，便于通气和启闭。在撑帐的绳子上要挂上经幡，帐房后立起高高的经幡杆，帐房前垒起煨桑台。帐房内面对帐房门的后边为上方，放着青稞、曲拉、蕨麻的皮袋或牛毛袋以及酥油、茶叶等物。在迁徙频繁的游牧生活中，牧民的"家"是驮在牦牛背上的。因此，人们无论走到哪里，"只需要把帐篷铺开，将其四角的牛毛绳子系在钉入地下木桩上，然后在帐篷中穿入一梁，用两根立柱支在梁下，一座高可及颈的'住房'即会很快建成。这种简陋的牛毛帐篷虽与现代化居室相去甚远，但它毕竟是游牧条件下遮风避雨的理想住宅。特别是在寒冷的冬季，尽管大雪纷飞，狂风怒吼，但这种浑身不着一个铁钉的牛毛帐篷，却能巧妙地保持着力的平衡，在暴风雪的袭击中安然无恙。帐篷的外面还常插有一些白色的经幡，它们随风飘曳，抖动着神圣的经文，为帐篷的主人们祈福消灾，驱鬼慰神"。①

帐房正中的两柱之间用土石垒有一狭长的锅台。"帐房锅台两侧往往分为'阴帐'和'阳帐'。'阴帐'位于帐篷内右侧（从帐篷里面门口看），是妇女们的居处，也是厨房和制作奶酪、酥油等食品的地方。有时也堆放牛粪。'阳帐'位于帐篷内左侧，那是男人们的居处，也是待客和宰杀牛羊、灌制血肠的场所。晚上睡觉，夫妻睡锅台左侧后角，男性长辈睡锅台右侧靠上方的帐角。如果是女性长辈，夫妻则要睡锅台右侧靠门的帐角，长辈睡左侧后角。在帐内，男性客人睡锅台右侧上角，女性客人睡左侧后角。"② 根据藏族传统的古俗，"阴帐"和"阳帐"里都有一些特殊的规矩。例如，男人不能将带血的鲜肉拿到"阴帐"里去；妇女除了躬身敬茶等活动外，也不能随意来"阳帐"内嬉戏玩耍，更不能在"阳帐"内有任何坐或卧的行为。

生活在三江源头的藏族牧民，对帐篷有着特殊的感情。每逢盛夏之际，人们总要把自己的"家"维修一番，或添置新的帐篷，或替换帐篷绳索，或把帐篷来个里外翻面。"在修好帐篷的那一天，还要举行一次名为'帐宴'的小型庆祝活动，届时帐篷的主人会邀请自己的亲戚、邻居、盟友或远道而来的客人一起参加聚会。"③ 三江源区，地域辽阔，人烟稀少，居住特别分散，大家见面不容易，也许在这里也有"物以稀为贵"的缘由，人们之间见面时很亲热。哪怕你是陌生人，他们的眼神里也找不到冷漠。也许藏族人特好客，也有这方面的原因。

退牧育草后，牧民告别了草原，其居住方式由草原流动转变为城市（镇）定居，彻底告别了流动的帐篷，搬进了政府统一盖的砖瓦结构的藏式风格的独门独院里。院内有住宅，也有暖棚，还统一盖了煤房和厕所，户均配备太阳能灶一台，并给家庭困难的低保户配送电视机。整个院落

---

① 王康：《藏家人生礼仪点滴》，《西藏民俗》1996年第3期。
② 同上。
③ 同上。

占地330平方米。有的人家在房顶上插了桅杆，杆上飘扬着富有藏族文化符号的经幡。客观地说，居住空间由牛毛毡房转向砖混结构的房屋，保暖、遮挡风雨的功能强了。这种由分散到集中的变化，必然使牧户的家庭居住条件发生改变，通路、通电、通水、通信、通电视将会逐步实现，孩子上学、病人求医、家庭购物等较之以前便捷了很多。但居住分散惯了的牧民，一下子被"集合"起来，感觉不自由。在笔者对河源新村移民的访谈中得知，对住房的满意度和适应度的代际差异很大，越是年龄小的，如中小学生和青年对住房环境表示"满意"，中年次之，表示"比较满意"，老年人普遍的回答是"不太满意，我不习惯，想草原"。年龄较大的移民对城市（镇）定居生活表现出了强烈的不适应和反弹。离开草原和羊群的他们感觉彷徨和失落，对未来的发展前景感到迷茫。就连院子里盖好的厕所，好多人家都当储物间，问其原因，说是离房间太近，不好意思上。牧民在牧区时，没有使用厕所的习惯。到移民点之后，他们还是不适应使用厕所。虽然移民点也建了公共厕所，但是因闻不惯厕所的味道，几乎又回到了草原的生活状态，移民社区周围都成了他们天然的厕所。笔者对一个年长移民AX进行了访谈，从他的回答可以了解到一部分老年移民的心声和实际想法。

笔者：你在这里住得习惯吗？

AX：哎，怎么说呢，现在居住的条件比牧区时确实好了许多，刮风下雨都不怕。冬天也比帐篷暖和。但我还是感觉不是很习惯，搬迁之前，我们的帐篷，一家和一家的距离很远，非常的安静，现在到了镇上，住上了砖瓦房，但房子与房子的距离很近，一天车多，人多，很嘈杂，一嘈杂，我就头疼。草原上空气也好，心里很畅快，我还是想回到草原上去。

可见，年老的移民还是喜欢以前的居住方式，虽然现在的居住条件比以前好了许多，但移民对迁入地文化的抗拒与对原来生活的怀念使移民对现有的状态有一种疏离感。一望无际的草原是他们的家园，牧民与草原结下了深厚的感情，也习惯了游牧的生活。搬迁让他们放弃了游牧的生活，离开了熟悉的草原，进入了陌生的城市（镇）环境，过起了一种定居的生活。几千年来形成的逐水草而居的居住方式很难在短时期内得到适应，这种适应是一个长期的过程。

三江源生态移民由游牧散居到城市（镇）定居，也引发了深层的连锁反应。移民搬迁进入城市（镇）定居，意味着要过形式上和城市（镇）人一样的生活。但和眼前的消费不匹配的是，绝大部分移民无稳定收入，基本生活来源主要依靠国家每年发放给移民每户均 8000 元或 6000 元的饲料补助款。笔者做访谈时，移民 BD 向我倾诉，他现在给安置地的一牧户帮牧，每月仅 500 元，他们家 5 口人一年 8000 元的饲料补助，加上帮牧一年也就 6000 元，14000 元要支持一家人一年的吃喝拉撒，还要交水电等费用。由于安置社区近几年物价的飞速上涨，使原本发放的 8000 元的饲料粮补助款严重贬值，购买力直接下降，部分移民家庭生活陷入困境。移民前，牧民历来都是以牛羊粪为燃料取火做饭取暖的。因为有自己的牛羊，再加上平时在草原上拾些牛粪，燃料对他们来说很丰富。退牧育草，实现城市（镇）聚居后，能源问题势必显现出来。牛粪是定居移民日常生活中的主要燃料，但现在所烧的牛粪需要从市场购买，告别了燃料基本不用花钱的时代。"在这里牛粪价格节节攀升，从刚开始的每袋 3 元涨到现在的 10 元，仅这一项的开支，一年最少得 2000 元左右。"[①] 访谈中一个移民说："这两年什么都在涨，就是补助款不涨……出现了'四难'：吃肉难、喝奶难、喝酥油茶难、用燃料难。"[②] 燃料解决得好，牧户生活就有了基础，如果解决得不好或者解决的办法不得当，就会出现搂草根、挖草皮、砍灌木的现象，势必引起新的破坏生态行为，陷入边建设边破坏的恶性循环中，这是生态环境建设中最需要关注的问题，也是关乎广大牧户生活的大问题。

同时，由逐水草而居到城市（镇）定居，这必将引发社会分工的出现，导致原有社会角色的重新定位。这一连串的社会反映将使得原有的共同的地域、相同的文化、相似的技能等牧民的共同特征开始分解，并不断与外界要素组合，开始形成城市（镇）社区新的元素，社区作为新

---

[①] 韦仁忠：《"二元社区"到"敦睦他者"——三江源生态移民的社会融合解读》，《西藏大学学报》2012 年第 4 期。

[②] 关桂霞：《三江源生态移民的生存发展问题研究》，《攀登》2011 年第 6 期。

的社会单元，成为新生产生活方式的载体。移民固有的共同文化也在这样的一个小的社区里，不断被外来的元素和新的生产生活方式所影响并逐渐组合。

## 四 交通和通信的便捷化：告别马匹和牦牛

交通能变换空间，通信能缩短空间。交通和通信这两个看似风马牛不相及的概念，却都和"空间"一词有了千丝万缕的关系。在遥远的三江源区，地处高寒，对于过去的出行，因为特殊的地理位置以及地理条件，其实限制了"行"的可能，并且制约了"行"的多样化。牧民交通具有原始性，表现在交通工具上，一般外出多骑马、骡子，有时也骑牦牛等牲畜。马是最主要的交通工具，藏族群众不论男女老幼都有较高的骑术。牧民对马百般爱惜，有很深的感情，没有特殊情况，他们不会轻易把自己的乘马借给别人。近年来，随着路面的不断修整和延伸，以及牛羊价钱的攀升，牧民经济收入可观，摩托车已逐步进入牧民家庭。尤其年轻人，骑摩托放牧、"兜风"已成常态。"托运物则靠牦牛。牦牛驮物不但在平地行走自如，且爬高山如履平地，登四五千米的高寒地区而不惧怕寒冷和空气稀薄，故有'高原之舟'的美称。"① 现在的藏族牧区运输大多数情况下用摩托车。但是相比城市（镇）三江源区的道路还是不畅通，交通不方便，许多地方是汽车所不能到的。

据了解，自 2004 年青海移动实施村村通电话工程以来，截至 2005 年底，青海省村通移动电话比例达 83%，乡通比例达 100%，移动电话成为广大农牧区主要通信工具之一。但由于三江源区毕竟太偏远，地广人稀，电话线路、移动机站的覆盖面小，能够使用的通信设备少之又少。手机信号有时候很微弱，常出现手机因为没有信号而变成"哑巴"的状况。人们有急事时常骑着摩托车到几公里之外的山坡上去打电话。拿手机的人很少，基本是年轻人。因为信号的问题，有时候手机只是聋子的耳朵——摆设。

在笔者的访谈中，河源新村移民 CRPH 对笔者的回答足以看出牧区

---

① 《风俗文化》（http://www.qhei.gov.cn/qhly/fswh/ssmz/t20060404）。

由于客观地理条件的限制，公路、通信等基础设施建设的滞后，无法享受现代化的交通、通信工具，牧民之间的交往是封闭性的。

笔者：在这儿（城市）的交通和通信与你以前的草原地区有变化吗？

CRPH：当然有变化，而且变化很大。草原太大了，交通又没这里方便，要去亲戚家或朋友家串门，得耗费半天时间，都得骑马去。

笔者：现在草原上的交通工具主要还是马吗？

CRPH：也变化了，现在的草原牧区好多人家基本都买摩托车了，那比马快多了，年轻人最喜欢骑摩托车了。老年人还是喜欢骑马。

笔者：在草原时你和亲戚朋友经常聚会吗？

CRPH：哪有啊，草原上我们的距离太远，虽然大家很亲很熟，但相互来往的次数不多，主要是结婚之类的大事才去。

笔者：你在草原时经常来州上（大武镇）吗？

CRPH：没有，我在搬迁前只来过一次州上。好多牧民一辈子没有到过大城市，别说是州上，就连去县城也没几次。现在到市里面转是常有的事，我妈妈刚来时，过斑马线特别害怕，现在已经不怕了，她也知道红绿灯的作用了。

笔者：现在你和亲朋好友的交往多了还是少了？

CRPH：多了，（搬迁）下来了，都住在一起，距离近，经常能见面。现在牧区的信号也好了，想和草原的亲戚朋友联系了，打电话就可以联系，这里的交通和通信比之前的草原要方便得多。但是，这里有这里的不好，一出门就得花钱，坐车得花钱，我的手机好多时候就欠费，10块钱感觉没怎么打就没有了。在草原花钱的地方很少。

笔者在河源新村抽取50个移民样本，让他们填写问卷。90%的移民对交通都表示"满意"，认为迁入地交通便利，比起之前的牧区，简直是天上地下。只有10%的移民表示"不满意"，以年长者为主，他们在草原随意自由行走惯了，面对城市"神秘"的斑马线和红绿灯，不知所措。

少部分开车或骑摩托车的年轻人也对红绿灯总没有意识,访谈中有20%的人都闯过红绿灯。这是移民对城市交通最不适应的方面。在城市(镇)社区,最明显的一个现象是,移民拿手机、用电话的人数和频率比牧区多了,手机成了移民生活不可缺少的联系外界的工具。有些青年人还学会了电脑,做调研时,一个青年移民还向笔者要QQ号,询问得知,他经常去网吧上网。可见,搬迁后,交通和通信比搬迁前便捷了许多。这样,移民既保持了与牧区亲戚和当地政府的联系,又方便了移民在城市(镇)社区的生产生活。调查数据显示,没有人对通信不满意。在问及"搬下来和上面的亲戚联系多了还是少了"这个问题时,有60%的人认为多了,因为有电话,可以随时联系。以前住得比较远,也没有通信设备,都是找人带话。而现在在家门口就可以与外界联系了。

## 五 消费方式：单一化向多样化方式转变

在百度词典里,消费被解释为"为了生产和生活需要而消耗物质财富""泛指开销,耗费"。消费是人类通过消费品满足自身欲望的一种经济行为。马克思的"生产与消费的直接统一性"原理认为,"消费是生产的最终目的和落脚点,它的重要性就在于使需求得以实现、使生产得以最终完成,而且消费还关乎劳动力的生产和再生产以及人力资源的素质"。[①] "凯恩斯曾指出消费乃一切经济活动之唯一目的,唯一对象,如果消费倾向一经减低成为永久习惯,则不仅消费需求将减少,资本需求亦将减少。马歇尔指出一切需要的最终调节者是消费者的需要。"[②] "具体说来,消费包括消费者的消费需求产生的原因、消费者满足自己的消费需求的方式、影响消费者选择的有关因素。"[③] 在对消费的研究初期处于支配地位的正统理论是马歇尔的需求理论。恩格尔系数是衡量消费水平高低的重要因素。在一定社会经济条件下,消费者同消费资料相结合的方

---

① 赵瑜:《内蒙古牧民消费结构及其影响因素的实证分析》,硕士学位论文,内蒙古大学,2010年。
② 朱力:《中外移民的城市适应》,江苏人民出版社2009年版。
③ 李洋:《辽阳市大众体育消费现状的调查与分析》,《商场现代化》2011年第21期。

式即消费方式,它是指人们采用什么样的方法、形式和途径去消费消费资料,以满足生活需要。消费行为是消费方式的表现。

消费方式由消费结构具体体现出来。"消费结构是在一定的社会经济条件下,人们(包括各种不同类型的消费者和社会集团)在消费过程中所消费的各种不同类型的消费资料(包括劳务)的比例关系。"① 消费结构,反映居民消费的具体内容,体现居民消费水平和消费质量,是一项反映居民消费需要满足程度的主要指标。在现实生活中具体表现为各项生活支出。按 1993 年国家统计局对生活消费品类别的划分方法,把居民生活消费品分为 8 个大类,即食品、衣着、居住、家庭设备用品及服务、医疗保健、交通和通信、文化教育娱乐用品及服务、其他商品和服务。还可以根据消费性质划分为货币型消费和实物性消费两大类。根据居民消费需求层次,又可划分为生存资料的消费、享受资料的消费和发展资料的消费,简称生存消费、享受消费和发展消费。一般来说,"生存消费是维持劳动者简单再生产所必需的生活资料的消费;享受消费是满足人们享受需要的生活资料的消费,它能满足人们舒适、快乐的需要,使人们感到舒适、安逸;发展消费则是发展人们体力和智力所需要的生活资料的消费,它能使人的智力和体力得到发展,增长知识和才干,促进人的全面发展。一般而言,人们先满足生存消费需要,在此基础上才能满足享受和发展消费需要"。② 消费结构反映了一定时期内消费者所消费的衣、食、住、行各种资料之间的比例关系,是需求结构直接的表现,在一定程度上折射出居民的生活质量。

搬迁前,牧民的生活和自家的牲畜有着紧密的联系,牛羊这个载体基本让他们能过一种自给自足的生活,花钱消费的地方很少。吃的是自家产的牛羊肉,有时候也去趟遥远的集市或县城买些土豆、白菜之类的蔬菜,但这些只是饮食中的点缀,所以支出比重不大。穿的基本是自己缝制的藏袍,虽然也有买成品衣服的时候,但花费在总体收入中比例很小。加之牧区地处偏远、牧民居住分散、流动范围较大、交通通信不便

---

① 《百科名片:消费结构》(http://baike.baidu.com/view/245611.htm?pid=baike.box)。
② 赵瑜:《内蒙古牧民消费结构及其影响因素的实证分析》,硕士学位论文,内蒙古大学,2010 年。

利等原因，牧区消费品供给市场比较落后，牧民日常用品都到乡镇集市或县城所在地购买。这种情况导致牧民消费能力不足。牧民的食品和衣着消费支出在生活开支中所占比例比较低，有时候出现"有钱没处花"的情况。

由于三江源牧区封闭性的原因，牧民食品和衣着消费层次趋于雷同性，样式单调，层次差别小。烧的牛粪产自自家圈棚或捡自草原，照明用酥油灯，二者都不需要花钱。家庭一般都把钱用于牲畜的繁殖、宗教（如去拉萨朝圣或捐献给当地寺院）或换饰品方面，以物换物，消费性质以实物消费为主要特征。从牧民的消费层次看，结构单一，主要用于生存资料的消费，享受资料的消费和发展资料的消费很少。这种消费方式决定了牧民的财富观，淡化了他们的理财意识。牛羊的数量就是牧民财富多寡的象征，他们对存款和银行卡意识淡薄，他们对银行普遍冷漠甚至不相信银行，严重缺乏银行的服务信息，一般情况下结余的钱都是自己存放。不善于科学理财，不注重资本积累。

搬迁时，牧民变卖了牛羊，由于没有理财理念，没有长久打算，有些移民要么把所得的钱全部买了电视、电话、洗衣机、电视柜、藏式组合家具、摩托车等，要么成天打台球消遣娱乐，没多长时间，变卖牲畜的钱就花完了。等发了补助，移民又频繁地去市场，没有规划性地花钱，没几天钱又花完了。从而造成了他们的贫困，也导致后续产业的启动缺乏资金。

来到城市（镇），移民没有了牛羊，失去了生活赖以存在的基础，衣、食、住、行都离不开钱。和搬迁前相比，支出明显增加。食物、日常用品、水电费、燃料费以及医疗费用的消费比在牧区时增幅巨大，超出牧民原来的想象。搬迁后牧民食品结构复杂化，种类日益丰富，衣着打扮更加趋于多样化和时尚化。在城市（镇），交通便利，购物方便。这样的便利条件使牧民的消费需求不断被激活。他们对食物和衣着消费的货币性消费迅速提高。家庭设备用品及服务消费不断升级，从之前的收音机、录音机等简单家用设施的需求向摩托车、洗衣机和彩色电视机、冰箱等新型电器设备的需求发展。交通通信、文教娱乐及其他产品及服务等悄悄潜入移民的生活世界，在生活消费中所占的比重日益提高，移民消费层次逐渐从生存型转向"被享受型"。消费层次逐步提高，消费已从过去满足衣、食、住等单一性消费方式转向满足包括医疗保健、文教卫生娱乐、交通通信等全面性消费方式，其内部结构也从满足生存需要转向满足享受、发展需要的消费方式，导致移民收入与消费的矛盾。因为移民收入来源较单一，多数人只靠政府特困补贴和饲料费度日，但消费品价格迅速增长，消费种类不断增多，因而产生收入与支出的不协调，无意中加大了移民生活压力，出现入不敷出的现象。这样的家庭不在少数，有时候连买面粉的钱都没有了，这种情况屡屡发生，直到 2011 年，还有好多家庭因对饲料粮补助款和特困补助款"规划不善"，到了"断炊"的地步，村委会不得不向民政局提出救济申请：

**民政救济申请**

州民政局：

河源新村目前有生态移民 150 户 689 人，大部分生活贫困，救济拮据，生活难以维持。因此恳请贵局根据情况，为我村拨付 20000 斤救济面粉，帮助牧民群众渡过难关为感！

玛多县河源新村村委会
2011 年 7 月 1 日

河源新村坐落在城市（镇）边上，经过 10 年的生活，移民的消费结构在城市（镇）文化背景下也发生了改变，从牧区时的单一化、雷同化向多层次、多样化发展。物质性消费与服务性消费在生活消费支出中的比重齐头并进。生存消费与享受消费开始占据移民消费结构的重点。消费结构变化明显，具体表现在以下几个方面。

第一，食品和衣着消费快速增长，但消费比重逐渐降低，消费结构逐渐发生变化。移民食品消费支出在其生活消费中的比重呈现逐年下降趋势，消费支出额却呈现明显增长趋势。从食品消费上看，牧民以前主要以牛羊肉为主食，以自给为主，而现在牛羊肉逐步走向商品化，其食品结构也逐渐多样化，蔬菜、水果、鸡蛋等副食品也走进了移民家庭。

笔者：和草原时相比，你花钱方面有哪些不同？

YJ：不同的多了，在草原时花钱很少，平时基本不花钱，牛羊肉不用花钱，蔬菜水果几乎不吃，也没条件吃，就连鸡蛋也很少买。现在什么都得买，价钱又贵，钱一点儿不耐花，100块钱买不了什么就没了，心里一点儿不踏实。

笔者：现在吃的类型比草原多了吧？

YJ：嗯，多了，现在基本每天有蔬菜吃，鸡蛋比肉便宜，所以我们家常买鸡蛋吃，肉买不起啊，没办法，只能一段时间买几斤解馋。不吃肉人饿得都快，我们以前主要就是吃肉，肉吃多了，人都不怕冷。现在蔬菜不行，人的身体素质都不行了，一到冬天，扛不住冷啊。

笔者：还吃糌粑吗？

YJ：也吃，主要是我和我老公吃，孩子们更喜欢吃面。我儿子就喜欢吃那个方便面，我觉得那一点也不好吃。我在草原时面食不太会做，现在经过培训，我也学会了几种面食的做法。虽然做得不太好，但比草原时就强多了。我女儿喜欢吃米饭，米饭没有菜不行，所以我还学会了炒菜。

笔者：除了在饮食方面花钱多了，还在哪方面花钱比较多呢？

YJ：穿着方面的花钱比草原时多多了，那时候我们基本就穿藏袍，都是自己缝制的，用不了几个钱，孩子们也穿藏袍，有时候过节了，给孩子们到商店也会买几件便宜的成品衣服。到这里后，我还穿藏袍，我老公也跟着这里的人穿西装、夹克衫。我两个孩子根本不穿藏袍了，都要买成品衣服，还尽挑好的买，现在这孩子一点不考虑家里的困难。我们的那个邻居，十八九岁吧，在一个宾馆里打工，打扮得洋气得很，衣服还要买什么名牌的，挣那点钱，全都花在打扮上了。

从食品消费内部结构的变化趋势来看，肉类比例大幅度下降，蔬菜比例提升，面食花样增多，其他食品消费比例也有一定幅度的上下浮动，消费额度均有提高，消费结构发生变化。这说明牧民以主食（牛、羊肉）为多、副食极少的饮食习惯被逐步改变。衣着消费支出比之前增加很多，向美观、成衣化发展。衣着消费作为基本生活消费项目,在移民家庭生活总支出的份额逐年下降,但消费额却增长幅度大。随着城市环境的影响,牧民对衣着的要求也发生了变化,特别是年轻牧民消费意识比较强,对时尚、品牌的追求崭露头角。

第二,交通通信费用明显增加。"随着交通、信息产业的不断发展,移民消费方式也日趋多元,如方便食品、家用电器、现代交通信息工具的出现,又创造了前所未有的消费方法,改变着人们以前的消费方式。"① 新的消费习惯和消费观念将对移民传统消费习惯和消费观念产生影响,并逐步改变原有的消费习惯和观念。这种变化不仅带来了消费方式、消费结构的改变,也带动消费支出总量的变化。

笔者:这里的交通和通信比搬迁前好多了吧?

ZM:嗯,好是好多了嘛,钱花得不行啊,我们在草原的时候,走个路谁还花钱啊,马一骑就走了。在这里就不行,出门坐车就得钱。一年我们家光在坐车上就花 200 元左右,那天我去了趟青珍乡,来去就 10 多块,不算不知道,一算下来,交通方面的花费还是挺大的。在草原打的电话也少,有事的时候才打电话,有时候信号不好,也不太愿意打。现在有事没事都打电话,我孩子还会发短信息,这个也要钱。每次交上 20 块的话费,没几天就打完了,这项花费算起来大着呢。

笔者:那你就别用手机了,省点儿钱啊。

ZM:用惯了,不用不习惯了啊,再说了,现在有年轻人的家庭基本都有手机,我们没有也不行啊,那样村里的人都看不起我们的。这里也存在攀比,尤其我孩子,什么都比人家好的东西,没有电话好像就活不了似的。最可气的是,我孩子还去网吧上网,那个(上网)花钱可厉害了,一小时就是 2 块,像我们这样的家庭哪能承受得起啊。在牧区他想上网也没处去上,这里孩子们容易学坏,我心里老是担心。城里不比我们牧区,这里坏人多着呢,孩子们一旦接触上那些小混混,很快就学坏了。

---

① 《管理百科:消费》(http://baike.themanage.cn/baike/%e6%b6%88%e8%b4%b9)。

交通通信的便利使移民不再受"信息闭塞"的限制，与外界的联系畅通了许多。但这项消费是移民家庭生活消费中增长最快的一项支出，其消费支出额和消费比重均呈现大幅度提高趋势。新型交通工具和通信设备替代了牧区原有的交通工具和通信设备，从牧马、牦牛到摩托车、川路车再到出租车。通信工具从口信、捎话，向家用固定电话、移动电话发展。不断更新换代的交通工具、通信设备，以及随之发生的使用费用，增加了牧民消费支出的负担。有些家庭由于不善于"把控"，刚买上手机时有事没事随便拨打，不管时间，结果发生了一个月的话费就超过了100元的情况。在笔者就电话费这一问题进一步和河源新村的移民访谈时，他们普遍表示这项开支不小，尤其是年轻人在这方面的支出明显高于年长者。当问及到底一个月话费是多少钱时，大家都是一本模糊账，说没钱了就欠费，一般都喜欢一次充20元或30元话费，每个月都超过50元，因为欠费的次数很多，都记不清一个月到底花了多少钱。但不可否认的是这笔开支在日常消费额中所占的比重是不小的。有个访谈对象说，她老公有事没事打电话，白白花钱，为这事他俩吵架很多次。

第三，居住消费中水电暖开支比牧区时增多，居住消费增加。牧区居住条件大大改观了，但"生态移民工程"一定程度上提高了部分牧民的居住成本。移民之前住在自己搭建的帐篷里，饮天然水源，点自家酥油灯，烧自家牛粪。消费的地方几乎很少。现在水电费就是一项之前没有的开支，据笔者调查，水电费每家每月从15块到35块不等。没有洗衣机、冰箱，不供学生的家庭，在15块左右。电器多、有冰箱和洗衣机、有学生（学生会用并爱用各种电器，晚上做作业熬夜用电、喜欢讲卫生洗衣服用水用电）的家庭一般在35块左右。这项开支一年下来也是180—420元。占到总收入8000元的2.5%—5%。180—420元对于一般的城市家庭来说确实不算多，但对于没有收入来源的牧民来说还是有压力的。移民燃料也要从市场购买，随着资源价格的逐步提高，其支出额也成为牧民的一项不小的负担。尤其是取暖和做饭的燃料——牛粪，在草原时牧民把自己牛圈里的牛粪晾晒好，再从草原上捡些，存量大，燃料方面很富足，且不用花一分钱。而到了城市（镇）后，烧的基本还是牛粪，但都得从市场买，而且价格还不便宜。刚搬迁来时，每袋牛粪才3元，现在是每袋10元，袋子还浅，每袋烧不到两天，一年下来就得2000元左右，光是牛粪钱就占了饲料补助款的25%。这种之前随意"大手大脚"用惯了的东西一下子变得"珍贵"起来，用的时候也不敢放开烧，烧牛粪就是在"烧钱"。这种状况对牧民来说，心里极度不舒服，心理落差很大，一时难以适应。

第四，医疗保健开支增多，部分移民有病就医意识增强。在河源新村的移民群体当中，老人和身体不好的人所占比例高，在2009年的全面统计中（见表2-4，此表只显示19人），60岁以上的老人就有39人，加上残疾人口24人，丧失劳动能力的53人，五保户10人，共计126人（占总人口的19.9%）就得经常和医院打交道，所以让他们知道并熟悉如何去就医、看病非常重要，虽然在我们看来非常平常的事情，在移民有语言障碍、对城市（镇）方位与街道没有概念、到医院因为不识字而不知道去哪个科室就医的情况下，对其进行这方面的引导和帮助显得非常重要。

随着时间的推移，在政府相关政策的引导和实际帮助指引下，加之城市（镇）大环境的影响和便利的就医条件，部分移民的就医观念逐渐改变，尽管"小病拖、大病扛"的就医观念仍在延续，但去医院看病的人明显比牧区时增多。就医方面的开支明显比草原时增多。在笔者所查阅的政府文件中显示"果洛州移民参合率达到100%"，政府应该对实施新型合作医疗保险制度进行了大力宣传与推广，但因为语言障碍、沟通不畅，效果大打折扣。部分移民并不熟悉新农合是怎么回事，他们表示没有用过新农合医疗的报销本子，也不知道怎么用，对补助标准更是一无所知。优惠政策由于沟通不畅而被"缩水"，白白增加这方面的花销。

表2－4  2009年河源新村高龄老人普查统计

| 姓名 | 性别 | 出生年月 | 年龄 | 身份证号 | 家庭住址 | 民族 | 60—69岁以上 | 70—79岁以上 | 80—89岁以上 | 90—99岁以上 | 100岁以上 | 所在乡（牧）镇联系电话 |
|---|---|---|---|---|---|---|---|---|---|---|---|---|
| 肉增 | 女 | 1946年8月 | 64 | | 河源新村 | 藏 | 1 | | | | | 扎陵湖乡 |
| 羊强 | 女 | 1948年10月 | 62 | | 河源新村 | 藏 | 1 | | | | | |
| 士措 | 女 | 1946年6月 | 64 | | 河源新村 | 藏 | 1 | | | | | |
| 才洛 | 女 | 1924年7月 | 86 | | 河源新村 | 藏 | | | 1 | | | |
| 同日角 | 男 | 1936年6月 | 74 | | 河源新村 | 藏 | | 1 | | | | |
| 增瑞 | 男 | 1945年5月 | 65 | | 河源新村 | 藏 | 1 | | | | | |
| 羊强 | 女 | 1944年5月 | 66 | | 河源新村 | 藏 | 1 | | | | | |
| 才珍 | 女 | 1947年2月 | 63 | | 河源新村 | 藏 | 1 | | | | | |
| 尼麻 | 男 | 1942年11月 | 68 | | 河源新村 | 藏 | 1 | | | | | |
| 索毛 | 女 | 1946年8月 | 64 | | 河源新村 | 藏 | 1 | | | | | |
| 土班 | 男 | 1944年5月 | 66 | | 河源新村 | 藏 | 1 | | | | | |
| 闹措 | 女 | 1942年6月 | 68 | | 河源新村 | 藏 | 1 | | | | | |
| 哇洛 | 女 | 1942年6月 | 68 | | 河源新村 | 藏 | 1 | | | | | |
| 尕保理 | 男 | 1937年6月 | 73 | | 河源新村 | 藏 | | 1 | | | | |
| 格角 | 女 | 1938年9月 | 72 | | 河源新村 | 藏 | | 1 | | | | |
| 闹措 | 女 | 1935年6月 | 75 | | 河源新村 | 藏 | | 1 | | | | |
| 杨措 | 女 | 1941年5月 | 69 | | 河源新村 | 藏 | 1 | | | | | |
| 旦正 | 女 | 1931年1月 | 79 | | 河源新村 | 藏 | | 1 | | | | |
| 旦杰 | 男 | 1940年6月 | 70 | | 河源新村 | 藏 | 1 | | | | | |

# 第三章

# 制度文化的转型

"制度文化是人类为了自身生存、社会发展的需要而主动创制出来的有组织的规范体系,是人类在物质生产过程中所结成的各种社会关系的总和。包括社会的法律制度、政治制度、经济制度、婚姻家庭制度、教育制度以及人与人之间的各种关系准则等。"[①] 它是物质文化和精神文化的中介,在协调个人与群体、群体与社会的关系,以及保证社会的凝聚力方面起着不可或缺的显著作用,深刻地影响着人们的物质生活和精神生活。三江源生态移民的制度文化变迁也涉及诸多方面,如所有制的变迁、社会组织制度的改变、婚姻礼俗嬗变以及教育体制变化等方面。

## 第一节 所有制的变迁:生产资料与劳动者相分离

### 一 历史记忆:草场承包到户,牲畜作价归户

马克思主义政治经济学中对所有制有准确的描述:"所有制是指生产过程中人与人在生产资料占有方面的经济关系,就是生产资料归谁所有,同时决定产品的分配、使用、支配的经济制度。是人们对物质资料的占有形式,通常指对生产资料的占有形式,即生产资料所有制。生产资料所有制反映了生产过程中人与人之间在生产资料占有方面的经济关系。

---

① 《互动百科:制度文化》(http://www.hudong.com/wiki/%e5%88%b6%e5%ba%a6%e6%96%87%e5%8c%96)。

生产资料的所有制结构,是指不同的生产资料所有制形式,在一定社会经济形态中所处的地位、所占的比重,以及它们的相互关系。居于支配地位的所有制性质,决定了该所有制结构的性质。"①

十一届三中全会结束后,党和国家把工作重点转移到以经济建设上来。在这样的大背景下,三江源区实施了"作价归户,分期偿还,私有私养"的承包责任制,把牲畜分给各户经营。最终实现了"草畜双承包"制度。"在草场承包之前,大部分藏族牧民的游牧生活事实上主要以部落为中心,草场属于部落中所有的人。没到轮换草场时,用抽签或是其他方式对草场进行分配,牧民由此得到在本季节内对所分到的草场的使用权。这种草场的使用方式扩大了个人无限期使用土地的权利,又使土地不能被彻底占有,保证了草场的完整性,防止草场的再次分割或转为他用,有效地保护了草原资源。"② 承包后,其外在表现形式为"草场承包到户,牲畜作价归户"。这项基本经营制度是一种在生产资料集体所有制条件下的所有权和经营权适当分开的一种模式。其重要贡献在于重建了牧区经济,形成了一个有效的激励机制并且很大程度上使畜牧业生产效率得到提高。这个政策"在一定时期内极大地调动了牧民的生产积极性,也使得牧民们加强了在草场建设、保护草原、合理使用等方面的自觉性。这种生产制度确定了生产单位以家庭为主,家庭即是生产单位,又是面向市场销售畜产品销售单位"。③ 草畜双承包调动了牧民养畜的积极性,牲畜数量大大增长,特别是小牲畜的数量猛增,对草原的破坏力度加大,草原的退化和沙漠化严重,可利用的草原面积不断缩小。草原开始被破坏,草原的沙漠化和退化程度日益严重,沙尘暴袭击,生态环境受到严重破坏。牧区草原生态环境已经成为不可回避的问题。国家为了保护生态平衡而实施的季节性畜牧政策"退牧还草"和按草场面积规定牲畜承载量的政策"以草定畜"与牧民经济利益之间有一定的冲突日益增大。国家和当地政府把生态环境受破坏的原因归结在当地牧民(完全理性经

---

① 《百科名片:消费结构》(http://baike.baidu.com/view/245611.htm?pid=baike.box)。
② 苏发祥:《安多藏族牧区社会文化变迁研究》,中央民族大学出版社2009年版。
③ 郝文渊:《藏族牧业社区变迁研究——以甘肃肃南县芭蕉湾村为例》,硕士学位论文,西北师范大学,2009年。

济人）身上，于是为了加快生态建设步伐、恢复草原植被，政府推出了"以草定畜，草畜平衡，草原围栏"等多种措施。根据上面的指示，"开始实施了全面围栏，与全面围栏相配套的，还有草畜平衡的政策，即规定草原的承载量"。① 2003 年开始了生态移民，所有制也相应发生了变化。

## 二 今日状况：草场统一封育，牲畜出栏变现

三江源生态移民工程实施后，所有制形式发生了根本的变化，"草场统一封育，牲畜出栏变现"，牧民离开草原，主要的生产资料与劳动者相分离。之前的经济制度也随之发生改变。经济制度性质趋于不明朗化。"虽然从本质上讲仍然是集体所有制，但这种制度的外延却有不明朗化和不确定性，更主要的是其内涵难以确定。"② 所有制属性变得模糊起来，其内涵难以界定。部分牧民以"等、靠、要"的态度来应对当前的形势，但也有牧民担心，因为政府对他们帮扶的时间是 10 年，10 年之后怎么办？很多人心生担忧。

什么样的所有制形式就会产生与之相配套的劳动技能。搬迁前，三江源生态移民的劳动技能非常单一，只会放牧，其他技术也就是缝制帐篷和衣服、打酥油等简单的活儿，其他劳动技能可以说是处于一种空白的状态。而移民后，牧民完全脱离了畜牧业经营生产，需要转向第二、第三产业从事新的工作，原有的生产生活技能在新环境中失灵，造成能力的贫困。加之移民文化素质不高，这在一定程度上限制了移民的就业渠道。在三江源牧区，由于自然地理条件艰苦、居住分散、牧区文化惯习等原因，当地教育事业发展滞后，教育水平普遍偏低，普遍低于普通的农牧区。在河源新村 150 户 689 口人中文盲和小学文化程度所占比重较高，初中算是文化程度比较高的人。表 3-1 是官方随机抽取样本的统计

---

① 郝文渊：《藏族牧业社区变迁研究——以甘肃肃南县芭蕉湾村为例》，硕士学位论文，西北师范大学，2009 年。

② 百乐·司宝才仁、韩昭庆：《试论三江源生态移民的文化变迁》，《复旦学报》2007 年第 3 期。

表片段，23 人中，文盲和刚脱盲的就有 8 人，占 34.8%，小学的 4 人，占 17.4%，初中仅 2 人，占 8.7%。

表 3-1　果洛州玛多县河源新村生态移民基本情况统计（2010 年）

单位：玛多县河源新村　　　　　填表时间：2010 年 3 月 15 日　　　　　单位：人

| 编号 | 家庭成员姓名及关系 | | 家庭人口 | 性别 | 年龄 | 民族 | 身份证号 | 文化程度 | 迁出地 | 安置地点 |
|---|---|---|---|---|---|---|---|---|---|---|
| | 户主姓名 | 成员姓名 | | | | | | | | |
| | | 与户主关系 | | | | | | | | |
| 1 | 才让加 | | 7 | 男 | 37 | 藏 | | 脱盲 | 尕泽牧业 | 河源新村 |
| | | 仁增　母亲 | | 女 | 64 | 藏 | | 文盲 | 尕泽牧业 | 河源新村 |
| | | 扬忠加　弟弟 | | 男 | 28 | 藏 | | 脱盲 | 尕泽牧业 | 河源新村 |
| | | 才周　弟弟 | | 男 | 25 | 藏 | | 小学 | 尕泽牧业 | 河源新村 |
| | | 尕桑　弟弟 | | 男 | 13 | 藏 | | 小学 | 尕泽牧业 | 河源新村 |
| | | 索南措　侄女 | | 女 | 6 | 藏 | | | 尕泽牧业 | 河源新村 |
| | | 斑马成立　侄子 | | 男 | 5 | 藏 | | | 尕泽牧业 | 河源新村 |
| 2 | 依尼 | | 6 | 男 | 37 | 藏 | | 脱盲 | 尕泽牧业 | 河源新村 |
| | | 扬群　母亲 | | 女 | 63 | 藏 | | 文盲 | 尕泽牧业 | 河源新村 |
| | | 班玛　妹妹 | | 女 | 36 | 藏 | | 脱盲 | 尕泽牧业 | 河源新村 |
| | | 仁青才让　次子 | | 男 | 6 | 藏 | | | 尕泽牧业 | 河源新村 |
| | | 代华桑吾　长子 | | 男 | 9 | 藏 | | 学生 | 尕泽牧业 | 河源新村 |
| | | 扎西美朵　长女 | | 女 | 11 | 藏 | | 学生 | 尕泽牧业 | 河源新村 |
| 3 | 阿吾 | | 16 | 男 | 57 | 藏 | | 文盲 | 尕泽牧业 | 河源新村 |
| | | 叁珍　妻子 | | 女 | 55 | 藏 | | 脱盲 | 尕泽牧业 | 河源新村 |
| | | 德杰　长子 | | 男 | 32 | 藏 | | | 尕泽牧业 | 河源新村 |
| | | 曲代　次子 | | 男 | 30 | 藏 | | 初中 | 尕泽牧业 | 河源新村 |
| | | 索拉　儿媳 | | 女 | 28 | 藏 | | | 尕泽牧业 | 河源新村 |
| | | 索南　三子 | | 男 | 27 | 藏 | | 初中 | 尕泽牧业 | 河源新村 |
| | | 关确措　儿媳 | | 女 | 27 | 藏 | | | 尕泽牧业 | 河源新村 |
| | | 索南言　儿媳 | | 女 | 25 | 藏 | | | 尕泽牧业 | 河源新村 |
| | | 三才　四子 | | 男 | 23 | 藏 | | 小学 | 尕泽牧业 | 河源新村 |
| | | 才扬　次女 | | 男 | 21 | 藏 | | 小学 | 尕泽牧业 | 河源新村 |

　　文化水平的偏低导致河源新村移民在产业转换过程中不能很快掌握新的劳动技能，对新的劳动技能无法掌握就意味着失去需要这种技能的工作岗位。"以前完全是纯藏语的环境，而现在好多场合需要用汉语交

流,语言的障碍,也是限制牧民就业的不利因素。"① 目前看来,移民就业渠道狭窄,大部分牧民处于闲置状态。政府在移民的技能培训项目中也做了不少工作,但由于在培训方面缺乏系统性、持续性而少了应有的成效,这在客观上限制了移民的就业机会。如参加唐卡绘制、石刻的移民虽然很多,但真正从事这个行业的寥寥无几。

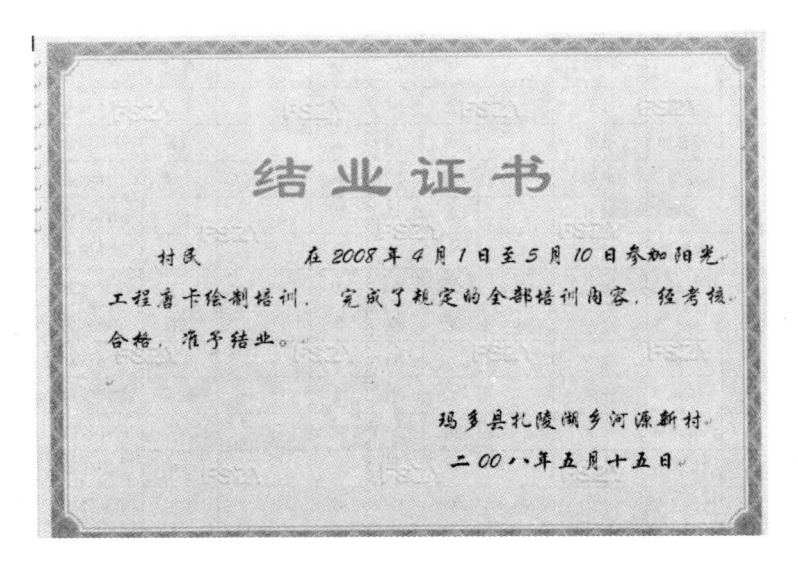

**图 3 – 1　结业证书**

因为唐卡绘制和石刻的操作性很强,需要相对长的时间和实践来做保障。从上面的结业证书(见图 3 – 1)中看出,移民学习 40 天唐卡的绘制就可以结业,但在笔者的调查中得知,实际情况是 40 天根本保证不了掌握唐卡的绘制技法。上述技能需要系统地训练和实践,而不是 15 天或 20 天就能掌握的,何况是文化素质普遍偏低、汉语水平很受限制的牧民了。此类培训并没有真正解决移民的劳动技能问题。笔者调研时,恰逢技能培训班开课,培训室外不远处好几个年轻移民在闲聊,问其为什么不去听老师讲课,他们说:"老师讲的听不懂(汉语讲授),听得很累,

---

① 韦仁忠:《"二元社区"到"敦睦他者"——三江源生态移民的社会融合解读》,《西藏大学学报》2012 年第 4 期。

没意思,就不愿参加。"培训一轮轮地过去了,但由于针对性不强,具体操作不够,成了"走马观花秀",效果甚微,并没有解决移民就业难的老问题。

## 第二节 组织制度的转换:初级群体到次级组织

### 一 难舍的亲情:血缘为纽带的初级群体的解体

社会组织(social organization)也叫社会团体(social group),"广义的社会组织是指一切通过持续的社会互动或社会关系结合起来进行共同活动,并有着共同利益的人类集合体。狭义的指由持续的直接的交往联系起来的具有共同利益的人群"。[1] 搬迁前,牧民社会组织占主导地位的是村落、邻里、部落或以血缘为纽带的初级组织。初级组织亦称首属群体、直接群体或基本群体。"初级群体的概念最早由美国社会学家 C. H. 库利提出。他解释了这一概念的基本含义:初级群体是指具有亲密的、面对面交往与合作特征的群体。这些群体之所以是初级的,具有几个方面的意义,但主要是指在形成个体的社会性和思想观念等方面所起的初始作用。"[2] "库利这里所说的初级群体概念主要是指家庭、邻里和儿童游戏群伙,并强调这些群体在人的早期社会化过程中所发挥的重要作用,把它看作是'人性的养育所'。后来人们将这一概念扩大到人际关系亲密的一切群体。"[3] 让牧民离开三江源草场,在政府的具体规划下要在城市(镇)重建家园,意味着之前的以血缘为纽带的亲情关系被瓦解,牢靠的初级群体也随之解体。因为草原封闭性和人口少的原因,牧民亲人之间的感情比在农业区和城市要深厚得多,彼此依靠,胜似一家人,让其分开,就如一个移民形容的"像断了我

---

[1] 郑杭生:《社会学概论新修》,中国人民大学出版社 2003 年版。
[2] 《互动百科:初级群体》(http://www.hudong.com/wiki/% e5% 88% 9d% e7% ba% a7% e7% be% a4% e4% bd% 93)。
[3] 《百科名片:初级群体》(http://baike.baidu.com/view/183595.htm? pid = baike.box)。

的一条胳膊一样"。

笔者：你在草原时主要交往的人有哪些？

SNWJ：主要就是亲戚啊，有我爸爸的哥哥、妹妹，我妈妈的几个哥哥，还有就是我姐夫和岳父家。

笔者：你们之间关系亲密吗？

SNWJ：当然亲密啊，哪像现在啊，我们和当地的很多人见面连招呼都不打，如果我们在草原这样，那要叫人笑话的。在草原，我们亲戚之间关系非常亲密，有事大家都是互相帮忙的，关系近得很，有什么话也直接说，就是实实在在的那种关系，就算有时候有了矛盾了，也不会藏在心里，把话说开了，什么都过去了。现在我搬下来了，好长时间都没见过他们了，有时候会打个电话问候一下他们。这么远的，也帮不上什么忙。有时候挺想他们的。刚来这里时真的不习惯，我们在草原时可能人烟稀少的原因吧，人见人热心得很，就算是草原上来个不认识的人，我们也会打招呼的，有时候还叫他到帐篷里喝酥油茶、吃糌粑呢。

笔者：你在草原时朋友多吗？

SNWJ：有很多啊，我们的关系很好的，虽然住得很分散很远，但我们的关系还是很亲密的。只要有事，朋友肯定会帮忙的，我们就像亲兄弟一样。

笔者：那你在这里有朋友吗？你们是怎么认识的？

SNWJ：也有啊，但主要还是从草原来的移民。我们的关系还可以，有时候也帮忙。这些朋友就是平时的生活中认识的。也有在打工时认识的朋友，那关系就很淡，打工结束就不联系了，平时也帮不了什么忙，也就是点头之交。这样的朋友再多也是没用的，说不好听些，这样的朋友有或没有都一样。不像我们草原的朋友和亲戚关系，那就像一家人一样，叫人心里头踏实。

在初级群体中，"以血缘关系为纽带的关系网络，封闭性的交往空间的特征，决定了牧民社会交往的同质性：交往对象单一、人员数量较少、从业结构相似、关系网络简单，初级群体是牧民家庭最主要的社会支力量"。① 在三江源区，牧民之间虽然距离遥远，但关系极为密切，成员之间彼此熟悉，交往富于感情。彼此间相互关心与安慰，有一种共同的心理维系。群体整合程度高，形成一个互助圈，对牧民的日常生活有着不可替代的作用。而搬迁就意味着以血缘为纽带的初级群体的解体，从此要与亲情分离。对于很看重血缘关系和亲情的牧民来说对心灵的震撼是巨大的。

## 二　生疏的新村落空间：地缘为纽带的聚落形式

三江源生态移民搬迁到城市（镇）后"初级群体形式逐渐被以地缘、业缘为纽带的群体所替代。新的聚落形式在新的区域重新整合为一个新的群体形式，使之更具有次级组织的特点"。② 处于城市（镇）社区的广大移民，由于居住空间上的转移，原有以血缘关系为主要纽带的社会网络被不同程度瓦解，新的村落以地缘的形式把大家聚合起来，由于文化差异的原因，尽管已经过去了 10 年，但当地居民和生态移民彼此之间还没有完全融合，彼此的隔膜和生疏还有待消解。和草原的封闭居住形式相比，移民在这里面对的交往群体明显增多，群体差异性大，社会关系复杂，趋向开放性和异质性。社区化的居住，从根本上打破了社会交往在血缘上的限制，移民家庭彼此之间互动频率明显提高。移民原有的社会网络关系出现了变化，以血缘关系为纽带的初级群体对单个移民家庭的支持力量弱化，而政府的支持力量则居于主导地位。逐渐构筑起的地缘群体也初现轮廓，社会网络由同质性走向异质性。这意味着之前的紧密"互助圈"被瓦解，移民要在次级组织中重新定位自己的角色，在新的聚落形式中重建新的社会网络关系。

在生存需要下，移民业缘关系在日常生活中的影响力在逐渐增强，随着移民转产工作的逐步推进，也有移民外出从事第二、第三产业，工作中结识新朋友、新同事，无形中逐渐地构筑起了一个以自己为中心的

---

① 马宝龙：《三江源生态移民与社区重建研究》，硕士学位论文，西北民族大学，2008 年。
② 百乐·司宝才仁、韩昭庆：《试论三江源生态移民的文化变迁》，《复旦学报》2007 年第 3 期。

业缘关系群，新的关系网络的维系逐渐由血缘、地缘向社缘、业缘转变。"从根本上推动了移民交往方式和途径的彻底转变，交往突破了地域范围的限制，交往范围逐渐扩大，社会交往趋向开放。"① 和草原牧区相比，移民交往类型增多。由于在城市（镇）多民族杂居的原因，移民每天会看到其他民族的文化元素，文化特征差异巨大。每天所接触的人员数量明显增长，所有这些对牧民的视野和观念造成很大的冲击。

牧民从草原单一的放牧劳作中走出来，在城市（镇）其职业结构逐渐分化，从业结构开始多元，业缘作为关系网络纽带逐渐在移民生活中起作用。社会交往对象开始逐步向多元化、复杂化、异质性发展，尽管步履维艰，但这是新的聚落形式和生存需要决定的不可抗拒的趋势。在这里人与人的交往大多不以情感为基础，而更倾向于世俗化和功利化，完全颠覆了移民之前的人际互动原则。如何去适应这种交往形式，对没有经验可借鉴的移民来说是一个极大的挑战。关系网络也比草原时复杂多变，那么牧民如何从之前的思维定式中走出来，适应这种新的网络关系，一时半会儿还可能转不过弯来。好在移民到城市（镇）后，手机的普及率比牧区时高很多，这种现代通信工具为旧的网络关系的巩固提供了必要的工具准备，告别了之前要用很久时间才能实现的"传话""带话"等传统的联系方式，虽然不见面，但也可以维系关系。400余里之外原住地的亲戚和朋友虽然见面不容易，但可以通过电话实现"远程交往和走动"。在新的网络关系还不能完全起到作用的时候，这种旧关系也算是对移民的一点心理安慰。否则一下子失去精神与物质支撑的移民在城市（镇）文化的适应中可能会更艰难。

## 第三节 婚俗惯制变化明显

### 一 婚礼仪式胜过结婚证

费孝通先生提出"婚姻是人为的仪式，在社会公议之下，约定以永

---

① 马宝龙：《三江源生态移民与社区重建研究》，硕士学位论文，西北民族大学，2008年。

久共处的方式，共同担负抚育子女的责任"。① 结婚年龄是婚姻制度里面的一个重要条件。虽然中国《婚姻法》做出规定，结婚年龄，男不得早于二十二周岁，女不得早于二十周岁。但是在不同地区由于传统婚姻文化习俗不同，实际结婚的年龄不完全按照婚姻法操作。在三江源牧区，人们大多十几岁就结婚。"二十岁结婚那已经是很晚的了，尤其女孩子结婚更早，大概十四五岁举行过成人礼后，就可以自由结交异性，之后可以步入婚姻生活。直到1987年，青海果洛州政府根据国家《婚姻法》要求，经过适当变通后规定牧区的结婚年龄，女十八岁男二十岁。"② 比通用婚姻法各小了两岁。

在三江源牧区，不少牧民的婚姻年龄都未达到政府规定的法定婚龄，不少牧民结婚时并不考虑国家的婚龄限制，一些牧民遵照着传统的婚姻家庭时间历程，在自认为合适的年纪建立家庭。牧民对结婚证的重视程度和内地有很大的差别，牧民的结婚概念显然与民政局的结婚概念不一样。除了法定的结婚年龄，婚姻登记是婚姻里面最重要的一个程序。婚姻登记是国家对全国公民的法律约束程序，搬迁前的很多牧民结婚时不登记，他们对结婚证有一种集体无意识状态。在三江源区"无证婚姻"比比皆是。在笔者访谈的20人中，当问结过婚的人是否领有结婚证时，只有30.9%人回答领过结婚证，69.1%的人没有领结婚证，也就是说没有到民政局注册领证登记结婚是很普遍的现象。

虽然很多人没有在民政局注册结婚，对结婚证不重视，但并不意味着他们的婚姻没有社会约束，"在受到婚姻法约束和保护之前，传统的婚姻原则、藏族内部部落习惯法都是对普通人婚姻的监督机制。人们按照自己认同群体的习俗完成了组建家庭的过程，他们需要遵守一套固定的婚育制度"。③ 在笔者的访谈中，移民普遍流露出对结婚证的不在乎，很明显结婚证在他们心目中没什么分量，是可有可无的。但只要

---

① 费孝通：《乡土中国 生育制度》，北京大学出版社2005年版。
② 金晶：《甘青藏族牧区婚姻家庭文化变迁研究——以甘南、果洛州为例》，硕士学位论文，中央民族大学，2010年。
③ 同上。

他们举行了自己主流文化所接受的婚礼仪式,即提亲、定亲、迎亲、婚礼这个完整的程序,就在内心打上已婚的烙印。可见,他们普遍更认可传统的婚礼仪式,更有甚者,在他们心中只有举行传统婚礼之后才算正式结婚,仪式重于证书。在笔者的访谈中,有几个移民明确表示,只要举办了正式的婚礼仪式,结婚证领不领对自己和外人来说都是无所谓的。

在三江源牧区由于其封闭性,其婚俗还保留了传统的色彩。从提亲到定亲,再到婚礼特色都很鲜明。牧区虽然闭塞,但青年人恋爱的方式却比较自由。因为地域广袤,找到可以结婚的人不容易,所以女孩到一定年龄时,父母就在帐篷附近搭建一个白色的小帐篷,让女孩一个人住,人们对这个帐篷的颜色也是心知肚明,如果被附近的单身青年小伙子看到,有可能就会在晚上去找这个女孩,这个过程发生性关系的可能性很大。之后交往一段时间,如果双方感觉不错,可以进一步发展关系。如果不合适,女孩子怀孕了,也不追究责任,女孩便成为单身妈妈。这种独特的恋爱方式有其地域和环境的烙印。在地广人稀的三江源区,人们把婚前性行为并没看成是"洪水猛兽",大多情况下性关系比较自由,旁人一般不会横加评判。但双方绝对不能违反"骨系禁婚"(即指禁止直系血亲男女结婚)原则。通过这种独特的"白帐篷"恋爱,如果男女双方认定对方,就可以向各自的父母说明情况,双方父母同意婚事的话,小伙子就可以到女方家去提亲了。

提亲,这是三江源区藏族婚俗中的第一步,媒妁之言在藏族的传统婚姻中占的分量很重,所请媒人不但要能说会道,而且必须是当地德高望重之人,一般是男性。男方家选好吉日后,与媒人携带哈达、青稞酒、砖茶等礼物前往女方家正式提亲。如果女方家接受了送来的礼物,说明这门婚事已成定局,大家畅饮美酒结下亲事。

定亲,也是三江源区婚俗中很重要的一个步骤。定亲最主要的内容是与女方家长协商聘礼和结婚日期。这次男方家还要带上酒、肉等礼品送给女方家。尤其特意要准备一份礼物送给女方的母亲,没有统一要求,按男方家经济实力量力而行,有送布料的,也有送首饰的,还有送牲畜的。"因为牧区女性的劳动量很大,这份礼物代表对女方母亲辛勤养育女儿之恩的感谢。定亲当天女方家要准备酒饭招待男方客人和女方家亲人。"① 聘礼的协商过程是"斗智斗勇"的"博弈"过程，如果媒人能言善辩，就能给男方家争取到主动权，能省下一笔礼钱。所以其作用显得尤为重要。几个回合下来，"胜败"即见分晓，在考虑男方家实际状况的基础上，双方在聘礼上达成共识。一般情况下，当天顺便会定下结婚日期。定亲之后亲事就正式确定，基本不能反悔，如果一方反悔会受到社会舆论的强烈指责。

婚礼，定亲之后就要张罗正式结婚的事情，准备举办婚礼。婚礼日期通常要请活佛或喇嘛卜算吉日，在三江源区传统的婚礼中，新娘的"梳头"仪式是很郑重且必经的第一步，严肃中夹杂着欢愉与悲伤。在"梳头"仪式的整个过程中，要唱哭嫁歌，歌声忧伤，在场的人也忍不住泪水涟涟。"梳头"仪式将女孩的发辫发型彻底改变，并要佩戴上头饰，头饰上镶有绿松石、珊瑚、翡翠、玛瑙等，让新娘显得贵气、端庄、漂亮。这一仪式象征着姑娘的少女时代画上了句号，从此要步入婚姻生活，扮演妻子的角色。结婚仪式的头一天，男方得派人把一套漂亮的服装，以及巴珠、嘎乌、手镯等装饰品，用绸缎包好，送到女方家中，让新娘第二天过门打扮用。结婚这天，男方家派出迎亲队伍带上羊、财物、哈达、彩箭，箭上有明镜、璁玉、珠饰等前往女方家迎娶新娘。还要牵上一匹准备给新娘骑的打扮考究的马，这匹马的颜色，与女方属相吻合，而且这匹马一般是怀孕的母马。迎亲队伍一般都是男性，有当地的德高望重者，有求亲媒人等。马队到达之前，女方要举行敬"切玛"（五谷丰收斗）、喝酒等告别仪式。男方迎亲队伍进门之后，先把彩箭插在新娘背上，表示她已是男方家的人了。又把璁玉放在新娘的头顶上，这块璁玉藏族习惯称为"灵魂玉"，这样做，表示男方的灵魂已托付于女方了。

迎亲队伍到达女方家后，照例会遭受一番"戏弄"后才能进门。进入女方家后，双方互献哈达，女方设宴招待迎亲队伍，迎亲人和送亲人就新娘嫁入男方家的权力和地位进行商谈，迎亲队伍做出保证。"等待卜算吉时到，新娘在家中佛堂磕头跪拜，然后在自家送亲队伍和男方迎亲

---

① 金晶：《甘青藏族牧区婚姻家庭文化变迁研究——以甘南、果洛州为例》，硕士学位论文，中央民族大学，2010年。

队伍的簇拥下走出家门，送亲队伍由女方家家长代表组成，如舅父等人，送亲队伍还要负责将新娘贵重的嫁妆一起携带到男方家。新娘上马抽泣不舍离家之际，人们唱起悲切的哭嫁歌伴随队伍启程。如果结亲的两家牧民相距遥远，途中遇经的女方亲人家要准备食物迎接出嫁队伍小憩，而男方家也要在路途中设多个迎接点招待女方送亲队伍休息。在短暂休息之时，人们在辽阔的草地上对歌饮酒，气氛浓烈。很多学者认为藏族婚礼送亲途中亲人们沿路招待送行的行为，是当年文成公主嫁入西藏时，沿途官员设宴告别的仪式传承。"① 男方在新娘到达之前，专为新娘下马准备垫子。垫子是装着青稞、麦子的口袋，铺上五彩锦缎，面上用麦粒画上吉祥的符号。男方家人手捧"切玛"（五谷丰收斗）和青稞酒在门口迎候。新娘入室后，坐在新郎下首，迎亲和送亲的队伍也入室依次坐定，接着便献"切玛"（五谷丰收斗）、敬酒，给佛像、父母献哈达，在柱头上挂哈达。参加婚礼的人唱歌，以示祝贺。客人们开始享用丰盛的婚礼宴席，牛羊肉、血肠、藏包、酸奶、美酒等摆满桌子。"在席间送亲队伍还会与男方亲人们展开热烈的'对歌'比赛，两方你一首我一曲，有时也会分成男女两派对歌，整个婚礼过程洋溢着欢乐愉悦的气息。"② 在牧区婚礼时间一般是三天到五天不等，婚后新郎新娘择日返回娘家探望。

## 二 夹杂城市元素的婚礼

婚礼是一种宗教仪式或法律公证仪式，其意义在于获取社会的承认和祝福，帮助新婚夫妇适应新的社会角色和要求，准备承担社会责任。世界上所有的民族和国家都有其传统的婚姻礼俗，是其民俗文化的继承途径，也是本民族文化教育的仪式。婚礼也是一个人一生中重要的里程碑，属于生命礼仪的一种。三江源区牧民的婚姻礼俗程序比较复杂，整个过程持续时间长，反映出封闭社会形态的特征。但每一

---

① 金晶：《甘青藏族牧区婚姻家庭文化变迁研究——以甘南、果洛州为例》，硕士学位论文，中央民族大学，2010年。

② 同上。

种文化在新的环境中随着时间都会发生变化。移民从封闭的草原来到开放的城市（镇），在两种文化的近距离碰撞中，其婚礼也发生了一定的变化，下面是笔者对格尔木市长江源生态移民村的一次调查与访谈，其内容能反映出移民的传统婚俗在悄然发生变迁，吸收了当地文化的新元素。

  笔者：你们来长江源移民新村几年了？
  移民夫妇：快7年了，时间过得真快。
  笔者：你们俩结婚多长时间了？
  移民夫妇：我们结婚快30年了。
  笔者：你们当时领结婚证了没？
  移民夫妇：没有领。
  笔者：到现在都没领吗？
  移民夫妇：是的。
  笔者：不领结婚证你们的婚姻是不受法律保护的。
  移民夫妇：我们是举行了婚礼的，我们一旦举行传统的婚礼，就得彼此忠于对方，相当于法律保护一样。
  笔者：你们几个孩子啊？
  移民夫妇：我4个孩子，两个男孩，两个女孩。
  笔者：你女儿结婚了没？
  移民夫妇：大的早结婚了，小的前几个月刚结婚。
  笔者：嫁给本地的人了吗？
  移民夫妇：没有，本地人哪能看上我们的姑娘。
  笔者：嫁到哪儿了？
  移民夫妇：嫁到离市上（格尔木市）不远的一个乡镇了。
  笔者：他们是怎么认识的？
  移民夫妇：他们打工认识的。
  笔者：也经历了像牧区提亲、定亲再举行婚礼的仪式吗？
  移民夫妇：没有了，在城市我们的那一套吃不开，也没条件办，我们办得比之前简单多了。前两个程序就走了个过场，婚礼倒是举行了，但也简单了很多。

笔者：他们领结婚证了没？

移民夫妇：领了，现在必须得领，不领好像是犯法的。

笔者：你们要彩礼了吗？

移民夫妇：要了些。

笔者：是牛羊吗？

移民夫妇：不是，我们来这里不要牛羊做彩礼了，我们要了两万块钱。

笔者：你女儿的婚礼和你们当时的婚礼一样吗？

移民夫妇：不一样了，我们那时候基本得3天，唱歌跳舞欢庆。搬迁下来后婚礼就那么一阵子，吃个饭就结束了。

笔者：主要有哪些不一样？

移民夫妇：一个是时间短，省略了好多仪式，再就是婚礼里还夹杂了许多城里人的习俗，我女儿还拍了婚纱照，有些照片上她的发型像汉族女子一样盘起，我们以前从来没梳过这样的头。

笔者：你们是在家里待客吗？

移民夫妇：没有，我们是在饭馆待的，那里什么都有，很方便。

笔者：那你花了多少钱啊？

移民夫妇：将近3000块，这里花费真大，我们订的还不是高档饭馆，听他们说高档的得5000多，不是要点聘礼，我们都没办法出嫁姑娘啊。

笔者：你们还是觉得草原好吗？

移民夫妇：嗯，城市里方便是方便，什么都得钱，没有钱一天都活不下去。结婚也没草原时那么红火了，这里就吃个饭，没怎么闹哄一下就结束了，没意思。

笔者：怎么就没意思了呢？

移民夫妇：在这里什么都是钱，除了钱好像没别的似的，我们传统的婚礼可热闹了，那不是钱的问题，亲朋好友聚一块唱啊跳啊，喜庆得很，那才像个结婚。

从上述的案例可以看到，牧民来到城市（镇）后，以前的婚姻制度及惯俗随之有了改变。移民前，牧民生活在地广人稀的大草原上，与外界联系较少，适婚青年相识的方式简单，范围狭小。随着居住格局改变，城市（镇）定居使"白帐篷"之恋也画上了休止符。适婚青年找对象认识的方式有了很大的变化，认识和交往范围扩大，渠道比之前增多。有在打工时认识相恋的，有在社会活动中认识的，有自由恋爱的，等等，其形式和内容逐渐带有小城市（镇）特点。同以前相比，移民在缔结婚姻的方式上发生了变化，对结婚证的重视程度比在牧区时大大提高，现在很多人首先去民政部门登记，之后办婚礼已成为一种趋势。随着民政部门工作加强以后可能会继续增加，大大改变了之前的"无证婚姻"和"上车补票"的婚姻形式。

婚俗也在所在环境与城市（镇）文化的影响下发生了变化。这与移民所处的大的社会环境紧密相连。牧民传统的婚俗是他们在长期特有的自然环境中逐步积淀下来的文化。是为了适应这种环境和社会制度而逐渐被大家接受、认可并稳定下来的。如果离开了环境这个平台，婚俗也失去了展演的场域。在婚礼中虽然以藏式传统的婚俗为主打色调，但里面已经夹杂了许多新的东西，同时，整个婚礼的仪式过程比之前少了许多细小的环节，具体的程序已经发生了改变。从聘礼的内容到迎亲的工具，再到宴席的形式，都发生了变化。过去男方家送去的聘礼种类主要是牲畜、首饰为主，如今聘礼和嫁妆中出现了新的元素，如家用电器、摩托车、装饰品等，有的人家甚至直接用现金作为聘礼。"迎亲的时候也不再骑马，过去交通不便路途遥远，男方迎亲要骑着马早早到达女方家，沿途两家还要安排迎亲队伍歇息，现在迎亲则是用汽车、摩托车、拖拉机等代替。"① 移民前，藏族新娘的发式很讲究，满头是又细又长的小发辫，这是一种文化符号。但到城市（镇）后，年轻女孩更喜欢像城里人一样，把发型做成高高的发髻。婚礼仪式因为环境的原因省去了很大一部分，里面吸收了很多城市婚礼中的元素，现代气息和传统文化符号平分秋色。这些变化，年轻人欣然接受，没表示出什么异议，有些年长者则表示更喜欢传统的婚礼，他们认为只有那样的婚礼仪式才是"正规"的，只有举行了传统的婚礼，在他们心中才算是完成了结婚这桩人生大事。

---

① 金晶：《甘青藏族牧区婚姻家庭文化变迁研究——以甘南、果洛州为例》，硕士学位论文，中央民族大学，2010年。

## 第四节 教育模式的转化：寺院教育的衰落与现代教育的落地生根

### 一 舍寺院外无学校，舍宗教外无教育，舍喇嘛外无教师

教育是文化的组成部分，"教育传统也是民族文化传统的一个部分。教育传统是经过长期的历史积淀而形成并继承下来的教育思想制度内容和方法，即在过去教育实践中形成并得以流传的具有一定特色的教育体系"。① 每一种教育体系都和当地的环境、文化、传统有密切的关系，并在长期的历史阶段中能保持某种连续性。每一种事物都有一定的运行程序和方法，教育也不例外，这就是教育模式。通俗地讲，"教育模式就是人们在充分尊重教育规律的前提下，为提高教育质量和效率而产生的一种相对稳定的教育方法、方式、策略、理念于一体的实践模型"。② 下面是对河源新村移民 NJ 的访谈，通过对话我们可以了解在历史上的三江源牧区教育状况。

> 笔者：您今年多大了？
> NJ：我快 70 了。
> 笔者：您读过书吗？
> NJ：没有，我连自己的名字都写不上。
> 笔者：怎么连小学都没读呢？
> NJ：我们那时候在草原上就没有学校，念书要到寺院去，我哥哥去了寺院，他有文化，我一直在放牧。
> 笔者：当时寺院就是学校吗？

---

① 贾荣敏：《青藏高原藏族游牧区教育的现代性变迁与适应》，《青海民族研究》2011 年第 3 期。

② 《互动百科：教育模式》（http://www.baike.com/wiki/%e6%95%99%e8%82%b2%e6%a8%a1%e5%bc%8f）。

NJ：是啊，我们当时要想学文化，就得去寺院当和尚，除了这种方式再没有受教育的机会。寺院里的喇嘛就是老师，他们懂的东西可多了。

笔者：你当时想当和尚吗？

NJ：当然想了，当和尚多好啊，地位高，受人们尊敬，还有文化。

笔者：为什么当时送你哥哥去了寺院而不是你呢？

NJ：我哥哥比我聪明啊，所以送他去了寺院。

短短的几句对话，我们可以窥见三江源区传统的教育模式以及由此模式所影响下的人们的心理。每一种文化的诞生都有与其密切相关的环境和大的背景。历史上，三江源广袤的藏族游牧区，地理生态和气候特点与内地有很大的不同。为了适应高寒地理的生态特点和游牧的生计方式，人口相对集中并有万人敬仰的宗教精神领袖人物的吸引，寺院就成为人口汇集和人心靠拢的地方，寺院教育也随之成为藏族教育的主要模式。一度形成"舍寺院外无学校，舍宗教外无教育，舍喇嘛外无教师"的状况。加上在政教合一的政治体制下，教育权完全控制在千百户及寺院手中，广大牧民不但没有精力和能力谈教育，更没有权利和机会涉足教育。"在这种大背景下，以僧为贵的思想观念在牧区藏族民众中根深蒂固，形成家有二男，必有一僧，或生三送二、生五送三的社会现象。在很长的历史时间内，在三江源牧区，寺院控制了教育，寺院教育使得宗教占据了藏族教育的统治地位，寺庙成了最集中的文化中心，可以说一座较大的寺院就是一所大学或一所专门的学校。"[1]

## 二 马背小学到寄宿制学校的探索

改革开放之后，为了促进三江源牧区教育发展，各级党委和政府不断研究适合本地区教育的特点及规律，探索一种适合牧区特点的教学模式。根据三江源区"游牧民逐水草而居的特点，探索出了马背小学、帐房小学、牧读小学、季节性学校、隔日制小学、半日制小学、寄宿制小

---

[1] 贾荣敏：《青藏高原藏族游牧区教育的现代性变迁与适应》，《青海民族研究》2011年第3期。

学等办学形式"。① 在一定程度上激活了本地区教育发展活力。这种小型分散、灵活多样的办学形式虽在特定的历史条件下起了一定的作用，但由于其并不符合教学规律，终因教学质量低培养不出合格毕业生而未推行下去。尝试过各种形式之后，本地区教育有了一定的发展，但是仍未形成一个比较完整的综合发展模式。相对来说，寄宿制小学的效果最好，但也存在一定的负面效应。在普及义务教育的过程中发挥了一定的作用，但由于家长的观念、藏族"尚自由"的天性、藏传佛教和落后的教学方式等因素的影响，寄宿制学校的"生源"再次受到挑战。"其辍学原因主要是：情感体验重视个体自由和快乐感的文化惯习。草原孕育了他们无拘无束、崇尚自由的性格。这样的性格必然影响他们对教育的需求，表现在：第一，不愿意接受封闭式的教育管理。很多学生表示，在学校上学极不自由，除了校内有限的空间外，并不能自由地进出学校。整天闷在学校，构成了教室、宿舍、食堂这种三点一线的生活轨迹，显得极为单调和乏味。有学生直接描述'学校就像牢房'。这种方式给学生内心造成了极大的痛苦和烦躁情绪，好多学生开始逃学。第二，不愿意牺牲家庭亲情。寄宿制学校的实施，无疑在一定程度上割裂了学生与家庭亲情之间的联系，在时间上不连续，在空间上不一体。学生在学校接受教育是重要的，但让小学的孩子牺牲亲情也是残忍的。许多学生明确表示'我想回家'，甚至逃学的动机就是想回家看看。"②

每样事物的昨天与今天的联系是客观存在的，教育也不例外，在三江源草原牧区，国家为了普及九年义务教育，花了很多心血，也提出并执行了很多惩罚性的规章制度，但由于历史上的寺院教育在牧民群众中的广泛影响，无论时代变化多么迅速，单凭这些教育法令是无法中断其影响作用的。它与过去的纽带关系无法摆脱，更不可能与过去的历史完全断裂。"在全民信仰佛教的三江源区，牧民对送子女上学的热情不高，但对送子女入寺的热情却相当高。尽管法律明令禁止未成年人入寺，但

---

① 贾荣敏：《藏族游牧背景下教育模式的田野调查与宏观分析——以刚察县为个案》，《青海社会科学》2010年第5期。

② 韦仁忠：《青海农牧区教育应该怎样发展——对青海农牧区教育现状的调研与思考》，《中国民族教育》2013年第2期。

不少寺院仍能看到适龄儿童的身影。如果不是法律的威慑力，寺院与学校之间的生源竞争将更加激烈。在他们看来，接受寺院教育后可以当喇嘛，喇嘛在当地有较高的社会地位。当地百姓有很多事情依赖于喇嘛，甚至在精神上寄托于喇嘛。越是在偏远封闭的地区，喇嘛的社会地位越高。一位曾经在中学读过一段时间的小喇嘛告诉笔者，他更喜欢在寺院。与学校相比，寺院没有语言障碍、理解障碍，没有与他民族老师交流的心理障碍，并很少受到批评，想回家时还可以回家。总之，在寺院的生活是快乐和幸福的。在孩子眼里寺院对他是有吸引力的。"①

## 三 制约三江源牧区教育的其他原因

### （一）家长观念对教育产生重要的影响

对于祖祖辈辈生活在草原牧区的牧民来说，远离城镇，一辈子走出草原的机会几乎很少。家长对教育没有正确的认识，总体的教育观念很落后，成为制约三江源区教育发展的重要原因之一。这种消极观念的产生是由客观和主观两方面共同作用的结果。

客观方面，草原地广人稀，远离群体，居住非常分散并不断迁徙，与外界的联系和接触几乎没有，生活在封闭的世界里，看不到外面世界日新月异的变化，与现代社会有"脱节"的情况存在，他们用单一的生产方式就能搞定世代的游牧生活，在生活中科学技术似乎没有用武之地，在这种情况下他们多数人认为是否接受教育和接受什么样的教育都无所谓，因为和子女将来的就业与收入没有多少联系，对子女的个体发展没有太大的影响。加之因为牧区师资力量薄弱，优质师资更是极度匮乏，教育水平极其低下。在这种情况下想让学生通过教育改变命运的概率很低。家长看不到成功实例，所以接受学校教育不强烈，从而直接影响了家长对于子女受教育的期望值。有这样消极陈旧的教育观念也是情理之中的事。

主观方面，大多数家长本来就是文盲或半文盲，大多数人一辈子围

---

① 韦仁忠：《青海农牧区教育应该怎样发展——对青海农牧区教育现状的调研与思考》，《中国民族教育》2013年第2期。

着牛羊转，没离开过草原，见识少。他们对于教育的作用只是粗浅的认识，一切在恶性循环中周而复始。很多家长从来没有考虑过要送子女上学，更看重把孩子送到寺院。即使送到学校对孩子也没有严格的要求，最多也就是希望孩子在学校能认识并会写自己的名字，能够掌握一点藏文，学会藏文的拼读以及能够诵读藏传佛教经文即可。再高一点儿的要求就是希望他们能掌握一些简单的数字运算，因这些对于他们日常的生活来说很实用。部分家长懒惰，因为放牧不靠技术，主要就是围着牛羊整天地熬，所以他们觉得无聊，就让孩子代替牧羊。在国家义务教育政策的法律效应下，好多家长才勉强送孩子去学校，但中途中断或经常缺勤的情况时有发生。这种观念对牧区教育的影响也是致命的，这也是牧区教育落后的重要原因之一。

**（二）牧民增收对教育的影响**

三江源牧区藏族的财富观，是靠牛羊的数量来衡量的。所以牧民非常重视饲养和繁殖牲畜，以示财政状况的良好。有些人家为了增收，不断扩充牛羊数，需要更多的人参与到放牧的工作中来，因为这项工作并不复杂，所以孩子也是家庭中不可或缺的劳动力。在这种客观现实面前，孩子如果去上学，就不能帮牧或做其他的辅助性工作，最后在"增收与教育"的取舍中让孩子放弃学业。加上在三江源区上学的路途都很远，许多年幼的孩子经常迟到或因寄宿不适应学校的生活而辍学。这几年，冬虫夏草在国内外炒得很火，价格昂贵，被喻为"软黄金"。每到春末夏初，挖掘和出售这种药材就成为牧民一个见效快、收益高的致富渠道。虫草长在茂密的草丛中，得俯下身子仔细找寻才行，而孩子们视力好，比大人们更容易找到虫草，再加上个头小、身体轻、腿脚灵便、跑得快，比大人更有优势，是挖虫草的能手。"所以每到采挖季节，家长基本都让孩子回家让其上山挖虫草为家里增加收入。这个时节，三江源区学校学生到校情况很差，出勤率很低，甚至有些学校都将暑假改在这个时期。"[①]这严重影响了牧区教育的质量，成为制约当地教育发展的重要原因之一。

---

① 杨俐俐：《教育社会学视角下的生态移民子女教育研究——以三江源某生态移民点部分初中毕业生为考察对象》，硕士学位论文，中央民族大学，2010年。

## 四 姗姗来迟的现代教育

三江源牧区教育总体发展水平很低,与城市和农区完全是两个概念,家长对孩子的受教育普遍不重视,甚至有些家长"坚决不送孩子去学校"。和负责义务教育工作的乡镇干部聊起"双基"教育的事时,他们头摇得像拨浪鼓一样,不断地叹气。说在三江源区普及义务教育简直就是"难于上青天"。他们也想过很多办法,如做思想工作,"奖励"送孩子上学的家长。这些方法不起作用时,对顽固的家长进行"吓唬"(说不让孩子上学是犯法的)甚至罚款等措施,但是有些家长宁可交罚款也不让孩子去学校。即便是在上面验收的时候通过了,验收完学生又"流失"了。在藏传佛教影响下,家长对送孩子去寺院却很愿意,许多家庭必然有一个孩子进入寺院,有些男孩多的家庭甚至两个进入寺院,这样就导致相当一部分学龄儿童入寺学经,现代教育的普及严重受到影响。同时,学校数量有限,教学质量差,办学设施和设备落后等也是很重要的影响因素。在牧区,群众对寺庙的巨额供奉,影响了牧业再生产能力,同时也削弱了群众对教育的投资能力。在上述综合因素的影响下,"出现一批批辍学的学生。一方面国家投入大量人力物力对牧区青壮年文盲进行扫盲教育,另一方面新的文盲又在不断出现"。①

牧民搬迁到河源新村,靠近了城市(镇),教育模式的改变十分明显。由于交通的便利,居住的稳定、聚集,孩子们上学非常方便,按相关政策,适龄儿童完全可以进入所在城市(镇)的各类学校上学,义务教育阶段孩子上学全免学费,迁入区的教育硬件和软件都比迁出地好几倍,所在地学校都能容纳移民子女近170人。满足了移民子女求学的愿望。学龄儿童的入学率达到100%,完全可以享受到当地城市(镇)教育的优质资源。笔者在调查过程中翻阅了州教育局和县教育局的有关普及九年义务教育的巩固成果,并和河源移民新村的统计报表进行了核对,数字基本是吻合的。笔者顺便截取了河源移民新村义务教育学生的花名

---

① 韦仁忠:《青海农牧区教育应该怎样发展——对青海农牧区教育现状的调研与思考》,《中国民族教育》2013年第2期。

册部分内容（见表3-2）。这张表中总共有166名在册学生，截取部分为20名一年级至七年级的同学。很明显尤其低年级适龄儿童义务教育的巩固成果远远好于牧区，除了年龄偏大、成绩太差的学生外，辍学率也低于牧区。在访谈中部分家长的观念也有所改变，问起"宁可交罚款也不让孩子上学的原因"时，大家都笑而不答。但笔者从他们的笑声里读出了自嘲的味道。

表3-2　　　　　河源新村2010年上半年学生花名册

| 序号 | 姓名 | 性别 | 年龄 | 民族 | 年级 | 家长姓名 | 备注 |
| --- | --- | --- | --- | --- | --- | --- | --- |
| 1 | 青措 | 女 | 7 | 藏 | 二年级 | 索南侃卓 | |
| 2 | 浪洛 | 女 | 10 | 藏 | 二年级 | 周措 | |
| 3 | 才增卓玛 | 女 | 8 | 藏 | 二年级 | 加热 | |
| 4 | 扬格卓玛 | 女 | 7 | 藏 | 二年级 | 才让 | |
| 5 | 巴桑 | 女 | 7 | 藏 | 二年级 | 达日杰 | |
| 6 | 普华 | 男 | 8 | 藏 | 二年级 | 罗周 | 罗珠 |
| 7 | 更桑措 | 女 | 7 | 藏 | 二年级 | 关确 | 者毛 |
| 8 | 达哇才让 | 男 | 6 | 藏 | 二年级 | 包洛 | 公角 |
| 9 | 香沁加 | 男 | 6 | 藏 | 二年级 | 满吉 | |
| 10 | 多吉卓玛 | 女 | 5 | 藏 | 二年级 | 布多 | 旦增 |
| 11 | 迪迪 | 男 | 5 | 藏 | 二年级 | 尕保 | |
| 12 | 要毛 | 男 | 7 | 藏 | 二年级 | 尕布列 | 尕保里 |
| 13 | 多昂 | 男 | 9 | 藏 | 二年级 | 味玛 | 美玛 |
| 14 | 索忠 | 女 | 8 | 藏 | 四年级 | 玛杰 | |
| 15 | 周依 | 女 | 7 | 藏 | 二年级 | 多吉措毛 | 同措 |
| 16 | 南拉吉 | 女 | 7 | 藏 | 二年级 | 多尕 | |
| 17 | 康拉毛 | 女 | 6 | 藏 | 二年级 | 公才 | |
| 18 | 叶代 | 女 | 11 | 藏 | 七年级 | 容谢 | |
| 19 | 先巴加 | 男 | 6 | 藏 | 二年级 | 尼珍 | 小俄赛 |
| 20 | 班玛拉毛 | 女 | 5 | 藏 | 一年级 | 吉洛 | 土旦三智 |

优良的教育资源是牧民迁移的主要拉力之一。比牧区优越得多的教学环境和教学质量对孩子们产生一定的影响，开阔了眼界，厌学情绪逐

渐改观。在笔者的访谈中，两三岁时就搬迁到城市（镇）的几个孩子，发型时尚，穿着完全"城市化"，能用汉语流利回答笔者的问题，并明确表示喜欢现在的学校和老师。在这种情况下，入学率、升学率比牧区大大提高，在牧区时不让孩子上学的家长心态也慢慢有所改变。随机问了几个家长，现在想把孩子送到寺院还是学校时，他们明确表示，想送到学校。"移民的教育观念发生了转变，从原来的被动转为主动了。"[1] LZ对笔者"为什么到城市（镇）后愿意送孩子去上学？"回答很能反映真实的情况：

> 迁移下来后和草原不一样了，主要是家里没有牛羊了，孩子待在家里也没事干，不像在草原上，有牛羊，家里杂事又多，孩子们可以帮大人放牧，帮大人干些零碎活儿，或者照看弟弟妹妹。现在家里杂事也没有，连我们自己都没事干，孩子们不去上学调皮捣蛋惹事。城里的学校条件好，现在孩子们上学一点学费都不用交，学校还给学生买书本。有时候学校还管饭，伙食还比家里好呢，而且还不用我们给伙食费。所以让孩子去学校里，减轻了家里的好多负担，经济上也轻松一些。另外，城市里复杂得很，不像我们牧区那样单纯，如果不让孩子们去读书，他们就跑到城里去野，碰到城市的混混就学坏了。这里的学校不像我们牧区的，教学质量也好，孩子们在这里可以学会很多东西，对他们以后的用处也大。还有就是政府在这方面抓得紧，如果不送孩子们去学校，政府人员和老师就会来做工作，现在的政策中，把应当接受义务教育的孩子送到寺院是犯法的，所以我们也不敢送了，在牧区我们基本不管政策，男孩子多的人家最少要送一个去寺院当和尚。

针对一些超出上学年龄的孩子，有些学校还适当办速成班，3年就可以拿到初中毕业证。随着对城市（镇）生活的接触与体悟，牧民重寺院传统教育轻现代教育的观念在悄然发生着转变。在这里我想起了我的访

---

[1] 杨俐俐：《教育社会学视角下的生态移民子女教育研究——以三江源某生态移民点部分初中毕业生为考察对象》，硕士学位论文，中央民族大学，2010年。

谈对象（牧区一位乡镇书记）的几句话：

> 我们在牧区的普九任务非常艰巨，很多家长不愿意送孩子上学，当时我们说，如果不让孩子上学就罚款8000元，他们选择宁可交罚款，这一招不灵，后来就吓唬说，如果不让孩子上学，按法律要拘留他们，这样他们才肯把子女送去学校。

经过很多的调查，能明显地体会到，牧区乡镇书记的故事在城市（镇）面前已告一段落了。寺院教育在城市（镇）文化和有关法规面前逐渐走向衰落。很多移民开始重视现代教育，注重下一代的培养。现代化教育终于落地生根。

# 第四章

# 精神文化的变迁

所谓精神文化"是指属于精神、思想、观念范畴的文化"。① 由人类在社会实践和意识活动中长期育化出来的价值观念、思维方式、习俗习惯、审美趣味、宗教情感、民族性格等因素所组成,具体指的是思维活动和精神活动,反映的是人与自身的关系,即人的内心世界。

## 第一节 价值观的文化差异

### 一 "金钱也重要"与"重义轻财"的碰撞

价值观是"指一个人对周围的客观事物(包括人、事、物)的意义、重要性的总评价和总看法。一方面表现为价值取向、价值追求,凝结为一定的价值目标;另一方面表现为价值尺度和准则,成为人们判断价值事物有无价值及价值大小的评价标准"。② 帕森斯认为,"人类后天习得的个性因素中最稳定和持久的即是价值倾向模式。这些模式在儿童时代就是定型的,而且到了成年时代也不会有很大的变化",③ 说明个人的价值观一旦确立,便具有相对稳定性和深远影响。即,"价值观一旦形成,特定个体的思想行为倾向就具有一贯性,在认识、分析、解决各种问题时

---

① 曾丽雅:《关于建构中华民族当代精神文化的思考》,《江西社会科学》2002年第10期。
② 《百科名片:价值观》(http://baike.baidu.com/view/135672.htm?pid=baike.box)。
③ [美]戴维·波普诺:《社会学》(第十版),李强等译,中国人民大学出版社1999年版。

往往不知不觉地保持相对固定的思维定式和价值倾向"。①"但就社会和群体而言，由于人员更替和环境的变化，社会或群体的价值观念又是不断变化着的。传统价值观念会不断地受到新价值观的挑战。"②

三江源生态移民在城市（镇）生活，是不断城市化的过程，而城市化就意味着市场化、理性化、金钱观念的变化，这种变化是游牧文化和城市（镇）文化的零距离接触与碰撞，这种碰撞也是一个博弈的过程。在这个过程中不管移民是否愿意接受，城市（镇）新的文化特质都会不断"侵入"他们的生活，不断影响着移民传统的文化价值观。"市民化"和"城市化"是两个关系密切的概念，"城市化"应该包括"市民化"，如果移民只在外在形式上实现了城市化，而未从行为到观念实现市民化，说明城市化是不彻底的，或者是不完全的。那么经过10年实实在在的城市（镇）生活，通过城市化、商业化、市场经济的洗礼，在"耳濡目染""切肤体验"之后，移民的价值观在城市（镇）文化前是否有所变化呢？他们对金钱的看法持什么态度呢？表4-1就是笔者对果洛州河源移民新村的60个移民问卷调查中"您认为金钱重要吗？"问题的具体呈现：其中21人认为"金钱重要或很重要"，有23人表示"说不清"，其态度比较模糊，而只有16人表示"不重要或不太重要"。那么这种回答反映了一种什么情况呢？下面我们可以具体分析一下。

表4-1　　　　　　　　　您认为金钱重要吗？

|  | 人数（个） | 百分比（%） |
| --- | --- | --- |
| 重要或很重要 | 21 | 35 |
| 说不清 | 23 | 38.33 |
| 不重要或不太重要 | 16 | 26.67 |

通过60个移民对问题"您认为金钱重要吗？"的回答来看：35%的被调查人表示重要或很重要。可见，河源新村移民对金钱的重视程度产生了不同于传统观念的看法。这对于恪守着"精神至上、安于清贫、

---

① 黄进：《价值冲突与精神皈依》，南京师范大学出版社2010年版。
② 《不质疑不算会思考》（http://blog.sina.com.cn/zhaobill1970）。

看重来世"观念的牧民来说是一次极大的挑战。能做出这样的选择，移民在内心肯定经历了一定的矛盾斗争。这种"脱胎换骨"的举措或许是强烈的摆脱贫困的欲望使然，或许是经过10年市场化、城市化"洗礼"的结果。不管是哪一种情况，其"转型阵痛"是必然要经历的。再从选择"说不清"的38.33%和"不重要或不太重要"的26.67%来分析，不是所有的移民都认同金钱对人的重要性。说明传统文化观念、价值观的"相对稳定性"往往根深蒂固，依然有强大的影响。但和搬迁前相比，总体数量的变化是明显的。而表示"说不清"的这些人恰恰说明他们正处在"左右摇摆"的夹缝中，之前的价值观已被动摇、被打乱，但对城市（镇）新的价值观内心又带有抗拒，不能完全认同和接纳，旧的价值体系已被破坏，但新的体系却又未能及时建构起来，处于"青黄不接期"。这种观念模糊期，是生活环境和文化差异所致，需要经历一段时间的内心博弈，最终才能从"断奶"中走出来，倒向认同或者"坚守"的一方。

## 二 "投资"与"轻商贱利"的博弈

上面的例子是移民到城市（镇）后对金钱观念的变迁分析，那么有钱之后怎么消费，这将是一项考量移民消费观念变迁的重要指标。消费观念是人们对消费行为、消费对象选择的基本评价。经济学家马歇尔曾对消费有过独到的见解，他把消费上升到了一个高度，并且与文化紧密相连："消费需求在很大程度上取决于文化形态。"可见，"消费观念、行为不仅是经济学上的个体理性选择思考的结果，也具有较为丰富的社会、文化的内涵、意蕴"。① 那么，面对时空的变迁，尤其面对城市（镇）文化对游牧文化的冲击，藏族生态移民恪守精神家园，践行着"节约积蓄、宗教消费较重"的双重消费观念是否发生变化了呢？笔者同样对河源移民新村50个移民样本进行了问卷调查与分析，从对"您认为把钱花在什么方面比较划算？"这一问题的回答来看（见表4-

---

① 参见石德生《三江源生态移民的生活状况与社会适应——以格尔木市长江源移民村为例》，《西藏研究》2008年第4期。

2）：子女教育居第一位（72%），这和牧区时轻视教育，"宁可交罚款也不送孩子上学"的观念形成鲜明的对比。这种观念40岁以下的移民所占比重明显偏高，在城市（镇）经历这么多年，让他们深深体会到没有知识、没有一技之长的艰难。许多移民表示"自己这辈子就这样了，不能让自己的孩子重走他们的路"。甚至有些移民把自己的梦想完全寄托在下一代身上，孩子成了他们"圆梦"的希望。综合这些原因，他们认为把钱花在子女教育上是比较划算的，也是最值得的。"这是工具性和传统性消费观念、行为的体现，也是从制度安排及对未来思考的结果。"从"提高生活水平"位居第二位来看（52%），移民在城市（镇）的大环境中，在耳濡目染中已对之前的生活观念有所取舍，"酥油奶茶加糌粑"的简约生活方式已受到严重挑战，虽然手头拮据，但已不满足于现有的生活状况，像城里人一样的生活成为部分移民的梦想。从"孝敬父母"排第三位来看（46%），在移民的消费观念中，传统的"亲情至上，重视血缘"的观念仍然起着主导作用，有一家贫困户虽然手头很拮据，但给自己残疾的母亲买了一个比较大的转经筒放在了她的卧室，老母亲虽然不能下床，但可以躺在床上，用一根毛线拴在转经筒上不断地拉动着让其转动，老阿妈一边转动着经筒，一边口中念着经文。笔者走访时，正巧碰到这感人的一幕。从"寺院供奉"位居第四来看（38%），宗教依然是移民生活中不可或缺的一部分。但和搬迁前相比，这个比例已有所下降，尤其是青年人对宗教方面的投入明显低于年老者。值得注意的是34%的民众选择了"投资"，看来移民对投资赚钱有了较大的兴趣，从如此高的比例来看，这种变迁是剧烈的，也是出乎意料的。在牧区时，牧民基本没有"投资"这个理念，甚至在封闭的三江源区有这样的想法是被人"歧视"的，因为人们普遍对"商人"看不起，认为这种职业是下贱的。在两种文化的博弈中，"重义轻财、轻商贱利"的传统观念在城市化、市场经济的大背景中受到极大的挑战，变化显著。这一方面是两种文化相互影响的结果，另一方面也是移民生存的需要所迫。选择"自己享乐"的占到28%，这说明藏族传统观念"今生受苦，看重来世"也在城市（镇）文化面前有明显的变化，尤其是青年人，更注重享受。

表 4-2　　　　　您认为把钱花在什么方面比较划算？

| | 子女教育 | 技能培训 | 孝敬父母 | 提高生活水平 | 寺院供奉 | 自己享乐 | 投资 | 人情投入 |
|---|---|---|---|---|---|---|---|---|
| 样本人数 | 50 | 50 | 50 | 50 | 50 | 50 | 50 | 50 |
| 选择比例（%） | 72 | 20 | 46 | 52 | 38 | 28 | 34 | 6 |
| 选择人数 | 36 | 10 | 23 | 26 | 19 | 14 | 17 | 3 |

移民前的草原牧民全民信仰藏传佛教，加上封闭的环境，形成了"重视宗教、重牧轻商、重义轻财、轻商贱利、同时又有着宗教消费较大的伦理"的传统价值观。① 当移民被迁徙到远离家乡的城市（镇）地带后，面对完全不同于牧区的城市（镇）社会环境，在市场经济的大潮前，之前的价值观念和城市（镇）"重商重财轻宗教"的观念格格不入，新的价值规范、价值取向不断冲击着旧有的价值规范和价值取向，出现了价值判断上的冲突与混乱。牧民传统的观念里面以牛羊数量为财富的标志，但到城市（镇）后，看得见摸得着的牛羊变成了银行卡或现金这样的"微型"财富，顿失安全感和踏实感。从业方面，像清洁工、下水管道处理这样的工作在牧民的传统观念里是"丢人活儿"，但因为牧民文化素质低、劳动技能单一和缺失等因素，他们能从事的往往就是打扫城市街道等技术含量较低的工作，"怕啥来啥"，内心冲突、矛盾不断。

## 第二节　语言障碍引发的心理压力

语言是在自己特定的环境中，为了生活的需要而产生的，所以各种语言所在的环境必然会在语言上打上烙印。语言是人类最重要的交际工具，是人们进行沟通交流的各种表达符号，是人们交流思想的媒介。语言在社会生活中具有非常重要的作用，人们用它进行交际，沟通思想，表达感情，生活的丰富多彩靠它来体现，它同时也是文化的生动反映。

---

① 张晓飞：《藏族传统的经济伦理思想探析》，《西北民族学院学报》1997年第2期。

"从文化人类学角度来看，语言不单纯是表文达意、传递信息、进行交流的工具，还反映着文化特征。"① 一旦接触一种新的语言，势必接触一种新的文化。可以说，语言交流是跨文化接触的主要媒介和因素。移民初到一个语言与自己的母语完全不同的环境，语言障碍是最大也是最难克服的问题。语言上的困难在移民的日常生活方面占很大的比重。语言问题不仅关系到移民的文化适应，而且影响到他们与迁入地居民的有效往来。

## 一 语言交流的困惑：羞涩的汉语

不同群体之间最明显的文化差异就是语言。在影响移民心理的各种因素当中，语言的作用非同小可。三江源的生态移民都是藏族，语言高度统一，世代习说藏语。在没有搬迁前，几乎很少听过汉语。"只有很少一部分男性由于做生意等原因，能说一点点不流利的汉语。他们迁入城市（镇）社区以后，与安置区各个群体之间会发生密切的、多领域的接触与交流，在这种互动中藏语成为弱势，汉语成为主导，这种突变使移民无所适从，表现出很大的困惑和隔阂，在社交中表现得力不从心。"②

河源新村的移民在语言方面的压力完全不同于其他移民群体。因为河源移民新村完全是在州府所在地的城市，面对的基本是普通话或其他汉语方言，而搬迁到县城周边或乡镇周边的移民语言压力相对要小得多，因为周边还有说藏语的当地居民，尤其在乡镇周边，说藏语的概率很大，所以移民和周边的居民完全可以交流、沟通和对话。生活方式也非常相近，彼此隔阂小，认同度高，适应的难度相对要小得多。加之河源新村移民是来自最核心的保护区，也是最偏远的牧区，这里的牧民受教育程度是最低的，笔者在河源移民新村发放了50份问卷，统计结果显示，受教育程度文盲的占40.7%，中学以上文化程度的仅占6.7%，其数据和官方的统计数字基本吻合。受教育程度低进一步导致牧民群众汉语水平的

---

① 庄孔韶：《人类学通论》，山西教育出版社2002年版。
② 韦仁忠：《"二元社区"到"敦睦他者"——三江源生态移民的社会融合解读》，《西藏大学学报》2012年第4期。

基础更差，连日常的交流都非常困难，尤其移民中的妇女，如果没有翻译，就算加上肢体语言也没法正常交流。语言障碍问题在日常生活中引起一系列的问题。如因不懂汉语，牧民参加政府组织的各种技能培训活动的效果大打折扣。"使得政府组织的此类后续扶持工作效用不大。语言的不通也影响了移民群体与安置区各个群体之间的相互认同，使得彼此都保持着一定的距离"，① 信任感无法建立起来。同时，由于沟通欠缺，对生态移民新的社会网络的建构造成影响。语言环境的不适应已经成为制约移民适应性和社会关系网络构建的主要因素之一。

更有甚者，语言障碍直接影响了部分移民的心理健康，从而使他们难以适应新环境。移民明显感受到人地两生、语言不通带来的应急性的心理不适，这种"文化休克"给移民正常的生活带来了严重的隐患。移民由于语言交流上的困难而出现交往封闭，如果不能及时调整心态，就会出现抑郁、自闭等心理疾病。下面这个案例在调查社区中年龄较大的女性移民带有普遍性。

  笔者：你现在会说汉语了吗？
  ZM：还是不会，能说一点基本的，如吃饭、你好、再见等。
  笔者：都这么长时间了，你怎么还不会说呢？
  ZM：平时不敢说啊，说不好，总怕这里的人笑话，我们年龄大的女的很少出门，一天待在家里，说的都是藏语，没机会说，只有我孙子放学回来，他给我教汉语，年龄大了记不住啊。
  笔者：那你不去市场、商场买东西吗？
  ZM：有时候也去市场、商场这些地方，但汉语说不了，我一般也就是转一转，不会买东西，有些小东西不用说话，也可以买到，但大件的东西不敢买，没法比画，我怕他们骗我。
  笔者：你参加过政府组织的生活技能培训吗？
  ZM：也参加过，但是老师讲的基本都是汉语，听不懂，会藏语的老师讲就好些。我去了几次就没再去，有时候老师问听懂了没？

---

① 马宝龙：《困境与对策：三江源区藏族生态移民适应性研究——以果洛州扎陵湖乡移民为例》，《甘肃联合大学学报》2007年第3期。

那些技术掌握了没？有时候也想回答，但用汉语说，我心里的话就说不出来，心里干着急，真让人憋得慌。我大半辈子连一句汉语没说过，让我这么大年纪了说汉语，根本说不了，我就开不了那个口啊。主要也是没文化，有点儿文化我可能学起来会快些。

笔者：你和当地居民有来往、有交流吗？

ZM：没有，最多也就是望着他们笑一笑。我说话他们听不懂，他们说话我听不懂，没法交流。每次碰到让我说汉语的情况，我就很不好意思，就很紧张，压力大得很。所以我一般不去这种场合。

笔者：你越不交流不是越学不会吗？

ZM：那也没办法啊，我宁愿学不会，我就是不想和他们在一起。

笔者：那你以后还会积极学汉语吗？

ZM：我就这个样子了吧，学不会啊，也不想学了，这么大年纪了，也记不住，对我来说汉语难度很大，总是说不好。我孙子嘴巧得很，有时候他带我去商店买东西，他说他是我的老师呢。

笔者：那你觉得你适应这里吗？

ZM：主要话听不懂，时间长了，心里难受得很，我们说话的基本还是在移民当中，和当地的人不来往，虽然这么多年了，我和他们一句话都没说过。

笔者：你相信他们吗？

ZM：这个不好说，因为长期不来往，不说话，我们之间隔阂大得很，信不信都无所谓，反正也不打交道。

笔者：如果让你选择回草原，你还会回去吗？

ZM：我还是想回去，那里（草原）我们说话都能听懂，大家在一起高兴得很，心里也很轻松，不像这里，连话都不敢说，我现在嘴都变拙了，越不说话，嘴越拙。

## 二　课堂上的沉默者

语言是一种字词的系统，是人们互动的主要媒介。它在社会生活中具有非常重要的作用，人们用它进行交际，沟通思想，表达感情，同时它又是文化的生动反映。移民从纯藏语的环境来到以汉语为主导的新环境，语言障碍是最大也是最头疼的问题。

语言障碍不仅仅给成人产生了负面影响，对移民子女的心理压力也是不容忽视的。在笔者的访谈中得知，刚搬迁来的移民孩子由于语言障碍，在插入当地的学校后，不合群、缺自信，经常害羞、自卑、不与人交流沟通，敏感、自尊心强，担心别人看不起自己。"自尊心越强的学生自我否定感越强烈。"① 值得注意的是，这些学生离开课堂后，在生活中并不是寡言之人，甚至有些学生的性格还很活泼。那么为什么他们的反差如此之大呢？下面笔者对一个辍学的学生 CH 的访谈能解释一部分疑惑。

笔者：你今年多大了？

CH：15 了。

笔者：你怎么不读书了呢？

CH：岁数太大了，成绩太差，不想读了。

笔者：仅仅是因为年龄大吗？

CH：这个是一个原因，但最主要的原因是学校里语言不通，上课听神话一样。城里年龄那么小的同学都会说汉语，而自己什么都不会，羞死人了，内心压力好大啊。

笔者：不会汉语慢慢学呗？

CH：不行啊，以前没有汉语基础，也学过点儿，但都忘了，不会汉语，和同学们在一起叫人很难受。与其这么难受，还不如不念书了呢。

笔者：你当时哪门课成绩好些？

CH：语文稍微好些，数学根本听不懂。

笔者：是因为老师讲得不好吗？

CH：不是，主要是听不懂汉语，不知道老师在说什么。

笔者：不懂为什么不问老师呢？

CH：不敢问，再说我也不知道怎么问。

---

① 袁敬伟、董丁戈：《高校生活困难学生心理状况分析研究》，《中国高教研究》1999 年第 4 期。

笔者：你在课堂上回答过问题吗？

CH：没有回答过。

笔者：为什么连一次都没有回答过呢？

CH：我说不好汉语，怕老师和同学们笑话我。

笔者：老师在课堂上没提问过你吗？

CH：提问过，但我没回答过。

笔者：是不会还是不敢回答？

CH：主要是不敢，老师问的问题有时候也很简单，可能是照顾我们移民学生吧，但我就是不敢说话，老师一提问，我紧张死了。再说了，有些问题我知道答案，用藏语我能回答，但用汉语我不知道该怎么表达。我觉得我好笨啊。

笔者：为什么不试着回答呢？

CH：我不敢，连汉语都说不好，肯定回答不好，同学们会更看不起我的。

笔者：你在班里有朋友吗？

CH：没有，我想他们可能不喜欢我吧，我也不喜欢和他们玩，我觉得他们看不起我。

笔者：其他移民学生在课堂上回答问题吗？

CH：基本没有，因为我们搬迁下来的学生基础都很差，加上语言的障碍，很少有在课堂上积极发言的。

笔者：你在生活中也是沉默寡言吗？

CH：不会啊，生活中我干吗要沉默寡言呢？我的性格很活泼。

除了上述 CH 的个案外，笔者还访谈了几个小学生和初中生，基本情况都很雷同。10 个案例中有 8 个都是因为觉得在学校里学习不能得到肯定，自我否定，认为自己很笨，都带有一定的厌学情绪，总觉得老师和别的同学都看不起自己，所以不愿意去学校念书。通过与老师的交流，也证实了这种情况，一个中年教师说："这些移民学生刚来时很少在课堂上发言，从来也不向老师提问，即使老师们叫他们回答问题，他们也表现得十分害羞，站起来不说话，我们做老师的也很难，深不得，浅不得，这些孩子很敏感，稍微批评一下，第二天就不来上学了。完全不管吧，他们成绩会更差，更跟不上班里其他的同学，因为他们的基础差得很，一时半会儿补不起来。由于学习上很少与老师沟通，所以老师在得不到反馈的情况下也不知道他们到底听懂没有。加上客观原因，他们年龄较大、学习底子薄，赶不上城市（镇）学校的课程。"学习成绩的不理想，语言的压力，这种"雪上加霜"的结果导致移民学生更加自卑和力不从心，让许多移民子女逐渐丧失学习的兴趣与动力，产生了厌学情绪，不愿意继续再接受教育，成为社会上的闲散青年。这些人经常出没网吧、KTV等场所，与社会上的一些闲杂人员逐步"混熟"，成为其"成员"。从课堂上的"沉默者"变为游手好闲、打架斗殴、没事找事的"活跃分子"，成为社会的不安定因素。

## 第三节 多元文化前的迷茫与惶恐

### 一 单一的同质性文化到多元的异质性文化

三江源生态移民搬迁前，由于其封闭性，文化形态基本上属于单一同质的藏文化，而搬迁后，面对的是城市（镇）社区，移民的文化环境一下子从单一、均质跳跃到多元与异质。因为在城市（镇）社区不仅有藏文化，还有汉文化、回族文化、蒙古族文化等，呈现出多元性特征。在跨文化接触的过程中，移民因不同的文化背景、信仰和价值观而出现不认同、不适应和不理解的文化挫折感。这种情感是莫名的、割不断的而且很难超越。在这种状态下移民会思索自我的定位，会思考自己已经继承的文化与当前接触文化之间的关系，继而做出决定。是放弃对母文化的"坚守"，吸收当地文化的文化特点、价值观、态度和行为，发展对当地文化的认同，还是坚持母文化的价值观念，时时折磨着移民的心灵。移民的文化地位也从原区域的强势和主流一下子变为了弱势和边缘，这种急剧的变迁，使移民来不及转换社会角色，心理归属感和安全感大大降低。在来不及消化的多元文化前，移民觉得恐慌、失落与疏离。在新环境中，感觉和城市（镇）人格格不入，在日常生活的人际交往中经常"不能理解别人，同时不能被别人理解"，总感觉不自如、力不从心。就连言谈举止都觉得"不合时宜""拘束""放不开",倍感压力。在社交场合经常处于"失语"的尴尬状态,这种状态使他们失去自信,自我封闭,自己把自己当作"另类人",内心郁闷、矛盾。这使他们增添了许多"思乡"的情结,无助和孤单使他们常常留恋过去的生活,不愿意主动接触迁入地的居民。这种状态使他们有一种集体的迷茫与惶恐心理。

## 二 自信的牧者到敏感的"局外人"

三江源生态移民是响应国家号召从草原搬迁到城市(镇)的,昔日他们曾经是草原上骄傲的骑手,也是自信的牧人,掌握着丰富的牧业生产知识。有自己的生活圈子,也有固有的交往方式。在封闭的草原世界中过着平淡却不乏自信的生活。搬迁后,草原和牲畜完全与他们分离,成为生活记忆中的一部分。他们从草原的熟人社会进入一种全新的和不熟悉的城市(镇)环境中,这时他们发现自己成为"陌生人""局外人",发现他们缺乏城市(镇)社区的交际体系的知识,必须学习很多的符号和模式,重新经历文化塑造的过程。这种过程就是一种适应。但是这一次的适应并不是像童年时期的那样自然而然。因为移民的文化认同和交际能力已经内化在他们心中,新的现象发生时就会产生一种抵触,就会难以舍弃"某些旧的东西"。"这种过程对于个体的影响往往是深刻的,大多数人都会经历这种情感的低潮期,感觉不确定期、迷惑或焦虑期。"[①]

    笔者:你来城市学会一些技术了没?
    QJ:没有,几年就这么晃过去了。
    笔者:那为什么不主动学一些技术呢?
    QJ:学什么啊,在这里什么都不会,主要也没信心学习。
    笔者:怎么就没信心了呢?
    QJ:我在草原时,是个放牧的好手,还会硝皮子,缝制帐篷,好多人家都请我去给他们调(教)马驹子。村里的人很尊敬我,骑

---

① 朱力:《中外移民的城市适应》,江苏人民出版社2009年版。

术又好，赛马会上我拿过好几次奖呢，我在那儿怎么也算个人物。现在在这里，我什么都不会，什么都是门外汉，自己变得什么都不是了，现在大家觉得我笨，也不尊敬我了。

笔者：努力再学点谋生的技能大家还会尊敬你的。

QJ：不行了，我的那些自信再找不回来了。

笔者：那你就这样放弃吗？

QJ：不放弃又能怎么样呢？我在这里就是个没本事的人，谁还能像以前那样尊敬我呢？我的心也没在这里，在这里我是个局外人。

笔者：有空去参加一下汉语扫盲班之类的，学其他技能就快了，也有信心了。

QJ：学什么啊，扫盲班教什么我一点也没兴趣，有时候我感觉教的老师都看不起我们，我也没信心学习，如果真的想学汉语还不如看电视。

笔者：老师也看不起你们？你太敏感了吧？

QJ：肯定看不起，你看他对我们笑的时候，那笑就有嘲笑的意思。

笔者：你到这里自信心被伤害得这么厉害吗？

QJ：我以前是村里面有地位的人，当然自信了。你看，我们到这里，什么都不懂，虽然住在城边，其实根本就是两张皮。还能有什么信心呢？

笔者：那你平时做些什么呢？

QJ：也没事干，很多时候我都去录像厅或网吧看电影，要么就去打台球。

笔者：你不是缺钱吗？怎么还去看电影打台球呢？

QJ：发了补助就去啊，先玩着再说。

上述的对话让人难以相信，是出自一位曾是草原自信的牧羊人之口。在城市（镇）文化面前，牧民失去了往日的自信与骄傲，昔日的权威也在城市文化面前烟消云散，失去了主导地位，内心有一定的冲击。甚至出现了"破罐子破摔"的想法与行为。在访谈中了解到，一些移民很敏感很脆弱，有极强的自尊心。他们常常因为一点小事而感到委屈、伤心，进而发展为持续不断的敏感、疑虑、脆弱、偏执乃至极端等问题。河源新村移民 QJ 告诉笔者，他也曾努力试着结交迁入地的朋友，想融入当地社区，但是由于结果不够理想，没有达到他预期的效果，让他感到痛苦、失望、自卑。类似这样的人很多，他们在和当地居民的交往中，很在意别人说话的态度和眼神，别人一个很无意的笑，他们总会解读出很多内容，总认为在讥笑他们，极度敏感，觉得事事不顺。坐车时别人如果多看他几眼，就觉得对他有"歧视"，有时候会针锋相对地予以反击，让对方觉得莫名其妙。这是一种缺乏自信的表现。从内心深处觉得自己不属于这个城市（镇），没有话语权，永远是一个"局外人"。

## 第四节  宗教文化变迁

宗教作为一种特殊的意识形态，属于精神文化的范畴。三江源地区的主体民族是藏民族，是一个全民信仰藏传佛教的聚落群体，他们对宗教的信仰是非常虔诚的，宗教活动是他们社会生活中不可缺少的一部分。藏传佛教似"集体无意识"般支配着藏族民众的行为，在人们日常生活的各方面都显出藏传佛教文化的痕迹。深入三江源地区，在牧民比较集中的定居点，四周的山坡上人们随处都能见到一串串、<u>一丛丛</u>、一片片以经咒图像木版印于布、麻纱、丝绸和土纸上的各色"经幡"。这些方形、角形、条形的小旗被有秩序地固定在山坡上，在大地与苍穹之间飘荡摇曳，构成了一种连地接天的境界。它同银光闪闪的雪峰、绿毯茵茵的草原成为藏区自然和人文环境的一种独有而鲜明的象征。这些迎风招展、漫山遍野的猎猎经幡，是藏族宗教信仰最显著的标志性符号。它是僧俗信众精神世界与神灵沟通的一种媒介物。深入牧民家庭，可以看到在面积不大的帐篷中柜子中央悬挂着宗教人物的画像，摆放着酥油灯和供品。宗教渗透于牧民社会生活的各个方面。藏传佛教固有的宗教教义、宗教教规等在漫长的历史长河中，已经融进在信徒的血液中。

移民搬迁到城市（镇）后，随着环境和居住格局的变迁，他们的宗教信仰是不是发生了变化呢？对这个问题，笔者在河源移民新村抽取了 50 个样本，设计了问卷调查。其中一个问题是："您是否经常念经、参加宗教活动?"97%的移民回答"是",仅有3%的移民回答"否"。回答完全在笔者的意料之中,因为宗教作为一种心灵深处的深度信仰,其不会像服饰、饮食一样很快变化。这也正是笔者为什么很关注移民精神文化变迁的原因所在,物质文化、制度文化涵化的速度会非常快,移民适应起来也不会经历太大的转型痛苦,唯有精神文化的变迁是一个很难过的坎,需要撕心裂肺的"阵痛"。此结果也表明,藏传佛教对牧民的深刻影响,其在牧民心中的崇高地位无可撼动。同时说明移民对精神家园的追求依旧强烈,宗教观念变化微弱。从每个家庭的宗教设施、布置等就能看出对藏传佛教的重视程度。但以下几点和搬迁前相比有了一定的变化。

## 一 心灵的栖息地:城市边上的寺院

搬迁前,三江源区的牧户分散在广袤的草原上,人烟稀少,距离较大规模的寺庙较远,因为去一次寺院不容易,所以宗教活动普遍以家庭为单位,在特定的时间以集体行为的形式到寺院去朝拜或供奉。搬迁到城市(镇)后,移民聚集在城市(镇)周边,而在藏区每个城市(镇)周边基本都有固定的寺院。比如在果洛州大武镇附近就有格鲁派寺院——曲央寺,这对于信仰者来说,随时去寺院成为可能,为移民宗教信仰活动提供了空间上的便利。这里成为移民心灵的栖息地,随时能看到藏族老阿妈手摇经筒转寺院的身影。宗教活动逐渐从整个家庭的行为演变为家庭成员的个体行为,宗教信仰作为个体行为的特征则更趋强化。另外,因为移民后,牛羊变卖了,牧民"整天围着帐篷、牛羊转"的日子告一段落,从早出晚归的牧业劳作中解放出来,许多人都因为各种原因还处于无业或闲散状态,闲暇时间明显增多。对于虔诚的教徒来说,为其参加宗教活动提供了充足的时间。如此,移民举行和参与宗教活动无论时间还是空间都有了保证。宗教活动场所固定化的现象现在看来仅仅是一种表象的变化,但随着时间的推移,我们可以预料这种表象的变化会成为深层次变化的先导。

## 二 宗教信仰标志性符号——经幡的锐减

生活空间和居住方式的变化对宗教信仰的符号"经幡"所带来的影响是深远的。由于城市（镇）社区地域范围有限，漫山遍野的"经幡"失去了赖以存在的场域。有时候也能从移民家的房顶看到飘扬的"经幡"，但是数量和草原牧区相比不能同日而语。作为宗教信仰最显著的标志性符号的经幡数量大幅减少。从移民ZR对笔者的回答就能看出其明显的对比："在三江源牧区经幡就是我们生活的一部分，有藏族人的地方就有经幡，我们的帐篷走到哪里，经幡就挂在哪里，我们到新的草场很快就要挂起经幡，已经成为一种习惯，草场上随时随地都能看到经幡。有时候我们还把经幡在草坡上摆成佛塔的图案，非常美观。现在来到城市（镇），空间比草原小了很多，到处是高楼，到处是人，经幡也没地方挂了，有些人家就挂在自家房顶上，但是大多数还是没挂。挂在房顶上的这点经幡没法和草原上那大批大片的经幡比，这里也就是个意思吧。但有总比没有好，让人心里头踏实。"

宗教信仰是精神文化里重要的一部分，精神文化的变迁滞后于物质文化和制度文化，有相对稳定性，根深蒂固是其最明显的特征。精神文化的一点点变化就有可能触及人的灵魂，所以在移民的文化适应中，精神文化的适应速度最慢，调适也最难，可以说是一个"坎"，但并不是无法逾越。宗教信仰是一块需研究者或政策制定者小心去探究的私密地。移民经幡的锐减"这种细微的变化，暂不去评论这种变化对宗教本身的积极意义或者消极意义，单从文化变迁的角度去看，这种细微的变化是值得我们关注的"。①

---

① 马宝龙：《三江源生态移民与社区重建研究》，硕士学位论文，西北民族大学，2008年。

# 第五章

# 移民社会变迁中的"文化震惊"及文化失调

## 第一节 文化震惊及其边缘化

### 一 文化震惊与边缘化解读

三江源生态移民生活空间、居住模式及生产生活方式的剧烈变迁引起其心理的极度不适应,对生活造成了一定的影响。空间秩序及文化的骤变引发移民"文化震惊"。文化震惊(Culture Shock)"指生活在某一种文化中的人,当他初次接触到另一种新的文化模式时所产生的思想上混乱与心理上的压力"。[①] 文化震惊是一种客观现象,不仅发生在民族之间,不同社会群体、地区之间也会发生。文化震惊现象本身无所谓好坏之分,而对它的处理和应对会产生多样化的效应。生态移民从草原来到城市(镇),其传统社会的原貌被彻底打破,传统文化所在的特定的自然环境、社会环境,特定的生产方式、生活方式、生产技能、民俗惯习、被迫发生改变。这种"社会跃进"是一种剧烈的文化变迁,它在表面产生社会高速发展的迷人光环,但导致了移民身份认同的焦虑、心理困惑,对迁入地缺乏归属感。

熟人社会的解体——社会网络的瓦解,使移民倍感无助,主观上对新文化产生抗拒心理,而安置地居民对移民缺乏实际的认同感,也增加

---

① [美] 阿尔温·托夫勒:《未来的震荡》,任小明译,四川人民出版社1996年版。

了移民融入当地社区的难度。以上种种的不适应都扎扎实实引起了移民心理的"文化震惊",其生活处于无序化状态。加之,牧区社会是一个惯熟的乡土社会,在这样的地方大家基本上都是熟人,初来乍到,移民没有经过再社会化,在平时的生活中把熟人社会的生活经验和常识移植到关系复杂的城市(镇)社会,出现生活经验的失效。"这一方面反映了社会转型过程中的社会文化适应,另一方面反映了移民对市场经济环境的艰难适应过程。这也是一种文化震惊现象。"[①] 所有这些文化震惊使移民在城市(镇)面前沦为弱势群体,由弱势而失语,由失语而被边缘化。

边缘化是一个比较抽象的说法,就是非中心,非主流,或者说被主流(主流社会、主流人群、主流意识形态、主流文化、主流经济)所排斥,所不包容。移民由于语言障碍、劳动技能单一、经济收入薄弱等原因使得原来在草原上的各种优势丧失,这时候就不可避免地出现边缘化问题。移民原先在封闭发展格局中的区位优势发生逆转,出现被边缘化的状况,成为高原城市里的陌生人。

## 二 从"主流"到"边缘"

牧民在三江源牧区长期的生活中,积累了丰富的生活经验,具备在高寒缺氧地区生产生活的高超技能,并形成了特有的人力资本、社会资本和独特的人情交往体系。在草原上他们"艺高胆大",是草原的主宰者,在封闭的游牧世界,他们是主流,也是强者。牧民搬迁到城市(镇)后,之前的优势顿时变成了弱项,文化上表现为极大的不适应。经济地位、社会地位、文化地位偏低,这种明显的"位势差"把移民从之前草原的主流人物一下子变成了边缘群体。越是边缘化,他们越不适应当地的文化,带有无意识的排斥心理。加之迁入区居民心理上有意无意对移民的不大接纳,移民的心理和行为更趋封闭,削减了移民适应当地文化,努力融入城市(镇)社会的积极性。在这种情况下,移民只有"积极参与多种技能培训,提升在城市(镇)的各种能力,不断增加自身的人力

---

① 周甜:《三江源生态移民的社会适应调查研究》,硕士学位论文,西北民族大学,2010年。

资本（人力资本是移民文化适应的重要支撑因素）；同时应积极参与城市（镇）社会的各类组织和活动，寻找和构建新型社会资本的机会。"① 只有这样，才能逐渐从边缘化的"困境"中走出来，慢慢融入当地社会。

从纯游牧的草原牧区来到城市（镇），意味着移民之前的社会环境、人际关系等方面资源的破坏和解体，同时意味着他们综合力量的被削弱和草原主导地位的丧失。"移民长期生活在熟悉的环境中，与外界的联系和交往很有限，在世世代代生活的地方形成了比较稳定的独特的人际交往方式和人际关系网络。"② 骤然地进入城市（镇），对移民来说无论是居住环境、生产生活方式，还是语言环境、交际圈都发生了深刻的变化，他们原有的价值观、思维方式、风俗习惯以及语言等都受到了前所未有的挑战。其文化在迁入区文化面前很快从原区域的主流和强势变为非主流和弱势，使移民产生了矛盾心理和社会压力。"这些原有的环境一旦被打破，往往使其感到无所适从，对新的生存环境、生产生活方式和未来的人际关系网的重建心存疑虑，对前途缺乏信心和勇气，心理压力很大。"③ 生产环境及生产方式的变迁致使牧民原来的生产技能突然失灵，新的技能又由于文化素质、语言障碍等原因而不能快速掌握，从草原上的"精英"变成了城市（镇）的"边缘群体"。感到"彷徨失措"，生存压力骤然加剧。

## 第二节 市民？牧民？：自我身份认同的困惑

### 一 角色认同冲突

一个人的社会角色认同首先要有一个确定的过程，以此来证明其实际地位、身份能力及其他条件是与他所承担的角色是一致的、等同的。

---

① 季文：《社会资本视角的农民工城市融合研究》，博士学位论文，南京农业大学，2008年。
② 杨涛：《中国水库移民反贫困的思考》，《前沿》2005年第8期。
③ 同上。

"从认同研究的发端到后现代理论对于认同的研究,国内外学者对于认同的定义各有不同。"① "认同"相对应的英文单词是"identity"。"它本身有两种含义:一是'本身、个体、身份',是对'我是谁'的认知;二是'相同性、一致性',是对与自己有相同性、一致性的事物的认知。有对我群一致性的认知,必然伴随对他群差异性的认知。"② 格里高利·斯通(Gregory P. Stone)认为:"认同是个体在情境(Situated)所获得的一种意义,而且认同是不断变化的,这一概念将认同与社会关系联系起来,因为情境本身就是由个体对其在社会关系中的参与和成员身份的认知所形塑的。"③ 学者却认为"认同"是一种互动的事实,是由以下部分组成的:"自我评价(来自自我和他人的),个人的位置和评价,个人的各种名称,经历的和对生活过程有影响的各种变化。"④ 美国学者亨廷顿在界定"认同"时说:"认同的意识是一个人或一个群体的自我意识,它是自我意识的产物。在绝大多数情况下,认同都是构建起来的概念。"⑤ 人们是在程度不等的压力、诱因或自我选择的情况下,决定自己的认同的。

现代意义上的"认同"最早由心理学家威廉·詹姆斯和西格蒙德·弗洛伊德提出,弗洛伊德认为,"认同是个人与他人、群体或模仿人物在情感上、心理上趋同的过程"。⑥ 在长期的社会生活中,人们通过互动来明确自己所处的位置,因而角色的确定是比较容易的,但是当人们遇到一些新的社会关系,来到新的社会环境,他们就面临着角色认同的难题,表现出一种角色认同冲突。"因为角色认同是社会记忆与社会时空相互作用的产物,社会环境和文化心理结构对主体认同起着形塑作用。"⑦

三江源生态移民的游牧经历、家庭背景、所受教育、草原生活经历都是一种社会记忆,都会影响他们在城市(镇)环境中的角色认同。"角色认同是一个过程,是通过个人与他人的互动并结合具体的历史和现实

---

① 王丹丹:《城市新移民子女身份认同研究》,硕士学位论文,华东师范大学,2011年。
② 同上。
③ 参见王莹《身份认同与身份建构研究评析》,《河南师范大学学报》2008年第1期。
④ 同上。
⑤ [美]塞缪尔·P.亨廷顿:《我们是谁?——美国国家特征面临的挑战》,程克雄等译,新华出版社2005年版。
⑥ 参见车文博《弗洛伊德主义原理选辑》,辽宁人民出版社1988年版。
⑦ 王丹丹:《城市新移民子女身份认同研究》,硕士学位论文,华东师范大学,2011年。

语境得以建构，是一个动态的变化过程。"①"角色认同冲突是文化冲突的反映，表现出对不同规范、不同价值等文化因素的不适应过程。"② 美国精神分析学家埃里克森用"自我同一性"的概念进一步深化弗洛伊德有关"认同"的理解。"埃里克森的同一性侧重强调个体对自我的一种认知和体认，其意义在于围绕着一个跨越时间和空间并自我维系的原初认同而建构的，认同是人们现实体验的意义与经验的来源。"③ 生态移民搬迁到新的社会环境，原来的生产生活方式彻底被打乱，离开了劳作的草原，与牛羊彻底脱离，其牧民身份已经名存实亡。移民虽然脱离了牧业，来到了城市（镇），成为"市民"群体中的一部分，但他们仍然保留着牧民户籍，这种身份与户籍间的矛盾，使移民成为一个特殊的群体，加剧了移民角色认同的冲突。"生态移民是他们现在的身份，这种特殊的身份，使一部分移民在思想上有一种失落感"④，自我认同处于一种混乱状态。由于跳不出不能认同的怪圈，移民不能积极融入当地社区，与现在的城市（镇）生活方式在很多方面极不协调，从而导致移民对自己角色的认同冲突。

> 我们现在是什么自己也不知道，尴尬得很，是牧民吧我们没有牛羊，草场也被封了，不能放牧。是市民吧我们没有城市户籍，也没有固定职业，在这里根本就融不进去，每个月靠国家的那点饲料粮补助生活，现在物价太高了，那点钱根本就不够，我们的生活水平哪能跟城市人的生活水平比啊，我们自己也不认为是市民。是农民吧我们又没有土地，不种庄稼，我们现在是悬在半空，什么都不着边。我们住在城市，却不归城市社区管理，却由原来的迁出地玛多县管，我们的移民村名义上在城市，但和城市又是两张皮，根本就不协调，我们真是铜里不去、铁里不来啊。移民村上不着天，下不着地，就是一片飞地。

---

① 王丹丹：《城市新移民子女身份认同研究》，硕士学位论文，华东师范大学，2011年。
② 揭光钊、廖皇朱：《文化冲突视角下农民工的角色认同》，《科技信息》2008年第12期。
③ 卢文格：《自我的发展》，辽宁人民出版社1989年版。
④ 苏发祥：《安多藏族牧区社会文化变迁研究》，中央民族大学出版社2009年版。

这是移民 GJ 和笔者的对话，短短几句话道出了移民现在身份认同的困惑。三江源的牧民在实施生态移民过程中，实行牧民对其草场承包经营权不变的政策，移民的户籍仍归之前的牧委会，但其社会管理责任属于实施单位，即县级政府（具体由县三江源生态保护与建设办公室这一临时协调机构负责）。从户籍角度看，移民还属于牧民，他们仍然保留着牧民户籍，没有变为城市（镇）户籍，但实际情况是移民已完全脱离畜牧业生产，与之前的管理单位也基本没有什么瓜葛。虽然移民与其原有草场依然保持着联系，譬如在原有草场采挖冬虫夏草、分担一部分草场管护责任等。但那只是一种没什么实际内容的规定，其实际情况是牧民完全脱离了畜牧业生产，不再从事畜牧业经营，也不在牧区继续过纯游牧的生活。从职业的角度讲，三江源生态移民原来的牧民身份已随着自己脱离畜牧业生产而没有实质意义。既有的"牧民"身份已经处于空壳状态。如此，他们职业结构意义上的身份和法律意义上的身份处于分离的矛盾状态，使移民群体在自我身份的认识上找不到应有的"归宿"。他们生活在城市（镇），但又不是市民。户籍是牧民，但又脱离了牧业和牧区。这种矛盾，使他们成为一个特殊的群体："生态移民"或"移民"。这一特定的符号成为这一阶段贴在牧民身上的标签，造成移民对自己身份认识的混乱，这种游离状态容易造成移民的认同危机，从而产生心理适应问题。

角色是用以表现社会地位的行为模式，即指与人们的某种社会身份相一致的一整套权利义务的规范与行为模式。"在通常情况下，角色是社会地位的具体表现，也是身份的外在形式。一般情况下角色的转换与身份的转换是一致的。"[①] 一个人一生要扮演很多角色，其中职业是最主要最正式的角色，一个人一旦获得某种职业，并从事相对较长的一段时间，那么他就扮演了这个社会角色，占据了一定的社会位置。在扮演角色的过程中，随之也就获得了相应的社会身份。"但这一状况在生态移民身上却发生了变异，出现了角色与身份相分离的情况。"[②] 这种特殊的状况，

---

[①] 郑杭生：《社会学概论新修》，中国人民大学出版社 2003 年版。
[②] 周甜：《牧民？农民？市民？——浅议三江源生态移民社会角色的特殊性》，《青海民族研究》2009 年第 4 期。

让三江源生态移民有一种身份认识的混乱，内心复杂、失落，有些移民明确表示有一种被剥夺的感觉。在笔者的访谈中得知，大多数移民还是很想融入城市（镇）生活，但对草原传统文化无意识的"坚守"和依恋也是根深蒂固的。所以他们情绪上彷徨、徘徊，进退两难，弥漫着深深的失落感。再加上安置地居民有意无意的歧视，让移民变得非常敏感和脆弱，在交往中显得偏激而固执。"低微的经济收入，偏低的社会地位，使他们沦为社会的弱势群体，成为城市的边缘化人群。"①

## 二 角色认同中断

所谓角色认同中断，"指在一个人前后相继承担的两种角色之间发生了矛盾的现象。角色中断的发生是由于人们在承担前一种角色时并没有为后一阶段所要承担的做好准备，或前一种角色所具有的一套行为规范与后来的新角色所要求的行为直接冲突"。② 三江源生态移民过程是在外力作用下的一次社会变迁，也是急剧"城市化"的一种外在表现，是游牧文化的一次"碎片化"过程。由于是一次"骤变"，移民完全没有做好在城市（镇）定居生活的准备，他们以前习得的生产生活方式和价值观念在新的环境中不能胜任新的角色，甚至有时候这些传统的文化与新的角色所要求的行为发生冲突，从而造成移民角色认同中断。

笔者：你还想回到草原去吗？

NM：不想回去了，回去放牧也没有牛羊了啊，再说放牧也挺单调的，没意思。

笔者：那你觉得你还是牧民吗？

NM：移民到这里不放牧这么多年了，应该不是牧民了吧。

笔者：那你现在应该是什么呢？

NM：我也不知道啊。

---

① 周甜：《三江源生态移民的社会适应调查研究》，硕士学位论文，西北民族大学，2010年。

② 郑杭生：《社会学概论新修》，中国人民大学出版社2003年版。

笔者：你有固定的职业吗？

NM：没有，都是临工。

笔者：你最长的工作干了多长时间？

NM：半年吧，因为语言的问题，好多工作我都干不了。

笔者：你觉得你是不是工人呢？

NM：不是吧，我感觉我不是工人。

笔者：你和当地人的关系如何？

NM：一般吧，他们总看不起我们移民，把我们当成是玛多的乞丐或流浪汉。

笔者：有没有和当地的人打过架呢？

NM：打过，打过四五次呢。

笔者：什么原因打的呢？

NM：就是些鸡毛蒜皮的事，我一看他们对我们看不起，就想上去砸两拳。

笔者：最后怎么解决的？

NM：有一次110来处理的，我感觉他们在拉偏架。

笔者：110不会拉偏架吧？你是不是敏感了点？

NM：肯定拉偏架了，他们这里的人坏得很，他们一个鼻孔里出气。

笔者：我听到你老说"他们这里"，你觉得你不是这里的人吗？

NM：我不是这里的人，我是这里的过客。

可见，移民放弃了以前的游牧生活，面对新的生活和生产方式他们无法延续以前的社会角色。在新的环境里由于语言不通和社会的排斥他们很难找到合适的工作。所以新的社会角色没有从内心建立起来，角色认同完全中断。与当地居民发生冲突时，他们总是感性大于理性，凡事都很敏感，时有"假想敌"作祟。对待事物总是很偏激，从极度自卑到极度自负，在自信心上处于一种弱势。如果当地居民不以宽容与平和的心态去接纳这些背井离乡的移民，使其逐渐放弃敏感、脆弱的心态，逐步放弃提防心，和当地居民建立起普遍的信任，实现双方的融合，那么，这部分移民会进一步被边缘化，对其社会化的难度会加剧。移民在人数、拥有资源数量和质量方面明显处于弱势，社会地位以及权利被逐渐削弱，"发声"的机会越来越小，自我定位在安置区居民有意无意的排斥中不能明晰起来，角色认同未能成功过渡而中断，导致群体被边缘化。"他们虽住在城市（镇），却不是城市（镇）人口，孩子虽可以到城市（镇）的学校上学，他们可以到城市（镇）的医院看病，但是，他们仍属于这个城市的外来者。"①

## 三　身份认同的失落感

迁入地居民对移民的排斥进一步加强移民自我身份认同的危机。社会学认为，文化是社会、族群分野的重要标志。文化认同最主要体现在身份的认同上。曼纽尔·卡斯特认为，"认同是行动者意义的来源，也是由行动者经由个别化的过程而建构的。虽然认同也可以由支配的制度产生，但是只有在社会行动者将其内化，且将他们的意义环绕着这内化过程建构时，它才会成为认同。而认同的建构所运用的材料来自历史、地理、生产与再生产制度、集体记忆及宗教启示等"。②在笔者的考察中，三江源生态移民群体由于离开原来熟悉的环境，面对完全陌生的生活世界，发生文化断裂，甚至文化休克，在这种情况下，自我身份认定成为影响其生活适应的不利因素，移民普遍迷茫、没有头绪。这种情绪的负功能更强化了移民身份认同的困惑。再加上安置区居民对移民的歧视与排斥，使移民在自我身份的认定中缺失自信，感到失落。

调查中，开出租车的移民 DZ 说：

> 我开出租车已经好几年了，但一点儿也不爽，说起来让人心里憋屈。我拉人不怕跑长路，也不怕吃苦，最怕有一件事，就是怕人

---

① 周甜：《牧民？农民？市民？——浅议三江源生态移民社会角色的特殊性》，《青海民族研究》2009 年第 4 期。
② 曼纽尔·卡斯特的观点反映出认同的几大特征：历史情境中的建构性及客观情境中的主观性，是结构性与建构性、客观性与主观性的统一。

家（当地乘车者）看出我是从牧区搬迁下来的移民，因为好多人一旦知道就不坐我的车了，这让人心里实在接受不了。有时候还故意找借口说我的车里不卫生，有一股味道，哪里有嘛，其实我基本每天都换座套的，就是看不起人找理由罢了。他们总认为搬迁下来的人野得很，没有素质，认为每个移民都是偷东西、喝酒、打架、闹事的坏人，偏见大得很。移民里是有打架斗殴、无所事事的人，但不是每个人都是那样的，这种偏见不能套在每个移民的身上，你再怎么好好表现，他们还是有看法。有时候叫人生气得不行，你一旦说是移民，他们的眼神都不对了，盯着你看半天，那种眼神真让人受不了，真想冲上去踹两脚，（他们）歧视我们移民。但没办法啊，这种坏影响一下两下又改变不了。在这里，我们要钱没钱，要技术没技术，要熟人没熟人，有时候真让人觉得很无助啊，和他们交往总感觉不平等，心里头委屈得很。

作为移民，在日常生活中深切地感受到了"移民"身份给自己带来的不利，也感受到"移民"身份给自己带来的精神、感情方面的压力。这些不良情感成为移民自我身份认同中的"绊脚石"，如果不及时排解，日积月累，这种不良情绪容易使移民进一步自卑、敏感与脆弱，进而导致他们扮演社会角色失败。从上述的案例可以看出，移民与当地居民之间的关系并不是很融洽。这种对移民的歧视和排斥削弱了移民身份认同的基础，使移民的身份认同处于"混血儿"的状态，时间长了，会造成移民心理上的孤独感和失落感。当地居民对移民也带有一定的不满，在访谈中总有当地居民直截了当地说："这些人（移民）很野，还偷东西，无所事事，喜欢喝酒，喝完酒打架闹事，简直让人无法忍受。"可见贴在移民身上的这些带有贬义的符号，反映出当地人内心对移民的歧视、排斥和不愿接纳状态。这种现象加剧了移民身份认同的困惑。在与当地居民的非良性互动中，通过体悟、反观与参照，移民逐渐认识到了被强加在自己身上的符号特征，这一特征加剧了自卑心理。很多人对"移民"二字非常敏感，想迅速甩掉"移民"的帽子，与"曾经的身份决裂"。他们"有着融入城市（镇）生活的强烈愿望，又出于群体自尊的维护，与当地居民之间形成一道心理上的防线。如此，他们徘徊于两难的境地，在自我身份的定位中迷失了方向"。① 于是角色转换与身份转换的背离使得他们陷入身份认同的困境。

## 第三节 价值观的震荡与边际人格

### 一 价值观的混乱

价值观是一个人对周围的客观事物（包括人、事、物）的意义、重要性的总评价和总看法。一个人的价值观一旦确立，便具有相对稳定性。但就社会和群体而言，"由于人员更替和环境的变化，社会或群体的价值观念又是不断变化着的。传统价值观念会不断地受到新价值观的挑战。对诸事物的看法和评价在心目中的主次、轻重的排列次序，构成了价值观体系。价值观和价值观体系是决定人的行为的心理基础"。② 对于价值观自我认同研究，国外学者更多地侧重从心理层面探讨。基于符号互动论的社会心理学中身份理论认为：一个人可以有多种价值观驱动，这些驱动所导致的价值观实践依"显著性"或"重要性"被排列成一个序列等级，显著和重要的价值观往往起的作用也很大。而重要性决定于三个因素："自我和他人对某种价值观的支持程度；自我在某种价值观上允诺或投资的程度；与某种价值观有关的内在和外在的满意程度。"③

价值观是在具体的生活环境、文化类型以及长期的生活经历中积淀而成的。当两种或两种以上的不同文化类型相遇时，价值观碰撞是必然的事，其中处于弱势地位的价值观会在强势主流价值观面前其体系会被打破，失去其导向性，从而使弱势地位的人成为边际人。美国社会学家R.E. 帕克认为，"在边际人的思想中，由新文化的接触而产生的思想上

---

① 马宝龙：《三江源生态移民与社区重建研究》，硕士学位论文，西北民族大学，2008 年。
② 《百科名片：价值观》（http：//baike.baidu.com/view/135672.htm？pid＝baike.box）。
③ 黄进：《价值冲突与精神皈依》，南京师范大学出版社 2010 年版。

的混乱以最明显的方式表现出来"。① 思想摇摆不定,价值判断处于混乱状态,这种状态就是边际人格。R.E.帕克于20世纪20年代针对美国不同种族移民问题首先提出了此概念。边际人格"是指一个人由于参与了两种截然不同的文化群体而在思想上产生矛盾与冲突,陷于两难境地的人。它既不能对其中任何一种文化群体的价值标准忠贞不渝,又不能为它所认同的任何一种文化群体所充分接受。这两种文化群体可能有某些彼此冲突的价值标准或行为规范"。② 周晓虹教授在《现代社会心理学》中的表述更具体地描述了这种情况:"急剧的社会、文化的变迁中会产生一种转型人格,即边际人格(即二元人格),它是处在新旧文化交替或本族文化与他族文化碰撞、选择、冲突下导致的多变、双重化的产物。"③

三江源生态移民适应城市(镇)的过程就是城市(镇)文化不断消解他们原有的草原游牧文化的过程,也是他们逐渐被社会化的过程。正如帕克认为:"城市环境的最终产物,表现为它培养成的各种新型人格。"④ 然而,生态移民在草原长期的生活中积累了一定的游牧生活阅历,草原的文化特色在他们的社会过程中形成了某种固有的文化积淀,并将它们内化为自己的价值体系标准,与城市(镇)居民的城市积淀相对比,他们会把草原文化中注重传统、情感的规范部分作为自己的行为准则。由于"城市性"是生活方式的一种特有表现,基于规模、人口密度和社会复杂性的不同,城市(镇)具有有别于草原的一整套社会与文化特质。因此移民在接触城市(镇)文化或生活方式时,会产生文化冲击,草原文化与城市(镇)文化之间的冲突与碰撞,在行为层面就表现为他们的价值理念、行为准则和生活方式与城市(镇)居民的差异。移民原有的价值体系规范在城市(镇)文化前被打乱、被解构,但城市(镇)社会的文化规范价值体系又不可能一下子被移民接纳、吸收和消化,何况有些价值规范体系相互之间是有冲突的。在这种情况下,移民内心处于一种紊乱的状态而失去判断是非的标准,价值观混乱,成为典型的边际人。

---

① 参见梁拴荣《农民工子女"边际人格"形成初探》,《太原师范学院学报》2006年第1期。
② 中国社会科学院文献情报中心与重庆出版社:《社会科学大辞典》,重庆出版社1998年版。
③ 周晓虹:《现代社会心理学》,上海人民出版社1998年版。
④ [美] R.E.帕克等:《城市社会学》,宋俊岭等译,华夏出版社1987年版。

## 二 二元人格：左右摇摆的认同危机

生态移民来自三江源头，那里的居民是单一的藏族，全民信仰藏传佛教，长期以来，宗教文化对他们的文化观或意识形态有着深入的影响，以至在整个藏文化中占有非常突出的地位。在特定的宗教教义和艰苦的高原环境中，形成了注重来世幸福、看轻现实的物质生活的人生观。同时也形成了封闭、守旧、保守的思想意识。移民由草原到城市（镇）、由游牧到定居、由游牧经济文化类型直接跨入城市经济文化类型，文化模式实现了彻底转型。他们的迁移，经历的不仅是地域的变迁，更主要的是身处的文化环境的大跨度变化，移民本身已有的价值观"重视宗教、重牧轻商，重义轻财、轻商贱利，勤劳谋生、反贪知足，诚实公正，节约积蓄，同时又有着宗教消费较大的伦理"在城市（镇）商业文化的大潮中受到巨大的冲击。与城市（镇）社会所提倡的竞争、开拓、创新的思想意识格格不入。在两种完全不同的文化类型面前，他们不可避免地同时受到两种不同文化的左右与影响。他们既没有完全脱离固有的传统观念，又没有完全熟悉并接纳新的价值观。导致旧有价值体系和现存价值观念的冲突，无法摆脱和超越本土文化，又不能够客观、理智、清楚地认识自己原住地与迁入地的文化差异。"在这种左右晃动的状态中，在移民内心他们既不会把自己看成是原住地的人，也不会把自己完全归属到迁入地，在身份认同上有双重性的特点，从而成为边缘人。"[①] 他们之前在传统游牧生活中习得的社会经验在新的环境中完全失效，失去安全感，造成思想上的冲击。

查尔斯·霍顿·库利提出的"镜中我"（looking-glass）："一个人的自我观念是在与他人的交往中产生的，一个人对自我的认识是关于其他人对自己看法的反映，在想象别人对自己的评价之中形成自我的观念。"[②] 从这个概念可以看出，人的认同是在别人的"肯定"或"否定"中形成

---

[①] 朱力：《中外移民的城市适应》，江苏人民出版社2009年版。

[②] ［美］查尔斯·霍顿·库利：《人类本性与社会秩序》，包凡一、王源译，华夏出版社1989年版。

的，其人格的形成，外部环境起着非常大的作用。库利认为"自我人格的出现与发展经历有三个阶段：首先，我们觉察自己在他人面前的行为方式；其次，我们领悟别人对我们行为的判断；第三，基于对他人反应的理解，我们评价自我"。① 每个人都是另一个人的一面镜子。不难看出，三江源生态移民从草原来到城市（镇），他们一方面被根深蒂固的传统理念、习俗和生活方式束缚着；另一方面，随着人口的集中定居，生产生活方式的变化、交通通信便捷、广播电视到位成为必然，使牧民群众接触外界信息的渠道大大增强，现代理念、现代生活、现代文明、现代市场、现代技术等信息源源不断地走进移民的生活。"海量的城市信息、规范和生活方式等冲击着移民的大脑和眼睛。在这种情况下，他们往往表现出一种角色上的冲突、认同上的危机和价值的失范状态。其既不同于以往的草原牧民，又异于城市（镇）居民的边际人格的形成也就成为必然。"②

## 第四节 惶惑与无助：移民社会网络的瓦解

### 一 "熟人社会"的解体和社会资本的损失

社会是人们生活的共同体。人们在长期互动和社会交往中逐渐形成一个稳固的关系网络，这种关系网络包含了诸多的与互动者密切联系的社会资源，形成一个稳定的自我支持系统，即，社会网络。此概念是英国人类学家拉德克利夫·布朗（Roger Brown）最早提出来的。"他认为社会网络是一组人或群体形成的一组独特的关系，这些关系是传递物质、信息、观念、情感等资源的纽带。"③ 美国社会学家米切尔从社会关系的角度认为："社会网络是一群特定的个人之间的一组独特的联系"（1969），这个界定强调的是在固定的群体内部，个人与个人之间的不可

---

① [美]查尔斯·霍顿·库利：《人类本性与社会秩序》，包凡一、王源译，华夏出版社1989年版。
② 梁拴荣：《农民工子女"边际人格"形成初探》，《太原师范学院学报》2006年第1期。
③ 参见沈菊《失地农民社会支持网研究——以重庆市北碚区失地农民为例》，硕士学位论文，西南大学，2009年。

替代的相互关系形式。"如果双方建立起跨群体的社会网络,彼此密切接触而不仅是'形式的、表面的'互动,将促使彼此接纳对方,进而发生社会认同和融合。"① 社会网络的类型依据不同的标准有多种划分方法。按照社会网络提供支持的功能不同,将社会网分为"财政支持网""实际帮助网""情感支持网"三种类型。不同社会网络关系在移民生活中所起的作用都非常重要。从不同角色关系的人那里所获得的帮助或支持越多,其社会资本就越丰富。反之,一个人社会网络中关系种类越少,其社会资本就越贫乏。三江源生态移民来到城市(镇)后,其社会资本严重缺乏,获取帮助与支持的渠道很少。之前的财政支持网和实际帮助网被割断,在移民没有稳定收入的情况下,显得很无助。如果家里出现病人或发生其他不测之事,移民能"伸手"的地方很少,万般无奈之下只有选择政府。之前熟人社会的帮助完全被消解,下图是河源新村移民味玛找人代写的救助申请书,字里行间的无助和无奈显而易见。

**救助申请书**

各有关单位:

  我叫味玛,系玛多县河源新村村民。2004 年,我响应国家号召,积极退牧,并搬迁至河源新村。但搬迁后几年来,由于缺乏劳动技能,一直待业在家,无任何经济来源,生活十分贫困。更不幸的是我妻子普哇措毛,患有结核性脑膜炎,为治病花去家中全部积蓄。后因无钱治疗,只胡草草出院。目前,妻子的结核性脑膜炎已到晚期,且瘫痪在床,随时可能有生命危险。

  在万般无奈的情况下,今特向县各机关单位提出申请,希望能给予我救助,使我妻子能继续就医为感。

  此致

   敬礼

申请人:味玛<br>2010 年 10 月 20 日

---

① [美] 布劳:《不平等和异质性》,王春光等译,中国社会科学出版社 1991 年版。

河源新村移民在搬迁之前，社会网络是一种封闭的传统型网络，主要以地缘、血缘占绝大比例，是典型的熟人社会，牧民长期生活在熟悉的环境中，形成了相对封闭的环境，在这个小环境里形成了他们独特的人际交往方式和同质性很强的人际关系网络。在这种状态下牧民与外界的联系基本被掐断，特有的生活世界基本能满足移民各种需求。牧民之间相互帮助、共渡难关是常有的事，尤其遇到婚嫁、家人得病等大事时，相互支持与援助，这种网络成为每个人遇事时的强大后盾，不仅是物质上的，也是精神上的。而牧民搬迁到城市（镇）后，"社会环境、文化环境、人际关系等方面资源的破坏、解体，使移民产生了矛盾心理和社会压力"。① 之前血缘、亲缘关系所提供的支持和帮助将遭到严重破坏甚至彻底崩溃。原有的环境和网络关系被打破，变迁的突然性和猛烈性使移民感到无所适从，缺乏安全感。尤其遇到比较大的事情时，经常会陷入"走投无路"的窘境。

## 二　"近邻不如远亲"

中国有句古语叫"远亲不如近邻"，说的是在日常生活中，远道的亲戚往往不如近旁的邻居那样能及时帮助。但是由于三江源生态移民与迁入地城市居民文化差异太大，彼此认同受限，加之移民经济地位、社会地位、文化地位的普遍低下，在日常生活中与当地居民有疏离感，隔阂较大。刚来时，彼此之间都相互提防，缺少普遍的信任。而这个时候，恰恰是移民适应当地城市（镇）生活的博弈阶段，文化冲突最大、心理冲击最猛的时刻，移民的各种支持网络濒临崩溃。他们在内心深处渴望理解与帮助，由于上述各种原因，移民心愿不能被满足。双方的隔膜无意中增加，引发移民严重的思乡情结，从"远亲不如近邻"变成了"近邻不如远亲"。

笔者：你在这里（城市）有新朋友吗？

---

① 杨涛：《中国水库移民反贫困的思考》，《前沿》2005年第8期。

SZ：没有，朋友都是移民下来的牧民。

笔者：这么长时间了难道连一个新朋友也没有吗？

SZ：我也想交新朋友啊，但是他们（市民）看不起我们移民啊，认为我们很野蛮、很脏，坐车的时候，他们都躲着我们。

笔者：关系一直没改善吗？

SZ：现在比刚下来的时候好多了，刚来时，我们过得太艰难了，离开了上面（草原）的亲朋好友，来到这陌生的城市，心里孤独得很，都没有个说话的人，心里压抑得很啊，汉话又不会说，刚来时简直就像个哑巴。

笔者：你有困难时会找当地的居民帮助吗？如果你有急事会向他们借钱吗？

SZ：一般不会，我想如果找的话，他们也不会帮吧。借钱那是不可能的，我们这么穷，他们哪敢把钱借给我们啊，再说了，我也不会向他们借的，这简直是不可能的事。

笔者：你会和他们聊天交往吗？

SZ：刚来时不会，一方面不会说汉话，另一方面大家也不熟悉，互相不搭理。现在好些了，有时候对经常碰到的人也打招呼。我们这个年龄的人交往的很少，孩子们他们要好得多，我的侄子现在在帐篷宾馆跳舞，他朋友多得很，汉话也说得好，有时候他们还出去喝酒呢。但我最怕的是我侄子学坏，在牧区时他很老实，现在到城里他学会上网了，有时候一下班他就去网吧，结交的都是些当地的小混混。这城里可复杂着呢。

笔者：搬迁下来后和以前的亲朋好友联系多吗？

SZ：有时候也上去看他们，但还是太远了，有时候不方便。打电话的次数比以前多了，但电话还是比不上在一块得好，在一起说话很多，打电话说几句就没话说了，感情慢慢地淡了。

笔者：那你如果真正有困难时还会找草原的亲朋好友吗？

SZ：这个要看情况吧，如果是很大的事，可能要找，一般的事情可能就不麻烦他们了，毕竟这么远的，说了也是让他们白操心。可能主要也就是个心理上的依靠吧。

从这个案例我们可以了解到，"移民到迁入地后以前的网络关系基本被瓦解，新的网络关系又没及时建立起来，内心处于无助和惶恐状态"。① 加上当地居民对外来移民的排斥，原有的支持网络解体了，新的网络关系又没有建立起来，移民的"实际帮助网""情感支持网""财政支持网"全面崩溃。"在完全陌生的环境里，移民可用的社会资源和信息渠道急剧减少，其社会交际能力、信息获取能力被限制和压缩。"② 正如美国社会学家迈克尔·塞尼所言："移民扰乱了现存社会结构，它使社会人际关系分散，使亲戚之间变得疏远。互帮互助的关系网、相处融洽的小群体、自发组织的服务团体都被拆散了。社会生活的不安定极易造成社会混乱，人们整日充满危机感和不安定感，常常迷失自我。"③ 只有帮助移民建立起新的社会网络关系，重建社区文化，让移民找到心理归属感和身份的认同，这样他们才能真正适应新生活，达到调适的目的。

## 第五节 矛盾与焦虑：原有生产生活技能在新环境中的失灵

### 一 失灵的人力资本

人力资本的概念最早可追溯到17世纪，威廉·佩第早在1676年的《赋税论》中就指出："劳动是财富之父，自然是财富之母"，被认为是首次严肃地运用了人力资本的概念。④ 此后，萨伊、李斯特等人对此进行了更深入的论述。李斯特尤其提出了物质资本相对应的"精神资本"的概念："个人所固有的或个人从社会环境和政治环境中得来的精神力量和体

---

① 韦仁忠：《"二元社区"到"敦睦他者"——三江源生态移民的社会融合解读》，《西藏大学学报》2012年第4期。
② 杨云彦：《社会变迁与边缘化人群的能力再造》，《中南财经政法大学学报》2008年第6期。
③ [美]迈克尔·塞尼：《移民·重建·发展》，水库移民经济研究中心编译，河海大学出版社1998年版。
④ 参见彭璐《基于熵原理的科技型创业者成长研究》，硕士学位论文，西安电子科技大学，2010年。

力。"这应该是对人力资本最具理论性的论述。

20世纪60—80年代,现代人力资本理论得到进一步发展。这一时期,较早对人力资本研究的是雅各布·明塞尔(Jacob Mincer),他把有关收入分配和劳动市场行为等问题的研究和人力资本的方法结合起来进行研究。但他的成果未能被广泛推广。人们公认的往往是曾先后获得诺贝尔奖的西奥多·舒尔茨(Theodore W. Schultz)和加里·贝克尔(Cary S. Becker)。舒尔茨认为,"人力资本主要指凝聚在人身上的知识、技能、经历、经验和劳动的熟练程度等"。① 国内学者李建民(1998)认为,"微观个体角度的人力资本是指存在于人体之中、后天获得的具有经济价值的知识、技术、能力和健康等质量因素之和。"更具体地说,人力资本是凝结在人体内,能够物化于商品或服务,增加商品或服务的效用,并以此分享收益的价值。

人力资本的物质载体是人本身,而人存在于特定的社会环境中,"受各种社会条件的制约,因而人力资本具有鲜明的社会属性"。② 三江源生态移民从草原异地搬迁安置到城市(镇),由于生产方式的改变,劳作模式也相应发生剧烈变迁,他们原有的生产技能在新环境中失去了作用,只能重新学习和积累,但由于文化水平偏低、语言不通等原因,再加上他们属于远距离搬迁,其原有的社会结构因为空间成本的增加而趋于崩溃。而这种损失在短时间内很难恢复,所以移民身上之前在生活中积累起来的各种能力和才干无法得以施展,即人力资本完全失灵。

三江源生态移民在迁移过程中,"人力资本积累的过程中断,人力资本的形成基础受到根本影响,致使人力资本失效,进而导致能力受损和相对剥夺的感觉,产生对外界的期望和依赖,丧失自我发展的能力"。③ 他们在草原时积累的人力资本对于家庭收入的贡献起着重要的积极作用,

---

① 参见郭永宏《技术变迁与人力资本结构的再造理论分析》,中国财政经济出版社2009年版。
② 姜玉鹏:《人力资本:区域经济可持续发展的原动力研究》,博士学位论文,青岛大学,2007年。
③ 杨云彦:《社会变迁与边缘化人群的能力再造》,《中南财经政法大学学报》2008年第6期。

"而一旦生产生活环境发生了根本的改变,之前积累的人力资本对收入或缓解贫困的贡献大幅下降,人力资本存量得不到有效的利用,甚至原有的生产生活技能或是人力资本一夜之间完全失灵"。[①] 移民的搬迁过程,是人力资本遭到破坏,甚至完全毁灭的过程。人力资本越是丰富的人,越表现得自信,移民在草原上曾经是自信的牧者,但到城市(镇)后由于缺乏相应的生活技能,人力资本失灵,自信心顿失。在城市(镇)如果人力资本太单薄,连生存都是问题,这让移民内心没有安全感,成为城市弱势的边缘人。

## 二 受损的劳动技能

三江源生态移民从 400 里之外的草原来到城市(镇),生产和生活环境发生了剧烈变迁,之前的劳动技能在迁入地无法施展,其功能严重被"贬损"。在草原积淀的生产经验和娴熟的生存技能失效,被清零。他们在城市(镇)生活,基本是一个全新的开始,所以"得有一个生存环境重新构建的过程,同时也是原有的发展能力对新环境的适应缓冲"。[②] 移民对新的生产环境和劳作模式完全陌生,空有一身力气,没有用武之地。原先所积累的生产经验和生产技能被消解,造成移民的能力受损与能力贫困,从而带来连锁反应——经济贫困和心理贫困(自卑)。加之移民的受教育程度总体偏低,有的甚至是文盲或半文盲,这限制了他们进入城市(镇)后的职业选择,并进一步限制了他们的收入与消费水平、交往范围与支持群体。在这种恶性循环之下,移民"等、靠、要"思想更加严重。以"文化水平低"和"缺乏劳动技能"为借口,思想消极,对未来没有信心。时间长了,移民支撑自我可持续发展的人文与社会基础被破坏,个人心态上因自卑而形成的消极、被动情绪以及依赖心态所引起的矛盾心理,成为移民不能尽快适应城市(镇)文化的不良因素。移民劳动技能受损已经成为他们生活道路上的一道屏障和一个瓶颈,致使他

---

[①] 杨云彦:《社会变迁与边缘化人群的能力再造》,《中南财经政法大学学报》2008 年第 6 期。

[②] 同上。

们内心焦虑、矛盾、没有踏实感。能否越过这道屏障，突破这个瓶颈，成为决定他们能否顺利转型的关节点。

申　请

玛多县总工会：

　　我叫展巴，系玛多县河源新村村民。我自搬迁至河源新村之后，由于文化水平低下，缺乏劳动技能，一直待业在家，无任何经济来源，目前家庭生活十分贫困。近年随着年龄的增长已疾病缠身，为养病已是负债累累。

　　在万般无奈的情况下我想到了县工会，因此今天特向贵工会提出申请，希望能在经济上给予我适当救助，帮我一家渡过难关为感。

申请人：展巴<br>2011 年 9 月 1 日

　　上述申请内容反映的就是一种劳动技能受损后的真实情况。城市（镇）的生活方式与惯熟的乡土社会有很大的区别，这里竞争更激烈，能力更重要。移民之前的劳动技能基本在城市（镇）不能顺利谋生，由此引发可持续发展能力的损失，其中部分人由于"无一技之长"而长久地陷入贫困的境地，成为既边缘又弱势的群体。加上牧民搬迁到城市（镇）社区后，他们得接受和习惯迁入地的语言、礼仪风俗、生活方式等。这个过程看似平常，但在实际的运作过程中，对于大多数人来说适应、接受是艰难的、漫长的。在陌生的环境里，移民的可用社会资源和信息渠道在急剧减少，其信息获取能力、社会交际能力及其生产生活能力都受到限制和缩水。另外，搬迁对移民心理状态和情绪的影响也是不容忽视的。

## 第六节  心理归属感的缺失

### 一　城市里的孤独客

"人之生不能无群。"① 三江源生态移民离开草原，意味着之前的社会网络关系的解体。而在新的环境里未能融入当地社会而"漂"在城市（镇），有一种脱离"组织"的孤独感，进而缺少对新环境的心理归属感。"心理归属感是指人们把文化所体现的价值观、思想、信仰等当成自己心理文化的一部分，并把自己完全融入这种文化中。移民心理归属感体现在很多方面，其中最重要的就是能否将自己看成移入地的一员，完全认同移入地的文化，认同移入地新身份。"② "不同的生活环境造就不同的文化和价值体系，这直接关系着对新文化的接纳或排斥。"③ "三江源生态移民进入城市（镇）后，由于主观和客观的原因，经济地位上明显处于弱势状态；社会地位方面，处于一种'特殊公民'的尴尬境地；就业、福利保障等其他方面由于受原有政策的局限，移民得不到与城市（镇）居民同等的待遇。以上种种劣势状态很容易使移民产生自卑心理"，④ 使部分移民有一种失落感，甚至是被剥夺感。加之安置地居民对他们也缺乏实际的认同感，有意无意地把他们视为"另类"。这些使得他们在适应安置地的文化生活方面显得被动而无奈，表现出自卑以及对将来生活的犹豫。在这种状态下，容易产生孤独感。移民远离亲人和熟悉的草原，来到完全陌生的城市（镇）环境中生活，意味着失去了自己原先十分容易沟通的环境和生活圈子，而陷入一种难以理解别人也难以被别人理解的困境中。他们会因此感到孤独无助，并本能地产生思乡情绪。尽管现代

---

① 荀况：《荀子·富国篇》，转引自严墨《碎片化到重构——以鄂伦春文化变迁为例》，博士学位论文，中央民族大学，2007年。
② 王晓华：《深圳新移民合法身份与心理归属感》，《深圳大学学报》2000年第2期。
③ 黎德化：《论文化的冲突与协调》，《首都师范大学学报》1998年第3期。
④ 韦仁忠：《"二元社区"到"敦睦他者"——三江源生态移民的社会融合解读》，《西藏大学学报》2012年第4期。

化通信手段的多样化使人们之间的沟通脱离了空间的限制,但在碰到困难无法排解、没有人可以倾诉时,电话虽然能弥补一些情感的空隙,但毕竟不是面对面的交流,仍然抑制不住移民对草原生活的思念。他们仍然会孤独,这种孤独感进一步减弱了移民对安置地的归属感。

## 二 城市边缘人:心理归属的失落

所谓边缘人,"是指由于移民、留学等原因生活于两种不同文化中的人,这种生活经历使他们几乎同时受到两种不同文化类型的影响、熏陶和教育"。[①] 目前来看,三江源生态移民是典型的边缘人。他们的内心存在着旧有价值系统和现存价值观念的冲突,但他们又有摆脱和超越本土文化的倾向,在舍弃与固守之间纠葛不清,一路走一路回首,内心备受煎熬。在这种情况下,他们既不会把自己看成是"原汁原味"的草原人,也不会把自己完全归属到迁入地,在身份认同上有双重性的特点,从而成为"边缘人",进而导致自我身份认同危机。

移民身份认同危机进一步导致其心理归属的欠缺。在通常情况下,角色转换与身份的转换具有一致性,但事实是在生态移民身上却出现了角色转换与身份转换的分离。生态移民通过搬迁,加上几年在城市(镇)的生活与磨砺,逐渐完成了生活角色的转变——劳作和生活地点由草原变成城市(镇),生活方式也与市民慢慢接近。然而,他们"牧民"的社会身份却无法发生相应的转变。他们干的是工人的活儿,因袭的是牧民的身份,草原牧区没有了他们的梦,城市(镇)也没有完全接纳他们。这种身份上的模糊,干扰了移民在心理归属上的行动选择,使得他们在草原与城市(镇)社会之间来回游移。在这种情况下,大部分移民仍将自己定位在牧民这一身份上,相当部分的移民存在着复杂的边缘人心态。

为了能更准确测出移民对迁入地社区的归属程度,笔者对河源新村的20名移民进行了深度访谈,设计了"你认为你是哪里人"的问题,作为一个测定移民心理归属感的基本指标。统计结果中72%回答"我是草原牧民",25%的移民回答"既是牧民又是城市(镇)居民",只有3%

---

① 周晓虹:《现代社会心理学:多维视角中的社会行为研究》,上海人民出版社1997年版。

的移民回答"我是城市（镇）居民"。可见，72%的高比例说明移民认同原有身份，还没成功建立起对迁入地的心理归属感，即基本不认同"新身份"。25%的移民则处于"双重身份"的状态，说明他们对迁入地形成了部分心理归属（部分认同迁入地文化）。说明他们内心还不是很明确，是心理归属感缺失的表现。

# 第六章

# 移民文化调适与社会资本重建

## 第一节 社会资本视域下的移民文化调适

三江源生态移民从广袤的草原一下子被聚集到城市（镇），其生活空间发生了改变，生产环境、劳作模式乃至日常生活的方方面面都发生了骤然的剧烈变迁。文化层面来看，从外层的物质文化到中层的制度文化，再到里层的精神文化，都发生了前所未有的嬗变。其深度和广度是其他类型的移民所无法比拟的。这种骤变使生态移民产生了文化震荡，乃至文化休克。文化上表现为一种失调状态，生活中呈现出一种失序状态。这种文化失调现象只有通过文化调适，移民才能尽快适应城市（镇）生活。对于生态移民的这种发展困境，学术界有必要也有责任寻找一种理论上的解释。其中，"社会资本"概念和理论，对于这一问题有较强的解释力。因为"社会资本"在某种意义上具有工具性的作用，它在人类社会交往中表现为一种无形的东西，但却发挥着"润物细无声"的效用。社会资本通过人们之间紧密的网络联系，使人们的社会生活逐渐变得融洽和亲密，在这种良性循环中，能够促进移民新社区的有序发展。可见，社会资本不仅仅涉及人们情感的因素、人与人之间关系网络因素，也涉及社会规范因素，如果发挥好社会资本的工具性作用，才有可能建立一种良好的社会秩序或社区规范体系。基于这一认识，笔者在对社会资本概念和理论进行梳理与讨论的基础上，借用社会资本理论，以生态移民社区实地研究的方法，在移民文化变迁和转型的大背景下试图找出社会资本和文化调适之间的联系，使移民能够在新环境中达到文化的适应。

因为移民如果拥有丰富储量的社会资本,他就很容易与安置地社区内外的人进行沟通、交流与合作。在这种互动中,移民与当地居民逐渐抛却彼此的提防,从"特殊信任"逐渐过渡到"普遍信任",在此基础上双方合作与互助成为可能,在此过程中移民逐渐找到情感的支持网络,增加自信心与自我支持系统,慢慢走出自卑心理的阴影。移民获得满足感与成就感的同时,增强了自身的社会认同感、责任感。移民有了自信与认同感,加上外部给予的情感支持,其内心逐渐会变得强大起来,文化调适中加入了积极的元素,移民文化适应的速度也会相应加快。随着移民社会资本的积累,其社会实践的作用力与影响范围在社会空间里也不断地扩大与拓展,这又为移民日后的社会融合打下了一定的基础。而对于社会资本存量较为稀薄的移民来说,容易形成自我封闭、妄自菲薄的品行与习气,难以和他人进行有效的沟通与合作,因而文化适应的速度就会相应减慢,文化调适的难度加大。

## 一 社会资本的内涵及范畴解读

### (一)社会资本概念的诞生与演变

社会资本(social capital)一词发展到今天已经不是一个新话题了,但把"资本"一词引进到社会学领域,并让"社会"和"资本"二者结合在一起应该算是一个新思路。所以,在这个意义上社会资本应该是一个新概念。"社会资本"作为一个正式的概念,最早可追溯到20世纪80年代,是法国社会学家皮埃尔·布迪厄(Pierre Bourdieu)在他的一篇短文《社会资本随笔》中首次提出的。文中是这样概括和界定的:"社会资本是实际或潜在资源的集合,这些资源与由相互默认或承认的关系所组成的持久网络有关,而且这些关系或多或少是制度化的。"[①] 在此基础上,詹姆斯·科尔曼(James Coleman)和普特南(Putnam)进一步从学理上对社会资本的概念给予了更为系统的阐释和细化。科尔曼主要从功能的

---

[①] 引自皮埃尔·布迪厄:《社会资本随笔》,转引自季文《社会资本视角的农民工城市融合研究》,博士学位论文,南京农业大学,2008年。

角度理解社会资本:"所谓社会资本,就是一种通过对体制化关系网络的占有而获得的实际的或潜在的资源,是个人拥有的,表现为社会结构资源的资本财产。主要存在于人际关系和结构之中,并为结构内部的个人行动提供便利。"① 普特南则从社会效能的视角对社会资本进行了解析,其主要思想在他花费了20年心血的著作《使民主运转起来》(1993)中有明晰的表述:"社会资本是指社会组织的那些可通过促进协调行动而提高社会效能的特征,比如信任、规范及网络。它能够通过协调的行动来提高社会效率。"②

在布迪厄、科尔曼和普特南之后,学者们对社会资本的挖掘研究进一步细化。但由于学科背景的不同,其理解也有所不同。弗朗西斯·福山(Francis Fukuyama)从文化角度阐述了社会资本的内涵:"社会资本是一种文化机制,通常是经由宗教、传统、历史习惯等组成。"③ 边燕杰却认为社会资本是一种能力:"即个体通过社会联系摄取稀缺资源并由此获益的能力。"④ 林南在《构建社会资本的网络理论》一文中是这样解释的:"社会资本可以看作是一种存在于社会生活当中,并通过建立目标而摄取或者可被劝说动员的资源。"⑤ 在中国引进社会资本的概念后,也有很多人在这方面进行了探索性的研究,李惠斌和杨雪冬等便是这方面有贡献的学者。杨雪冬在《社会资本:对一种新解释范式的探索》一文中是如此解读的:"社会资本是处于一个共同体之内的个人、组织(广义上的)通过与内部、外部的对象的长期交往、合作互利形成的一系列认同关系,以及在这些关系背后积淀下来的历史传统、价值理念、信仰和行为范式。"⑥

---

① 季文:《社会资本视角的农民工城市融合研究》,博士学位论文,南京农业大学,2008年。
② [美]罗伯特·D. 普特南:《使民主运转起来》,王列、赖海榕译,江西人民出版社2001年版。
③ [法]布迪厄:《文化资本与社会炼金术》,包亚明译,上海人民出版社1997年版。
④ 参见张炜《社会资本与进城农民的社会融入——对浙江金华涡阳籍个体运输户的个案研究》,硕士学位论文,华东师范大学,2006年。
⑤ 转引自郭丽艳《社区文化建设与社会资本的开发与应用——以北京市东润枫景社区为例》,硕士学位论文,北京化工大学,2012年。
⑥ 李惠斌等:《社会资本与社会发展》,社会科学文献出版社2000年版。

通过上述的回顾与梳理，社会资本概念在国内外学者的眼中处于"仁者见仁，智者见智"的状态，但也有着共通之处：社会资本运行过程强调互惠、规范与信任；社会资本是一种利于行动的重要的社会资源；社会资本与网络紧密联系，即社会资本与组织、制度、规范意义上的价值、文化有关；社会资本形成的基本途径是长期的交往和沟通；社会资本存在于社会结构中，以信任、规范和关系网络等为结构内的成员提供丰富资源；"社会资本与其他形式的资本一样有利于社会的整合和发展"[①]；社会资本是一种工具。

时至今日，社会资本内涵已日臻完善，普遍认为：社会资本是以一定的社会关系为基础、嵌入在网络和社会结构、社会制度之中，建立在信任、规范和互惠基础上，存在于社会关系网络中的实际或潜在资源的集合。李惠斌在《什么是社会资本》一文中强调："不能简单地从社会网络的意义上来理解社会资本，同时要考虑网络中的规范、制度、信任、道德等范畴。也就是说，必须从总体的意义上来理解和把握社会资本这个概念。"[②]

### （二）社会资本的不同层面解读

社会资本从不同的角度可以划分成不同的类型，在学界，普遍认为社会资本可分为三种类型，即微观、中观和宏观三个层面。最早划分社会资本类型的是布朗（Brown），他从结构性角度将其分为微观、中观和宏观三个层面。特纳也认为"社会资本可以在宏观、中观、微观三个层次上进行分析，宏观层次指社会制度，中观层次指社团单元和组群单元，微观层次指面对面相互作用的交往"。[③] 边燕杰从方法论的角度提出了三种研究方法："网络嵌入资源研究法、网络结构研究法、网络成员研究法。"而这三种研究方法恰恰与社会资本的微观、中观与宏观分析是可以大致对应的。可见，虽然视角不同，但对社会资本的划分基本趋于一致，

---

① 封翠凤：《社会资本与流动人口城市融合问题研究》，硕士学位论文，华东政法大学，2011年。
② 李惠斌等：《社会资本与社会发展》，社会科学文献出版社2000年版。
③ ［美］特纳：《社会资本——一个多角度的观点》，张慧东等译，中国人民大学出版社2005年版。

"三分法"已基本达成共识。其中微观层面的社会资本主要是指个人通过社会网络调动资源的能力,中观层面的社会资本是指个人在社会结构中所处特定位置而与内部、外部的对象长期交往、合作形成的一系列的认同关系、嵌于社会关系网络中的资源总和。而宏观层面的社会资本则指在团体、组织、阶级、社会或国家中一个群体对社会资本的占有情况。

## 二 社会资本的分类及测量方式

### (一) 社会资本的测量方式

社会资本强调人们之间的各种社会关系(Relationships)以及由各种社会关系所形成的社会关系网络。"社会资本是市民社会的原材料,它们不存在于个人之中,而是存在于两个人的联结空间中。虽然组织可以生产社会资本,但它不是一种组织、市场和政府的资产。它是一种自下而上的现象,起源于基于信任、互惠和行动规则之上的社会联系。"[①] 社会资本作为一种资源,它在具体的语境中可以量化。

到目前为止,科尔曼、赫尔(Hall)和普特南等学者都根据各自对社会资本的理解,用各种不同的方法对社会资本进行测度。后来布伦(Paul Bullen)和奥妮克丝(Jenny Onyx)的测量方法被人们所接受和认可。这种测量方法中有八种因素,通过衡量这八个指标来确定其存量:"1. 社区参与(Participation in local community):社群的参与程度;2. 邻里间的联系(Neighbourhood Connections):邻舍在生活上的互相帮助;3. 家庭和朋友联系(Family and Friends Connections):联系的密度;4. 社区工作联系(Work Connections):在工作关系中的团队精神;5. 社会背景中社区居民的能动性(Procactivity in a social contest):自觉协助他人情况;6. 信任和安全感(Feelings of Trust Safety):是否将社区当作家庭一样;7. 生活价值(Value of Life):满意自己的生活;8. 差异化的承受力(Tolerance of Diversity):能否接受别人与你的不同之处。"[②]

---

① 梁莹:《社会资本与公民文化的成长——公民文化成长与培育中的社会资本因素探析》,中国社会科学出版社 2011 年版。

② 冯可立:《"社会资本与社区建设"》(www.hkcss.org.hk/fs/er/Social Capital.pdf)。

### (二) 本书中社会资本的具体指向

本书中的社会资本是定位在微观和中观层面的，具体内容与要素有：移民与安置区当地居民之间的信任、互惠、社会网络关系与共有规范等。社会资本的这四种要素，可以使三江源生态移民由文化变迁所产生的失调得到较好的调适，达到文化适应的目的。"如果人们具有了较多的社会资本，那么，丰富的社会资本能够转化为他们的帮助，他就可以获得某种程度的保障。"[①] 可见社会资本的社会支撑功能很强大，因此三江源生态移民在文化失调的情况下，应通过寻找更多的社会资本为自己文化适应进而达到社会融合提供所需的社会支持。下面对社会资本的四个要素分别予以详解。

1. 信任：社会资本构成的基础，这为生态移民提供精神支持。"信任是稳定社会关系的基本因素，是行动者在社会互动中彼此寄予的期望——期望另一方履行其信用义务和责任，它有助于行动者消减社会关系中的不确定性和易变性，所以它是一个社会复杂性的简化机制，因而，信任是社会秩序的重要基础之一。"[②] 信任是社会资本的一个核心内容。有学者认为，"信任是一种普遍的文化特征，是人们从一个规矩、诚实、合作、互惠的行为组成的社区或群体中、从群体或组织内共有的规范和价值观中产生出来的一种期待"。[③] 信任不仅是社会资本的重要组成部分或指标，而且是社会资本产生的前提条件。没有彼此的信任，就不会有真正意义上的社会资本出现。"信任包含这一种承担风险的意愿，这种意愿是基于一种自信，自信其他人会像所期望的那样作出反应，能够以相互支持的方式才去行动，或者至少其他人不会故意实施伤害。"[④] "信任是社会中最重要的综合力量之一，离开了人们之间的一般性信任，社会自

---

[①] 徐祖荣：《社会资本视野中的农民工子女教育问题》，《中国井冈山干部学院学报》2009年第5期。

[②] 林聚任等：《社会信任和社会资本重建——当前乡村社会关系研究》，山东人民出版社2007年版。

[③] [法] 布迪厄：《文化资本与社会炼金术》，包亚明译，上海人民出版社1997年版。

[④] 梁莹：《社会资本与公民文化的成长——公民文化成长与培育中的社会资本因素探析》，中国社会科学出版社2011年版。

身将变成一盘散沙,因为几乎很少有什么关系能够建立在对他人确切的认识之上。"①

对三江源生态移民来讲,信任在他们起初的生活中有很重要的作用。在信任的前提下,他们才有可能和城市(镇)社区的居民频繁地接触和交往,在不断的交往中,才可能形成密切而稳定的情感联系,这种情感对他们来说是一种力量,一种支持自己走出自卑与封闭、逐渐融入社区的积极力量。时间长了,这种力量能提高社区凝聚力。三江源生态移民由于客观条件所限,在城市(镇)面前往往因为自身条件的劣势以及外部环境压力,存在一定的心理上和精神上的障碍,邻里、朋友、社区及社会各方面的信任、理解、支持可以起到重要的精神保障作用。他们通过与当地居民或移民内部频繁的接触和交往,将会形成稳定的情感关系,因而在心理上形成自我支持的一种力量。这种力量在他们的文化调适中将会起到"润滑剂"的作用。

2. 互惠:社会资本构成的动力,这为生态移民提供信心支持。互惠是对称性社会群体结构中相互关系之间的恩惠互动。用齐美尔的理论来解释就是"互惠交易"。"社会资本不是一种短期的、正式的法律或商业契约的经济交换,而是短期利他与长期自利相结合的一种产物。行动者为他人的利益牺牲了自己的利益,但一般来说,行动者期望这种牺牲能够在将来的某个不确定的时候,如果有需要,就能够得到回报。"② 可见,互惠是一种对称性的关系。波兰尼认为,"在一个较大的社区中,可能会产生某种对称,在这种对称性中,社区的各个组成部分存在互惠关系网络,社区成员越是感到彼此间的亲近感,越是可能发展出互惠性的态度"。③ 在中国,互惠往往主要体现在"礼"与"人情"中,同时也体现在各种形式的互动中。中国儒家经典《礼记》如此解读互惠:"太上贵德,其次务施报,礼尚往来。往而不来,非礼也;来而不往,亦非礼也。"互惠是社会性交换行为,它是以"人情"作为媒介的。在人际互动

---

① [德]齐美尔:《货币哲学》,陈戎女等译,华夏出版社2002年版。
② 梁莹:《社会资本与公民文化的成长——公民文化成长与培育中的社会资本因素探析》,中国社会科学出版社2011年版。
③ [英]波兰尼:《大转型:我们时代的政治与经济起源》,冯钢、刘阳译,浙江人民出版社2007年版。

中，"只要一方当事人，给了另一方有价值的东西，在道义上就有迫使另一方，施以互惠的理由"。① 阎云翔在有关"礼物的流动"中也有类似的论证。

三江源生态移民与安置区居民的交往中，如果在互动的过程中能"恩惠互动"或"互惠交易"，那么这些恩惠就会使他们在城市（镇）社区受排斥的程度大大减弱。同样，如果移民能从社区或安置地得到发展的机遇或实际的帮助，这些"恩惠"会让他们逐步改变对当地居民的不信任感和提防心理，为最终的文化适应和社会融合起到一定的积极作用。

3. 关系网络：社会资本构成的关键，这为生态移民提供信息支持。关系网络是特定个人之间的联系，处于网络中的人相互认同，又由于某些共同目标、期望而保持着一定的来往。"所有有关社会资本的概念都涉及参与的网络。社会资本不可能产生于行动者自身，而只能在行动者与其他的行动者发生关系的过程中产生。"② 社会关系网络和信任紧密联系，"信任来源于社会网络，信任嵌入于社会网络之中"，从这个意义上说，社会网络是信任的一个基础。普特南认为，"在一个共同体中的公民，其网络联系越紧密，他们之间的合作概率越大，原因在于紧密的网络关系增加了人们之间的理解，减少了他们在交易中进行欺骗的代价，也培育了强大的互惠规范，更促进了交往，还为将来的合作提供了条件。"③

追踪调查的河源新村移民既是首批移民，又是文化跨度最大的移民。没经过逐步的城市化骤然进入城市（镇）后，他们不能很好地融于当地城市（镇）社区，逐渐形成了自己的生活"小圈子"，这种"内卷化"交往方式仅限于移民内部当中，这样同质性的网络关系影响着他们社会资本的数量和质量，"因为个体社会网络的异质性越大，个体与成员的关系越弱，则其拥有的社会资本就越丰富"。④ 在这种状态下，移民明显缺

---

① 汪和建：《迈向中国的新经济社会学》，中央编译出版社1999年版。
② 梁莹：《社会资本与公民文化的成长——公民文化成长与培育中的社会资本因素探析》，中国社会科学出版社2011年版。
③ ［美］罗伯特·D.普特南：《使民主运转起来》，王列、赖海榕译，江西人民出版社2001年版。
④ 梁莹：《社会资本与公民文化的成长——公民文化成长与培育中的社会资本因素探析》，中国社会科学出版社2011年版。

乏较宽泛的人际网络关系，可供使用的社会物质资本与人力资本也有限。以邻里、亲朋好友、社区、政府及非政府组织等网络社会资本所提供的各种培训计划、就业信息等帮助将成为移民能够消除无助感、孤独感的有力支撑。在新的社会网络关系中要让他们逐渐增强人力资本，学会在城市（镇）谋生的技能，就应该先把他们"编制"在城市（镇）社区的这个"大网"中，使其慢慢扎根，改善生存的人文环境，逐渐找到归属感，进而对今后的文化调适起到一定的积极作用。

4. 共有规范：社会资本构成的保障，这为移民提供制度支持。规范或者称为制度，其中包括正式的规范和非正式的规范。正式规范一般具有强制性，是一种"硬约束"。非正式规范弹性较大，主要在道德层面起约束作用，是一种"软约束"。"规范就是具体规定什么样的行动（或结果）是需要的和被禁止的，或者被允许的和被授权制裁的。规范是人类致力于建立秩序和增加社会结果的可预测性的努力的结果。"① 即规定什么样的事能做，什么样的事不能做，这是奖惩分明的一种行为导向。"社会规范的存在能够组织和协调社会网络的参与者，使他们更加有效地共同行动以保证既定目标的实现。"② "规范具有社会控制作用，它能使个人间的思想和行为趋同和协调，有利于增强群体中团结。"③ 共有规范形成的基础是移民和迁入地居民对价值观和利益观念达成一致，同时也是社会资本的重要基础与保障。

移民在草原有自己独特的行为规范体系，来到城市（镇），很多规范因不合时宜需要重新修正。从横向来看，规范的社会资本有助于移民之间形成某种制度性的自主保障，而这种规范有助于约束个人行为。此外，通过有效的制度能够让移民之间相互影响、相互学习、相互支持。从纵向来看，规范社会资本有助于在移民与政府之间形成有效的互动机制。在有序参与的情况下，生态移民为政府下一步的决策提供自己的建议，政府在决策过程中充分考虑移民的实际情况和切实建议，从而实现"双

---

① 梁莹：《社会资本与公民文化的成长——公民文化成长与培育中的社会资本因素探析》，中国社会科学出版社 2011 年版。
② 蔺彩虹：《社会资本应纳入唯物史观范畴》，《上海交通大学学报》2004 年第 1 期。
③ 郑传贵：《转型期农村社区社会资本研究》，博士学位论文，西北农林科技大学，2005 年。

赢"。

　　在移民的文化调适过程中，非正式规范往往表现出很重要的作用。"因为它是成员之间通过习惯、传承、教育和经验等方式形成的大家都默认的规范，内化在自己行为当中，并始终一贯地遵从这种规则，它能够减少人们的协调成本和冲突。"[①] 非正式规范更关注心灵的沟通与契合，这恰恰对搬迁到城市（镇）的移民来说是至关重要的，因为他们没有经历过逐步的城市化，缺少在城市（镇）为人处世乃至生活的规范体系，在信任、互惠的基础上，在社会网络之中，移民逐步掌握城市（镇）社区的规范，逐步适应这里的生活，完成自身的继续社会化或再社会化对他们来说是非常重要的。非正式规范侧重道德规范习俗约束，并不依靠法律手段强制执行，这对处于敏感、脆弱、逆反心理严重时期的移民来说不会马上引起他们心理上的反感，有利于移民逐渐转变观念，以"润物细无声"的方式达到从"牧民"到"市民"转型的目的。

## 第二节　社会资本与移民文化调适的内在联系

　　调适，顾名思义，"就是调整使适应、使适合"。[②] 社会学定义为"accommodation"，即对冲突情境加以适应的状态或过程。具体指人与人之间，不同的群体之间或不同的文化之间互相配合、互相适应的过程。经过调适，产生彼此和谐的关系。人们可以通过调适，即部分地改变自己的行为方式或生活习惯，更好地适应环境变化。人类学则定义为："有机体在其环境方面造成的变化与环境在有机体内造成的变化之间的互动过程。"

　　文化调适，可以理解为当一种文化面临的生存环境包括自然环境和社会环境发生变迁时，机体根据所处环境进行有益调整的过程。该种文化在变化了的环境中能主动放弃不适应的一些文化要素，改造某些文化

---

[①] [德] 柯武刚、史漫飞:《制度经济学——社会秩序与公共政策》，韩朝华译，商务印书馆2000年版。

[②] 张文礼、王瑞萍:《城市化进程中的民族文化及其调适研究》，《长江论坛》2008年第6期。

要素的性质或者吸纳一些外来文化要素，对文化自身进行一次结构性改组。包括获得某些特征，以使机体在其所处的环境中，能够克服各种困难，获得所需的各种资源。"使之适应于已经改变的生存环境。我们也可以把改造和适应环境的过程当作文化调适的过程。"① 本书中移民文化调适是在城市（镇）背景下对移民文化与迁入地文化不相适应的方面加以调整的过程，针对三江源生态移民进入城市（镇）后，在心理、行为、观念、习惯、身份等方面由于文化震荡导致的不适而所做的一系列调整和适应。即当牧民骤变为"市民"时由于文化、心理等方面的冲突，生活、人文、地理等方面环境的变化，"为了求得和谐和发展，而在行为上做出的调整和适应"。②

社会资本有一种"社会润滑剂"的作用，即通过信任、规范、互惠、社会网络等要素的作用，使群体间的关系达到融洽、和谐的状态。"社会资本理论体现的是通过人际互动，共同获取收益的合作精神，追求的是人际和谐的理想境界。"③ 而移民文化的调适追求的是各主体之间关系的协调与和谐，即通过信任、社会网络、互惠与规范的社会资本可以使移民由于文化骤变所产生的文化失调得到很好的调适与整合。社会资本是文化孕育并成功长久运行的一项基础性、决定性动力基础，社会资本发挥着文化成长与培育之内源性基础作用。这与移民的文化调适之间有一定的内在联系，有效的文化调适从根本上确保了移民社会资本重建的顺利实施，而持续的社会资本重建又推动着移民文化的调适。二者是双向互动关系，是辩证统一、相辅相成的过程。

## 一 社会资本与移民文化调适方向的一致性

格兰诺维特 1973 年提出了"弱关系优势理论"，他认为应该从四个维度来测量人们关系的强弱：互动频率、情感强度、亲密关系和互惠交

---

① 张晓梅：《旅游地居民文化调适研究——以 G 省 X 市为例》，硕士学位论文，西北师范大学，2011 年。
② 何运：《城市化过程中失地农民的行为调适研究——以六安市 A 村农民市民化为例》，硕士学位论文，安徽大学，2011 年。
③ 高永辉：《社会资本视角下的少数民族城市化》，《内蒙古社会科学》2010 年第 4 期。

换。如果人们之间互动频率高，关系亲密则表现为"强关系"，反之则是"弱关系"。"强关系"因为群体内部身份地位的相同性，彼此之间获取的信息往往是叠加的，而由"弱关系"相联系的群体因为其"异质性"特征，信息源往往是不同的，因此弱关系起着传递有价值信息的桥梁作用。林南的社会资本理论也认为，不管是强关系还是弱关系，社会关系所带来的社会资源对自身能力的提升和社会交际范围的拓展都起着重要的作用。可见，不论是格兰诺维特还是林南，他们的理论里都关注了社会网络关系，以此为基点，可以延伸到由网络而产生的信任与互惠，乃至于共有规范等要素。

就三江源生态移民来说，他们从草原初到城市（镇），面对从外到内的"文化震惊"，最需要的就是信任、互惠、新的社会网络关系的重建与丰富，用明确的规范体系来逐渐引导他们改变旧有的行为规范，逐渐学会城市中的共有规范，从而逐步达到文化的适应。同时，借助于社会资本，他们在城市（镇）可以接触到有助于提升自身能力的各种群体，从而可以增加在城市（镇）的生存本领和生活经验，而这两种能力的增加意味着移民在"弱关系"中获取非叠加信息成为可能。"自身能力的提升又可以帮助移民扩大交往范围、提升交往层次，从而更进一步地扩展自己的社会资本，为自己的文化适应奠定基础"[1]，从而形成良性循环。可见，社会资本和移民文化调适的方向是一致的。

## 二 社会资本是移民文化调适的基础，文化调适进一步完善社会资本

文化调适需要放在一定空间里操作，三江源生态移民的文化调适就是在迁入地城市（镇）社区内的调适。如果移民拥有丰富的社会资本，他们在迁入地社区内的文化调适意味着有了抓手，同时也使得社区成员能够彼此分享资源。鼓励移民和当地居民之间逐步建立信任关系，那么新的网络关系就会自然形成，在彼此交往中用共有规范做保障进而达到

---

[1] 张炜：《社会资本与进城农民的社会融入——对浙江金华涡阳籍个体运输户的个案研究》，硕士学位论文，华东师范大学，2006年。

互惠的目的。一旦达到这样的目的，就说明移民拥有了新的社会资本，而这些足量的社会资本能为移民的文化适应提供坚实的基础和宽松的环境。正是这种宽松的环境，移民接受城市（镇）社区的新文化不再是被动的，在心态上变为积极主动的吸收。"社会资本具有黏合作用，它通过其自身独特作用将社区成员紧密联系在一起，并保持着良好的互动关系"①，在这种互惠双赢的氛围中有利于实现移民文化的调适。如果移民的文化调适达到一定的程度，不再有无助、惶恐、担忧之心，逐步增加对所在社区的认同感，在这种积极主动的心态下，其社会关系网络会不断扩充，和安置地居民在信任、互惠的交往中逐步完成共有规范的建构。彼此的社会资本更加完善，其储量更加丰富。

## 三 社会网络的重建是确保移民文化"顺利转型"的保障

之所以强调社会资本中社会关系网络的重构，是因为移民在"剧烈变迁"中失去的不仅仅是社会网络关系，更主要的是心理的安全感和归属感。三江源生态移民在来城市（镇）之前，整年围着牛羊转，很少离开草原。40岁以上的人基本没去过城市，对城市没有一点概念，突然从草原来到城市（镇），之前积淀下来的很多观念被彻底颠覆。面对新环境对原生活观念的冲击，原有的生活惯习和城市"格格不入"，移民的文化处于"碎片化"状态而无所适从。迷惘、失落和无助是他们的写照，生态移民变成了"生态难民"。所有这些都增加了他们对城市生活的困惑和对往昔低成本生活的追忆。越是"回头望"，越没有融入新社区的主动性，越是没有新的网络关系，移民生活与找工作越被动。在某种意义上说，新的网络关系决定着移民"留下"还是"返迁"的结果。在移民最孤单无助的时刻，重视移民群体的社会网络重建机制和途径显得尤为重要。合理构建他们的社会网络关系，使其在"我群体"中找回迷失的自我，消除不安定感，形成自我支持系统。在"他群体"中吸收有用的各种"资本"，不断提升人力资本，在不断碰撞与融合中逐步完成文化的调

---

① 郭丽艳：《社区文化建设与社会资本的开发与应用——以北京市东润枫景社区为例》，硕士学位论文，北京化工大学，2012年。

适，以达到移民对自己的角色和身份的认同，找到归属感，从而"安居乐业"，实现文化上的"顺利转型"。否则，容易造成"留住人，留不住心"的局面。

### 四 社会资本与移民文化调适之间存在着契合性

社会资本被称为"无形资本"，因为它关注的主要是无形的心理、意识、思想等领域。而它所要达成的是群体、个人间深层次的理解、普遍的信任、宽容状态。在实地调查当中能明显地体悟到，生态移民文化调适进程中，最困难的不是物质文化和制度文化的转型，而是精神文化的适应：如何实现移民心理、意识、思想的转变——如何从思想上从牧民转变为城市居民。二者在这一点上是契合的，二者的焦点都放在了思想和意识上，而思想和意识需要发挥主动性才有更好的效果，即激活移民主体性是非常重要的环节。所谓主体性，主要指人的自主性或人的主观能动性。在社会资本运作和文化调适之间，具体表现为：移民与当地居民在互动中通过微观的人际互动过程，包括物质、能量、情感、信息等方面的交换，扩大社会网络关系，增加融入社会的基础和信心。而这些基础和信心又进一步增加移民的主观能动性和积极性，这为移民的文化调适做了一个充分的铺垫。文化调适中最难解决的是移民的心理与观念的转变，如果能用丰富的社会资本调动移民的主体性，那么文化调适就有了"源头活水"，最后达到文化的适应就是水到渠成的事。

## 第三节 社会资本在移民文化调适中的功能解读

社会资本自诞生于社会学领域起，其功能一直是人们所热衷的话题。功能性是社会资本的本质特征。从布迪厄到普特南再到波茨，无不围绕着社会资本的功能问题展开研究。"他们把社会资本的研究归结为一种功能性研究，实际上抓住了问题的实质。"[①] 社会资本无论作为一种人际关

---

① 卜长莉：《社会资本与社会和谐》，社会科学文献出版社2005年版。

系网络还是作为维持这种人际关系的信任、互惠、合作等文化规范,无不与功能效用紧密联系在一起。李惠斌曾说:"从某种意义上说,没有功能性研究,也就没有社会资本这个概念。"① 科尔曼则把社会资本的功能表述得更加具体,认为"社会资本能够为个人行动提供便利,它具有社会保障和社会支持功能,是人力资本和物力资本所无法代替的",他甚至认为"是否拥有社会资本决定了人们是否可能实现某些特定目标"。林南也认为"社会资本可以促进信息的流动,社会资本还可以强化身份和社会认同感"。②

生态移民文化的调适追求的是各主体之间关系的协调与和谐,通过信任、社会网络、互惠与规范的社会资本可以使移民由于文化骤变所产生的文化失调得到很好的调适与整合。"社会资本是公民文化孕育并成功长久运行的一项基础性、决定性动力基础,社会资本发挥着公民文化成长与培育之内源性基础作用。社会资本的产生和发展可以为组织中的成员带来积极的外部效应,这些外部效应通过共享的信任、规范以及价值观对人们的行为产生影响,而这些共享的信任、规范与价值观是从组织中各种社会网络与社会联系中产生的非正式制度中逐渐形成的。"③

## 一 信任在移民文化调适过程中的功能

信任是社会资本的一个核心内容,社会学家弗朗西斯·福山曾把信任比成是人与人之间、群体与组织之间的衔接带:"信任恰如润滑剂,它能使任何一个群体或组织的运转变得更加有效。"④ 信任是人与人之间缩小距离、彼此交心的一种行为模式,也是彼此消除隔阂,相互心无芥蒂依赖的一种期待。在阐释信任功能的过程中,人们用了反向思维,即如

---

① 李惠斌等:《社会资本与社会发展》,社会科学文献出版社 2000 年版。
② [美] 林南:《社会资本——关于社会结构与行动的理论》,张磊译,上海人民出版社 2005 年版。
③ 梁莹:《社会资本与公民文化的成长——公民文化成长与培育中的社会资本因素探析》,中国社会科学出版社 2011 年版。
④ [美] 弗朗西斯·福山:《大分裂:人类本性与社会秩序的重建》,刘榜离等译,中国社会科学出版社 2002 年版。

果不信任会有什么结果？亨廷顿就在他的著作中描述了这种情况："彼此不信任和人心不齐会使社会变为一盘散沙，而社会资本为一个群体之成员提供一套共有的、非正式的、允许他们之间进行合作的价值观或准则。"①

普遍的信任是移民与迁入地居民之间交往的前提和基础，也是交往过程的催化剂。三江源生态移民从偏远、封闭的三江源头搬迁而来，身上带有多年积淀下来的特有的游牧文化特质，从很亲密的"熟人社会"来到陌生的城市社区，刚开始他们与当地居民之间的陌生、隔膜、猜疑和不信任是难免的，因为他们与城市（镇）居民之间的文化差异太大、普遍接触少，他们之间的感情，需要有一个培育和磨合的过程。而感情的培育主要是通过移民与当地居民之间的交往与互动实现的。没有交往就不会产生交集，当然就不会产生关系。而只有建立在信任基础上的交往才是有实际意义和效果的，如果移民和迁入地居民彼此不信任，整个互动过程大家将是相互提防、彼此揣摩、缺少诚意的，这种"浮光掠影"式的浅层次互动，其交往结果只能停留在虚假的表层。"就像在贫瘠的土地上长不出根深叶茂的植物一样，浅层次交往也不可能孕育出良好的关系。"② 要想使移民适应当地文化，消除彼此之间的隔阂，建立相互信任的关系，就要让移民放下戒备心理，逐步丰满自己的社会资本，拓宽自己的人际交往，在碰撞中交流、对话，逐步达到文化的适应至关重要。"信任是凝聚移民与当地居民各方力量的黏合剂，能够促进彼此的合作。"③ 正如科尔曼所言："与成员之间互不信任相比，一个相互恪守承诺、彼此信任的群体更有利于生产活动的进行。"④

---

① ［美］塞缪尔·P. 亨廷顿：《变化社会中的政治秩序》，王冠华等译，三联书店1996年版。
② 吕永红、刘闽、高永辉：《社会资本在民族关系调适过程中的功能分析》，《新疆大学学报》2007年第1期。
③ 封翠凤：《社会资本与流动人口城市融合问题研究》，硕士学位论文，华东政法大学，2011年。
④ ［美］科尔曼：《社会理论的基础》，邓方译，社会科学文献出版社1990年版。

## 二 社会网络在移民文化调适过程中的功能

社会网络表现为一种人与人、人与群体、群体与群体之间关系的结构，是一个先于社会资本而存在的概念。自从把它"借入"到社会资本领域后，很快成为社会资本理论中的关键内容，其重要性可以与信任资本同日而语。社会网络有助于增强主体之间的认同感和凝聚力，同时，它还起到信息传递的作用，是各种信息传播的重要途径，能为各主体间的交流、合作提供平台。移民文化调适中社会网络的作用更是无法替代。

三江源生态移民属于非自愿性移民，是政府按照政策统一安排到当前的安居地的。这表明他们并不是依靠城市（镇）血缘或亲缘关系搬迁而来，心理上是完全被动的，也说明了他们在城市（镇）社区各种网络关系的欠缺。面对"人生地不熟"的城市（镇）社区，其原有的关系网络已失去效力，所以新的网络关系的及时重建对他们的文化适应，乃至生活的顺利进展至关重要。因为社会网络能把移民和社区内外的各种群体像纽带一样联结在一起，在这种纽带作用下，他们与当地社区内外的各种群体才能有机会零距离地充分交往，而交往的过程就是彼此价值观相互碰撞、融合的过程。在不断的"磨合"中，按照文化涵化的理论，他们之间最终会因弱势文化敌不过强势文化而倒向主流文化而形成相近的价值观。也有可能在彼此"博弈"的过程中，会产生新的、共同的价值观。这种价值观的趋近与认同毫无疑问会使移民与当地居民间相处更加融洽，为移民的文化适应创造良好的环境。另外，移民如果在当地建立起新的社会网络关系，能逐渐消除内心的自卑感和无助感，有助于打破自我隔离的壁垒，成为一种新环境中的社会支持网。在特别时期，他们还有可能会从新的关系网络中获得各种资源支持（如金钱、情感、友谊等），通过这些支持与帮助，切切实实解决他们日常生活中的问题和危机，使其曾一度"失序"的生活步入正轨并正常运转。在这种良性循环中，移民的自我支持系统将大大增强。这种良好的社会支持网能帮助他们减缓因"文化震惊"而产生的心理压力，放松身心，减缓不适，有益于他们的文化调适。

## 三 互惠在移民文化调适过程中的功能

互惠是社会资本的重要要素。普特南认为,"普遍的互惠是具有高度生产性的社会资本,普遍的互惠把自我利益和团结互助结合起来"。① 三江源生态移民要想适应迁入地的城市(镇)生活与文化,必须走出"强关系"以及由其所孕育的特殊信任的小圈子。在打破以"圈内"身份为基础的社会网络和特殊信任后,需要有一个能够把移民和城市(镇)居民联结起来的规则,这一规则就是互惠规则。互惠是维护移民与安置地居民间持久合作的重要保障。因为互惠讲求"来而必往"的通则,如果"不往"必是"非礼",是一种"对称性"的关系。但目前的实际情况是移民从经济地位到社会地位,再到综合能力都无法和城市(镇)社区的居民"对称",在这种状态下,他们与当地居民直接碰撞和交往过程中,差距感迫使部分移民的主体性相应得以发展和扩张,增进了移民的主观能动性,即增强了他们的主体性。移民主体性的增强对人力资本的提升创造了条件,他们对政府举办的各种技能培训不再以排斥和抗拒的消极心态对待,逐渐从被动走向主动,逐渐提升其在城市的人力资本,逐渐有了丰富储量的人力资本。移民就能为城市(镇)社区"添砖加瓦"。在生活的点滴当中,为城镇居民带来实实在在的方便和实惠;在"恩惠"面前,当地居民会改变固有的偏见与排斥心理,从内心逐渐接受他们。移民有了宽松的生活空间,认同感加强。他们无助、惶恐、孤独感也会逐渐消失,逐步接受并适应当地的文化,实现互惠共赢。

## 四 共有规范在移民文化调适中的功能

俗话说,"无规矩不成方圆"。共有规范是移民与当地居民各自原有规范相互作用产生的一种价值规范。移民社区的建立发展以及和安置地社区的互动过程中必须有共有规范做保障。共有规范的建立可以为社区

---

① [美]罗伯特·普特南:《使民主运转起来》,王列、赖海榕译,江西人民出版社2001年版。

各成员的行为起到一种行为上的制约。它能够调适二者自有规范中存在的差异、矛盾和冲突，通过求同存异来引导移民与当地居民的行为。不同的环境造就不同的文化，每一样文化都具有独特的文化规范。三江源生态移民的传统文化植根于农牧社会，与城市理念之间存在着差距。他们从草原进入城市（镇）后，带来了文化规范的多元化，两种文化的零距离碰撞，造成城市（镇）各种非正式规范的混乱，甚至是冲突。在这种情况下共有规范使每个成员明确意识到什么可以做，什么不可以做，进而对每个人的行为进行约束显得尤为重要。因为这样可以避免文化冲突的可能性，降低错误发生的概率。这为移民的文化调适提供了坚实的基础，对他们的文化适应有一定的促进作用。

共有规范也是移民社区信任得以存在并辐射的保障，它奖罚分明，对遵循者予以肯定，同时对越轨者予以道德和舆论上的惩罚，因此它是移民文化调适的强有力的保障。建立、强化共有规范，使移民在与当地文化的碰撞中有所取舍，进而认同于城市（镇）文化的价值体系，逐步淡化之前的文化规范。在求同存异的原则下，达成价值体系方面的和谐与认同，最终达到文化适应的目的。进而实现社区不同成员之间的相容（相互宽容）、相融（相互融合）与相荣（相互以社区为荣）的愿景。

社会资本有助于移民在文化调适的过程中获得更多走出困境的资源，它是移民文化调适的有力保障。通过社会资本各要素的共同作用，可以有效增进移民群体与城市（镇）居民间的交往、合作、互信、共赢，有利于加快移民文化适应的速度。通过培养社会资本，可以有效提升文化适应程度。社会资本的各个要素，如信任、社会网络、互惠和共有规范等可以通过交往的方式使牧民对城市（镇）文化有更为深刻的理解，这些可以提升与安置地居民间的凝聚力和价值认同感。社会资本的四大功能相互制约，缺一不可。在共有规范的制约下，移民与当地居民间产生信任，促进网络关系的建构，在网络中达到彼此的互惠。最终，在信任、互惠、规范的作用下，再次扩充了移民的社会网络关系。在移民身份转换的艰难时期，社会资本对移民的文化失调能进行有效的调适。

## 第四节　移民文化调适中的社会资本存量分析

文化类型是由不同的文化背景决定的，因为三江源生态移民和城市（镇）居民之间相异的文化背景，意味着双方的文化是非同质性的，如价值观、语言、风俗习惯等方面存在着巨大的差异。"差异的存在有可能造成隔阂、摩擦、冲突等问题。一定程度的社会资本缺失是造成这一现实问题的主要原因。"[①] 移民的文化适应应以丰富的社会资本为前提，如果社会资本存量不足乃至缺失，文化调适将缺少应有的支持。移民社会资本缺失主要表现为信任、社会网络、互惠与共有规范等要素的欠缺。

### 一　信任社会资本的缺失

如果说社会网络是一种静态结构，那么信任就是动态的结构因子。信任是社会资本的核心要素，是社会的黏合剂，起着重要的凝聚作用。在移民与城市（镇）居民之间，信任的作用显得极其重要。因为没有信任，就不会有彼此间的真诚，如果没有信任就不可能有双方的合作，也谈不上在不同的价值观面前的包容，更不会有双赢的互惠和社区内的团结。而如果没有团结也就谈不上社区内人心的凝聚。不能凝聚的人心如一盘散沙。那么在这种环境里让移民达到文化的调适就失去了最起码的基础，无法完成最终的适应，移民与当地居民之间的鸿沟无法跨越，最终导致社会融合的失败。

目前来看，调查点河源新村的移民来到城市（镇）虽然已经10年了，但他们与当地居民之间还没有建立起普遍的信任关系，因为他们很少跟迁入地的居民有日常生活的交往，交往的圈子多限于移民当中，他们社会网络关系有很高的同质性，这种社会网络在结构上存在一定的问题，进一步减少了双方信任的机会。在访谈中得知，目前移民生活帮扶及经济支持主要依靠亲缘、血缘关系，与当地居民几乎没有任何经济或

---

[①] 高永辉：《社会资本视角下的少数民族城市化》，《内蒙古社会科学》2010年第4期。

人情往来。这种现象从某种程度上，又阻碍了普遍信任的产生，也阻碍了其自身的发展。因为，一个人或一个群体若想获得更好的发展，必须与其他群体进行沟通交流，这样，才能使自身得到较大的发展。

笔者在各个移民点的调查中得知，经过多年的相处，移民也建立了一些信任关系，但这些信任多局限在移民内部，仅仅是"圈内"的信任，是一种特殊的信任，即对"圈内"成员的信任度明显高于"圈外"成员，这种信任显然不利于移民对城市（镇）文化的适应。对本群体以外而言，难寻信任的存在。"只有打破这种信任模式，通过普遍主义的信任改进移民与城市（镇）居民间的关系模式，移民的文化调适才有可靠的基础。普遍信任是人们在社会关系中的社缘信任。"[①] "是以信用契约和法律准则为基础和保证而建立的制度信任关系。"[②] 这一信任模式要求逐步淡化基于身份的信任圈，"通过基于共同利益的共同规范建立普遍的信任，并逐步实现特殊主义的信任与普遍主义的信任的有机结合"[③]。只有这样才能促进移民文化的适应和移民与城市（镇）居民关系的和谐发展。移民信任社会资本的缺失具体表现在以下三个方面。

### （一）日常生活领域的信任缺失

三江源生态移民与当地居民之间，在日常生活中普遍缺乏信任。从简单的人情交往到经济性社会交往在移民和迁入地居民间几乎都不发生。在格尔木市长江源生态移民点，笔者访谈中问及"是否相互串门"时，访谈对象几乎异口同声回答"否"。在问及"是否相互借过东西"时，回答都是"从来没有"。究其原因，都说"关系还没到那个份上"，其实这是一种双方关系较为薄弱、彼此之间不信任的表现。尤其移民对周遭的事物和人抱有一定的怀疑戒备的心理。猜疑、孤立、"相互瞧不上"、堤防是他们现在最真实的写照。这种心理会侵蚀和破坏彼此之间的关系，会更加强化彼此的不信任。这也妨碍移民对当地社区文化的认同和责任

---

① 闫芳：《社会资本视域中的留城农民工问题研究》，硕士学位论文，长春工业大学，2011年。
② 卜长莉：《社会资本与社会和谐》，社会科学文献出版社2005年版。
③ 高永辉：《社会资本视角下的少数民族城市化》，《内蒙古社会科学》2010年第4期。

感，造成人际关系的疏远，不利于移民文化的适应。

### （二）社区信任关系缺失

移民社区信任的缺失，主要表现为移民对迁入地社区的居委会等相关管理机构缺乏信任感。在问及"你是否认识社区内相关管理组织人员"时，60%的移民回答"不认识"。问及"在寻求帮助时会想到这些组织吗？"时，60%的移民回答是"否"。他们首先想到的不是这些组织，而更倾向于熟人，熟人关系网络仍占主导地位。这和移民社区管理组织不健全、社区自组织存在缺陷等有关系。本来移民和当地居民交往就少，如果社区不能提供一定的平台，那么"社区居民间就缺乏相互沟通、交流的机会，居民呈现出个体化或原子化状态，彼此之间相互交流的可能性被大大降低，进而阻碍普遍信任的培育"。[1] 这种低信任度的状态导致移民从不关心社区事务，对社区活动要么不知道要么不愿意参加。提不起兴趣，没有积极性。笔者在访谈中得知，社区也想尽办法设计了一系列鼓励移民参与社区事务的制度渠道，但参与多表现为被动执行式的特点，这就大大降低了效果，社区信任无法产生。

### （三）社区归属感和依存度偏低

社区归属感是指社区居民对本社区地域和人群集合的认同、喜爱和依恋的感觉。移民是否认同社区，是否对社区存在情感上的依赖与寄托是促进社区社会资本扩展的重要因素。目前来看，移民对城市（镇）社区并没有表现出喜爱和依恋的感觉，尤其是年长移民，他们还是不喜欢城市（镇）社区，总想着回到草原去，笔者在河源新村调查过程中，发现有不少于20户移民家的大门是锁着的，听周围人说，他们不习惯这里又回到草原去了。移民对新社区没有归属感，从而减弱了对新社区的认同感。社区信任的缺失是制约移民文化适应的严峻问题。移民对社区认可度不高，主动参与社区意识较低，很难形成"居民一家"的融合状态。他们从草原来到城市（镇），其传统的地域社区归属感受到冲击，而对新

---

[1] 郭丽艳：《社区文化建设与社会资本的开发与应用——以北京市东润枫景社区为例》，硕士学位论文，北京化工大学，2012年。

社区又没有认同感，导致移民成员的集体冷漠。从调研情况看，移民对于社区认同感、普遍参与社区事务的意识仍然偏低，社区依存度不高。

## 二 社会网络资本的弱化

牧民离开草原牧区，定居到城市（镇）周边，意味着一种全新生活的开始。面对自己不熟悉的文化类型，价值观的差异和人际关系的生疏，他们一时半会儿很难适应这种从未经历过的城市（镇）生活。要尽快融入现有的社区，只有真正融入社区才能够建立新的更有价值的社会关系网络，积累更多的社会资本，以弥补离开原有社区带来的社会资本损失。移民到新的环境，他们原有的社会网络关系由于环境的变迁弱化甚至消失。初来乍到，对新环境不熟悉，加之迁入地居民对移民不同程度的排斥，彼此隔离，不愿接触，移民不愿意主动与城市（镇）居民交往，其社会网络关系极其薄弱，普遍没有安全感。

由于移民和迁入地居民都没有主动交往的愿望和行动，产生了以移民群体内部为特征的社会网络。这种网络明显是一种"情感性网络"而非"工具性网络"。因为这种"内卷化"的社会网络能给移民提供情感上的支持，彼此之间是一种"肝胆相照"的依偎关系，所以被称为"深度信任"的社会网络。虽然这种深度信任的社会网络为移民提供了一定的社会资本，但是，它有自身致命的局限性和封闭性，这种社会网络缺乏开放性。这种关系网络是在紧密的和内聚性的社会互动中运行，存在于小型封闭的社会中，影响面窄，同质性强，功能的发散性不够。"使得该网络具备较高的整合度，却缺乏社会网络之间的链合度。这种结构模式必然会导致移民与城市（镇）居民之间缺乏沟通，仅仅停留在较低水平的沟通上，造成一定的隔阂。"①

移民与社区主流文化的"远亲"关系和与迁出地社会网络的中断，使他们的发展受到限制。由于自身技能和文化水平所限，移民在城市（镇）很难求得稳定且高声望的职业，工作的不稳定性质，业缘关系的暂时性，进一步影响了他们社会网络的长期稳定性。趋向于和移民内部成

---

① 高永辉：《社会资本视角下的少数民族城市化》，《内蒙古社会科学》2010年第4期。

员的交流，从心理上排斥与迁入地居民的交往，这种排他性和提防心理有碍于社会网络的建立和长期稳定发展。归属感的缺失和边缘化的状态使移民无"家"的感觉。挫折感、孤独感成为移民目前心情的代名词，这些严重影响移民的文化适应。

## 三 互惠社会资本的欠缺

互惠规范强调互惠共赢。美国当代社会学家彼得·布劳的结构主义交换理论认为"交换是特定类型的交往"，其中参与交往的各方都期待着他人的回报，根据这一特征，交换关系仅仅指行动者与那些他们期待能给自己的行动以适当回报的他人之间的关系。进一步说，只有当交往中的受惠一方承担了回报的义务并实际履行了这一义务时，交换关系才能维持存在。如果让移民和当地居民发生互惠的交换关系，很显然移民因为人力资本、经济能力等各方面的限制而无法"等价"交换，既然不能交换，那么这种不平等的交往也就名存实亡，说明互惠社会资本在移民生活中的欠缺。"互惠主张人与人之间互为目的与手段，权利与义务一致，互惠也强调个人利益与他人利益的统一。这是互惠规范的实质与核心。"[①] 城市（镇）是一个有限的资源空间，职业岗位、生存空间、公共设施等都是有限的，移民来到城市（镇），占据了当地居民的一定空间和部分资源，在这种情况下，当地居民对移民的排斥是不言而喻的，加之，移民由于受文化水平和劳动技能所限，不能很快掌握城市（镇）生活技能，不能为城市（镇）社区做出贡献，即移民缺少与当地居民"等价交换"的砝码，双方"不对称"，"利益不统一"。移民和当地居民不能实现互惠的目标，彼此之间的合作交往将受到影响，也会使双方之间依赖度降低，充满不信任感。在这种情况下，安置地居民如何能在移民身上看到"潜在"的"恩惠"，逐步消除排外的戒备心理，对移民的文化调适至关重要。

---

① 梁莹：《社会资本与公民文化的成长——公民文化成长与培育中的社会资本因素探析》，中国社会科学出版社2011年版。

## 四 社区共有规范的不完善

规范社会资本有利于增进移民的规则和秩序意识,通过这种规范的约束和对不遵守规范者的惩罚,移民与当地居民逐渐将规范从外在的约束内化为内心的规则伦理,遵守规则与秩序也就成为习惯。有了共有规范做后盾,才能有真正意义上的信任、互惠和健康持久的社会网络关系。正如奥斯特罗姆所说:"信任作为社会资本的一种形式是促进志愿合作的一个包含最广的因素,社会资本的其他形式促进成功的集体行动的产生,几乎也总是通过加强行动者之间的信任才做到的,即,网络和制度(规范)产生了信任和互惠,从而推动集体行动的达成。"[①] 社会信任和社会网络以及规范之间有着强相关关系。

社会资本的共有规范包括正式规范和非正式规范。正式规范,指那些宏观上指导网络体系内各主体的行动指南和规范体系。从目前情况来看,三江源生态移民社区很多必要的和重要的正式规范尚未建立起来,如社情民情反映、政府与移民的沟通和互动,这些制度(规范)的缺失,制约了移民对社区公共事务的知情权,并抑制了其参与公共事务和社区活动的积极性,这在一定程度上阻塞了移民利益的表达渠道,不利于政府了解移民最真实的所想、所需。政府费力所做的事情可能和移民的愿望和要求不对接,"吃力不讨好"。这种状态影响彼此的普遍信任,更谈不上互惠的发生,移民的网络关系也因为没有信任的基础而不能发展壮大。

非正式规范,是由生活在同一网络中的所有成员通过相互交往达成的社会契约发展而来的,是成员默认并内化在自己行为当中的一系列规范,包括习惯、习俗、传承、教育和经验、礼貌等内在制度。非正式规范是人们在相互交往过程中经过无数次的博弈自发生成而来,合适的非正式规范有节约交易成本,促进社会进步和社区协调的积极作用。在2004年,河源新村的移民从400里之外的扎陵湖乡来到大武镇,已经10

---

① 转引自梁莹《社会资本与公民文化的成长——公民文化成长与培育中的社会资本因素探析》,中国社会科学出版社2011年版。

年了，但移民社区总体发展仍处在摇篮时期，特别是互利并容易让彼此接受的共有规范仍很欠缺，移民传统的道德伦理规范受到城市（镇）文化的冲击与挑战，其原有的规范体系开始消解，根基被瓦解，但城市（镇）新的规范体系还没有建构起来，移民游走在现代与传统之间，精神游离，面对生活，失去判断的标准，这种共有规范的亏空，成为当前制约移民社区发展和人际良好互动的重要阻碍因素，也成为移民文化适应的绊脚石。

## 第五节 移民文化调适和社会资本重建的思路与对策

三江源区藏族生态移民因文化变迁而产生的"文化震惊"现象，是当前摆在政府和移民面前迫切需要解决的问题。在移民文化重建和调适的进程中，应高度关注其传统文化的重要性。既要防止对移民传统文化和移民主体地位的忽视，更要防止人为主观割裂移民文化传承系统的行为，要确保移民内部自身文化体系的良性运转和有效传承。这一思路应该成为处理"文化震惊"现象的基本理念。"从整个文化体系看，文化适应是一个不断建立新的文化模式的过程。"① 司马云杰曾提到："当一些新的文化特质纳入一个国家或某一族群的现存制度及其功能体系时，文化适应实际上是一个建立新文化体系的问题。它不仅存在风俗信仰制度等方面的重新解释，还存在着目标与价值行为与规范的再取向。"②

三江源生态移民来到城市（镇）定居，面临着一种全新的生活，需要三个层面的文化适应。首先是物质层面，如移民的衣食住行等诸多方面，它们是可以感知的，是具有物态实体的文化事物，也是移民来到城市（镇）后最先和必须面对的文化层面。其次是制度（规范）文化层面，它与物质文化紧密相连，是社会生活实践和人际交往中约定俗成的具有

---

① 潘华、马伟华：《移民的文化适应：宁夏吊庄移民的生育观念调适》，《南方人口》2008年第2期。

② 司马云杰：《文化社会学》，山西教育出版社2007年版。

民族特征、地域特征的文化往往表现为民风、民俗等。最后则是精神层面，也就是心理层面，是文化结构中最深刻的一个层次。主要包括价值观念、思维方式等。移民面对全新的城市（镇）环境，在短期内会由"文化震惊"导致文化中断，进而引起移民文化的不适应。表层文化的中断，即物质文化的中断，只要逐渐熟悉、了解，当地文化随着时间的推移，移民会在不自觉中慢慢接受适应。并且，这种文化的适应不影响其作为某一族群成员应有的文化身份，也不会动摇其文化认同。中层和深层文化（制度文化与精神文化）中断，是在跨文化接触过程中，因不同的文化背景、信仰和价值观而出现的不认同、不适应和不理解的文化挫败表现。移民内心深处或潜意识里存在一种"非我族类"的认同意识，这种情感是莫名的、割不断的而且无法超越。虽然它看不见、摸不着，但可以感知。如果说文化的表层中断是外在的、浅显的，那么，文化的中层和深层中断则是触及内核的、根本的。显然，重构或重拟一种变化了的新文化系统就不得不考虑旧有系统失序状态的改善研究，以及从文化中断到文化适应——恰当的技术支持和促进文化的整合是缺一不可的。其中，移民群体主体性地位的保持是最重要的前提，而寻找生计方式与文化心理上的转换时空是文化适应的必要过渡期。

## 一 移民文化重建和调适的对策探讨

生态移民不经过一段时期，将很难适应城市（镇）的生活，处于文化震惊中的他们，会产生焦虑、孤独、恐惧的负面情绪。由于文化差异太大，他们对新的文化内心有一种对抗的情绪，很少与迁入地成员交往。因此只有从政府和个体的层面准确把握移民文化失调的真实状态，把准脉，才能制定恰到好处的对策。

### （一）政府层面的对策

三江源生态移民响应国家政策，搬迁入驻到城市（镇），这仅仅是生态移民工程的一个起点。"移民能否适应城市（镇）定居生活，能否迅速找到后续发展的途径，真正实现生产生活水平的提高，才是问题的关键。由于生产生活方式转换的'突变性'、生态移民文化水平普遍不高、缺乏发展资本积累、对城市（镇）定居生活的陌生、传统思想观念的影响等，三江源生态移民对适应城市（镇）定居生活缺乏主动意识和自主能力，适应度不高。因此，作为政府应充分发挥主导力量，采取相关政策和措施。"① 积极调适移民失调的文化，使其尽快适应迁入地的文化，使生态移民工程真正成为"惠民工程"，提防生态移民最后沦为"生态难民"。

1. 坚持"渐进式"原则，逐步打破移民户籍壁垒的限制，"牧民"转"市民"。

户籍制度的基本功能是通过户籍登记证明公民身份，为政府制订经济社会发展规划和各项行政管理提供人口基础性资料。但是，我国的户籍制度从建立之初，就不仅仅是一种人口管理制度，它与一系列制度、政治环境和社会福利紧密结合，被赋予了许多政治、社会和经济的功能，并不断被强化。由此形成的二元社会结构，使实实在在生活在城市（镇）的移民，却难以分享城市（镇）经济社会资源和发展成果。

就户籍问题笔者和河源新村的移民进行了深入的访谈，他们当中55%的人想转为城市户口，这些人大多都是为孩子考虑。分两种情况，一种是家中有正在读书的家长想让孩子在城市（镇）继续接受优质的教育资源，趁自己年龄也不大，转为城市户口，在政府现有优惠政策的帮扶下慢慢创业，再享受点城市低保，认为生活还是会过得去。另一种是这些移民的孩子已逐渐成人，这些孩子更喜欢城市（镇）的生活，让他们再回到草原放牧已经不大可能，对放牧已经是外行，所以家长希望能转为城市户口，让自己的孩子在"移民工程"的政策中获得应有的待遇，扎根城市（镇），成为真正的城里人，而不是像浮萍一样漂在城市（镇）。45%的移民对转为城市户口心存疑虑，认为虽然转为城市户口后，可享受城镇低保等各种优惠政策，但担心补助过低。加上生态移民政策有时限，饲料粮补助如被取消，牧民群众由于不能继续回原居住地操持旧业，届时将何去何从？这些担心都是正常的，而且也是必要的。那么在这种情况下，政府如何打消移民的疑虑，让移民对政府产生信任感显得尤为重要。既然在政策上河源新村的移民属于"永久性移民"，那么政府就该

---

① 马宝龙：《困境与对策：三江源区藏族生态移民适应性研究——以果洛州扎陵湖乡移民为例》，《甘肃联合大学学报》2007年第3期。

"言而有信"，只有这样移民才能相信政府，在信任的基础上谈文化调适才有后劲。

目前来看，移民因为户籍的问题，对自己的身份认同产生困惑，这种情况导致移民的心理不平衡，时间长了，他们会把这种不平衡转嫁到制定移民政策的政府身上，对政府莫名其妙地"不信任"，乃至对政府一些有关移民的优惠政策条件反射似的"先否定"。对政府缺少感恩之心，自己缺乏信心，总觉得自己是"局外人"，严重削弱了他们对城市（镇）社区的归属感，身份认同也因为目前模糊的身份而处于左右摇摆之中。"心病还需心药医"，心理问题不解决，将很难完成移民的文化调适。所以消除移民户籍制度上的界限，让其身份成为名副其实的"市民"，消除自己是城市（镇）"过客"的心理，缓解因地位差异而产生的心理失衡，减少不公平感，逐步提升他们对政府的信任度，从而增强对社区的信任，进而获得社区归属感，走出身份认同的困境，让"心"安在社区，逐步以市民的标准来定位自己，对将来的生活做出打算。做到了这些，移民的文化调适才有了基础，否则会因"治标不治本"而效果甚微。

2. 各美其美，整合社区文化。

在移民的文化适应这一问题上，首先应该注意的是迁出地和安置地两者之间存在的文化差异，文化差异可能导致文化冲突，进而导致移民安置和社会整合的失败。

三江源生态移民搬迁前祖祖辈辈游牧在封闭的草原上，在长期的生活中形成了自己特有的传统文化，这些文化沉淀在他们的血脉里，有一定的稳定性。他们搬迁到城市（镇）后，面对的是全新的城市（镇）文化，两种文化之间的差异是巨大的，文化差异可能导致文化冲突，进而导致移民文化调适的失败。移民地域空间的变迁，必然面临着两种文化的差异和直面碰撞。因而，政府必须重视文化差异问题的研究，尽量减少、化解文化差异造成的文化冲突。创造良好的外部环境，使移民的文化适应有可靠的基础保障。只有正视这些文化差异，"才能进一步发现在文化适应过程中存在的问题以及由这些问题所引发的移民在认知、情感和行为上的矛盾表现，这些问题和矛盾表现本身也是移民文化适应的一部分，只有实现了移民在安置地的文化适应，才能发挥文化所具有的功能，促进移民和安置地的稳定和发展"。①

文化变迁中各种文化形态的出现及变化，往往是以文化整合的方式来实现的。移民的传统文化既是他们的宝贵遗产，也是他们的根。因此，移民文化适应上的指导思想应该是"尊重差异、各美其美"的整合原则，尊重移民的传统文化，积极吸收其中的优秀元素，并将其纳入到当地社区文化中。要善于发挥风俗、道德、伦理等社会文化现象的积极功能，以开阔的视野包容地域文化的差异性和多样性，重新整合社区文化。促使游牧文化与现代城市（镇）文化相互融合，达到文化调适的目的。

政府在对待因文化差异而发生的"文化震惊"乃至文化冲突时，态度要谨慎，防止非黑即白、简单粗暴的处理方式。以包容的眼光正确对待地域文化的差异性、多样性。通过吸收移民参与文化交流活动等方式，加强对他们对传统文化的尊重和建设，促进两种文化的共同发展与融合。只有这样，移民的文化调适才不是"空中楼阁"。

3. 提供及时有效的社会支持，让移民逐步消除漂泊感与不安全感。

社会支持是指社会成员获得的各种资源帮助（如金钱、情感、友谊等）。移民通过获得有效的社会支持，可加快他们的社会融合速度。目前三江源生态移民的社会支持多数来自血缘关系，这对于处于"困难期"的他们来说远远不够，应加强政府政策的资助和其他社会团体形式多样的关心和帮助。良好有效的社会支持网络有利于移民社会心理的融合，因此，在对移民给予社会支持的同时，应重建与之适宜的社会网络。激发移民和迁入地居民的热情和共同体意识，建立起平等的人际网络，实现成员之间的资源互享互换、信息交流和互助。逐渐形成亲缘、地缘和业缘并重的社会资源配置体系，使移民通过社会网络获得一定的认同感进而达到融合的目的。

移民之所以有漂泊感和陌生感，主要原因是没把自己编织在新的社会网络之中，就河源新村移民而言，虽然他们生活在城市（镇）已经10年了，但一直漂在城市（镇）社会网之外，缺少社会支持。只有帮助他们建立起新的社会网络关系，形成强有力的心理支持，才能逐渐消除漂泊感。移民从草原来到城市（镇），他们往往存在着城市（镇）生存能力

---

① 吴帅琴：《三峡农村外迁移民文化适应研究》，硕士学位论文，山东大学，2007年。

的欠缺，要想弥补这种缺陷，必须走出血缘或亲缘同质性很强的小网络圈子，主动构建新的社会网络关系，在新的社会网络关系中，获取有用的信息和资源，逐步熟悉城市（镇）文化。在业缘性的社会交往、与有着城市（镇）居民身份的同事之间的互动中，从他们的"言传身教"中学到城市（镇）生存的本领。这些社会网络在移民职业生涯发展、业务能力拓展方面将产生重要作用。移民运用城市（镇）社会网络不单单局限于工具性目的，这其中也存在着情感性因素的作用，与城市（镇）居民的交往如邻居、朋友等在情感上的支持作用，在日常生活、心理归属方面发挥重要作用。城市（镇）社会网络可以帮助移民减轻对城市（镇）的陌生感与漂泊感。

4. 注重生态移民的能力再造，提升其人力资本。

促进生态移民的文化适应，应该让移民"受损"的劳动技能与"失灵"的人力资本得以弥补与修复，这可以帮助移民找回自信，增强社会能力，进而增进其经济能力。因此，政府应该建立人力资本投资的观念，为移民的发展提供帮助和指导。移民文化素质偏低、语言障碍导致交流和沟通能力差、无城市（镇）就业经验，所以人力资本明显极度欠缺。这严重削弱了他们在劳动力市场的竞争力，其结果是工作机会少、报酬偏低而"雪上加霜"。应从移民能力再造切入，加强对文化素质与技能的培训，逐渐提升其人力资本迫在眉睫。

三江源生态移民搬迁后，生产和生活环境发生了剧烈变迁，他们传统的生产生活技能不能在日常生活中发挥作用，是市场竞争中的极度弱势群体，这种能力的贫困会引发一系列的不良反应而导致心理贫困，如自卑、自暴自弃、没有安全感等，心理的"贫困"比经济贫困更可怕，它会逐渐侵蚀移民的意志，吞噬移民的上进心。加上移民文化水平的劣势，这些都会限制他们进入城市（镇）后的职业选择，并进一步限制他们的收入与消费水平、交往范围与支持群体。"授之以鱼，不如授之以渔"，因此，对他们提供有针对性的职业技术培训势在必行，面对其特殊性，应该采取"菜单式"培训，即"干什么学什么""需什么教什么"和"缺什么补什么"的原则，设计不同层次的培训内容，提高培训的时效性和针对性，杜绝"走秀"和"走过场"。逐步提升移民的人力资本水平，为其在劳动力市场提升自身价值创造条件，让移民尽快摆脱"自己没用"的自卑心理困扰，找回自信，提升生存能力，尽快融入当地的生活。

5. 以社区为平台，加强移民与城市（镇）居民之间的互动，创造文化调适的条件和氛围。

在一定意义上说，移民的心理和情绪问题与城市（镇）社区居民感情交流和沟通的缺失有一定的关系。因此加强双方的互动与交流显得十分迫切和重要。只有坦诚并相互信任地交流与对话，拓宽移民与城市（镇）居民之间的接触界面，二者才能真正地相互了解，消除偏见与误解，才能消除双方在心理上的鸿沟。

社区作为移民和城市（镇）居民比邻而居、共同生活的空间，是进行一定活动、具有某种互动关系和共同文化维系力的活动区域，也是生态移民在城市（镇）获得家园感觉、重构主体意识和心灵归属感的依托，"更是增进双方互信融通、心态转变和谐共处的平台"①。因此，营造家的氛围，消除移民孤独、隔膜、生疏的心理障碍，让其尽快适应新的生产、生活环境，显得格外重要。以此为基点，促进双方沟通与联系，增进双方的交往频率和文化磨合。促进移民与迁入地居民的交流，开展自发的或有组织的各项活动，使他们进行良性的互动，从而提升移民的汉语水平，进而减少摩擦、误解，改善关系，提高社区聚合力，从而增进移民的文化适应度。

6. 重视对移民的汉语扫盲培训，加强移民子女基础教育。

教育和职业培训既是正规人力资本形成的重要途径，也是促进移民与所在地实现文化融合的重要渠道。良好的教育与职业培训作为个人重要的人力资本，不仅可以提高个人的社会经济地位，从而改善个人的社会网络资源状况，而且个人在接受教育和职业培训的过程中，增加了社会交往，扩大了社会网络规模。加大对教育和职业培训的投入，提高个人的人力资本，才能优化个人的社会网络资源状况。

河源新村移民是三江源生态移民中迁出最早、适应难度最大的群体，因为他们的生活方式和语言环境跨度最大。有个访谈对象 QZ 开玩笑说："让我们说汉语，相当于没听过英语的人到美国说英语，能不难吗？"从

---

① 钱正荣：《流动人口的社会融合问题研究》，《湖北社会科学》2010 年第 2 期。

目前来说，语言障碍仍是阻止移民和外界沟通与交流的最大绊脚石，如果不解决语言这一关，其效果将因信息在传递过程中的损失而事倍功半。针对移民的实际情况，政府要重视移民的汉语扫盲培训，打通移民与安置区居民之间交流的障碍，使双方能完全沟通，能准确领会对方的意思，减少不必要的误解或误读，消除彼此间的隔阂与生疏。笔者认为有短期和长期两种方案。对成人应开设短期汉语扫盲班，聘请能熟练转换汉语和藏语的老师对移民进行培训，使移民能掌握日常基本的汉语，解决移民生活语言交流上的困境。在此基础上，建立长久性的培训基地，按移民掌握汉语的程度再划分成不同的批次，"因材施教"，对于掌握汉语较快的移民，可进一步引导他们参加劳动技能的培训，让其掌握一技之长，在和其他省份的合作中，尝试帮助移民进行劳务输出，帮助移民尽快实现生活水平的提高。而对于掌握汉语水平较慢的移民，可考虑就近就业，再逐步提升其汉语水平。

俗话说"十年树木，百年树人"。生态移民的文化适应不是一蹴而就的事情，需要一个漫长的、循序渐进的过程，这个过程充满艰辛，需要有放眼未来的目光，还要有包容的胸怀。如果顺利，可能一代人就能完成，如果效果不好，可能得几代人。从长远来讲，文化的调适应从移民子女入手，因为生态移民家庭的发展，重心在移民子女身上。在这种理念的指引下，应当高度重视生态移民子女基础教育，在起点上缩短与其他群体子女之间在受教育上的差距，让移民子女一代从小掌握在城市（镇）的生存逻辑，认同迁入地的文化，为今后融入城市（镇）打下坚实的基础。

### （二）个体层面的对策

1. 生态移民应积极调整心态，主动融入当地社会。

文化适应不是一个消极的同化过程，而是一个积极的社会整合过程。因此，移民要完成文化的适应，必须要对他文化有全面、深入的认知。同时文化适应意味着对文化差异的接纳，这也要求他们去树立积极的态度。因为对他文化的认知和态度均包含在他文化印象之中。在内因和外因辩证关系问题上，哲学原理上已成定论，这就是：内因是事物变化发展的根本性原因，或称"根据"，也即第一位原因；外因是事物变化发展的非根本性原因，或称"条件"，也即第二位原因。二者同时存在，缺一不可，但外因必须通过内因而起作用。面对移民的文化震惊与失调，要想使他们能适应迁入地的文化，顺利达到文化的调适，主观上的积极性显得格外重要，这就是内因为什么是第一位的原因。移民应主动转化自我角色的定位，走出之前的"政府要我搬迁，我是特殊公民，我的一切应由政府来负责"的定位误区。因为只有自己心理上主动了，才能摆脱观望、等待和依赖的消极心理，才能脱掉"特殊公民"的帽子，逐渐把自己放在普通公民的位置，文化调适才能有坚实的基础。

笔者在访谈河源新村村委会的相关管理人员时得知，很多移民事无巨细，什么都靠政府，就连小孩生病都会直接去找当地的政府。如果不改变这种消极被动的思想，会导致移民永远融不到安置地主流的文化之中，如果时间长了还会使安置地居民对其产生反感情绪，出现文化适应上的抵制。为了避免上述情况的出现，移民应当主动、自觉地完成角色转换，将自己放在"社区中普通一员"的位置。接纳文化差异，逐步消除文化分歧，与安置地居民同甘共苦，融为一体。这样才会受到当地政府和群众的欢迎，那么，消除心理隔膜，融入安置地文化生活将是迟早的事。

2. 安置地居民应积极配合推进生态移民的文化适应。

在移民的文化调适和文化重建当中，除了移民本身的积极主动性和正确的心态外，安置地居民的表现也非常重要。但在有关移民的研究里，安置地居民的主体表现一般都被忽略了。笔者认为，他们的态度和心态，对移民工作的配合程度，在某种意义上也决定着移民适应当地文化的速度。如果他们有对"异文化"的敏感性和容忍度，并有对移民文化较强的认知和反应能力，以包容的心态尊重地域文化的差异，就能找到双方共同的文化理解，在一定程度上能减少和避免由于缺少对异文化的理解而造成的误会和文化冲突。在彼此接纳异质文化后，就能推动彼此文化的共同发展，促进移民的文化适应。

相对于移民来说，安置地居民具有各方面的优势，也有优越感。如何摆正他们的心态，与移民平等交流、沟通、互动，促进彼此感情的深化，对远离故土的移民来说至关重要。如果是以平和的而不是高高在上的态度去主动接触、接纳、帮助和指点移民,以包容的胸怀去看待移民因文化震惊而导致的"窘态",积极引导移民走出困境,在感情上认同他们,移民就能很快对安置地产生真正家的感觉,能对安置地形成心理认同和心理归属感。如果在此基础上能积极参与和配合政府的各种帮扶活动,建起不同等级的移民帮扶组织,形成上下联动的帮扶工作网络,移民的文化适应将大大加速。

3. 培养移民主人翁意识,增强社区归属感。

笔者在各移民点调查中,影响最深刻的是移民对新社区的"旁观者"态度。在访谈中他们用得最多是"他们城里人""他们这里"等词汇。明明是自己住的社区,但很少听到"我们社区"或"我们这里"这样的词。这是缺乏主人翁意识的表现。主人翁意识的建立,意味着移民"客居"心理的消除。而客居心理的消除又意味着移民被动心态的改变。对移民来说,要抛弃一切消极的心态,以积极主动的心态面对新社区的人和事,只有这样,他们才能以主人翁的身份,共同参与社区建设,增强对社区的认同感。在这样的心态下,消除移民和安置地居民在思想意识上的相互排斥情绪,增进双方的交往深度就是轻而易举的事。社区在这样的条件下可开展内容多样的群众性活动,如管委会为居民提供扫盲、家务料理、城市交通规则、日常汉语、电器使用常识等培训,群众之间开展相互帮扶结对子,等等。使移民与安置地居民进行良性的互动,从而提升移民的汉语水平,进而减少摩擦、误解,改善关系,提高社区聚合力,增进移民的社区归属感。移民有了归属感,就会恢复曾不适应"失语"而丢失的话语权,在主人翁意识支配下,移民通过社区平台表达合理的意愿和想法,"这有助于政府在决策活动中充分考虑到移民的现实问题和利益需求,从而使政府的方针政策更合理"。①

4. 增强生态移民文化适应的主体意识。

主体意识指主体的自我意识。它是人对于自身的主体地位、主体能力和主体价值的一种自觉意识,是人之所以具有主观能动性的重要根据。移民进入迁入地后,"等、靠、要"思想严重,生活中处于十分被

---

① 闫芳:《社会资本视域中的留城农民工问题研究》,硕士学位论文,长春工业大学,2011年。

动的状态，在文化适应方面显得消极、怠慢，没有主观能动性。在这种状态下，应让移民积极参与城市（镇）社会生活，主动融入城市（镇）社会。

三江源生态移民都来自交通不便的牧区，习惯了传统。他们对于现代文明下的城市（镇）生活方式缺乏了解与认识，加上经济水平的差异和来自部分迁入地居民的排斥，他们敏感而失落，对外部事物具有强烈的防范心理，难以真正融入城市（镇）生活。面对这种情况，要及时疏导移民面对文化差异的焦虑与不适，让其主动调整消极、被动的行为方式，积极地参与城市（镇）各项社会活动，培养移民适应城市（镇）生活方式和工作方式的能力与习惯，让其逐步了解并遵守城市（镇）的行为规范，做到在保持自身文化认同的前提下实现对城市（镇）社会的认同。

5. 准确把握移民心态，促进移民文化调适。

生态移民的文化变迁将同时伴随着无数的"转型阵痛"。掌握移民目前的心态是至关重要的，要知他所知，想他所想，调适方案才能有更高的效率。心态是人的一切心理活动和状态的总和，是人对周围环境和社会生活的反映和体验，对一个人的思想、情感、需求、欲望有着决定性的影响。改变心态听起来容易，但真正改变消极的心态还是有一定困难的，如果在外界的帮助下及时准确地疏通、正确引导移民的生态问题，调整起来就会容易很多。

三江源生态移民"放下羊鞭进城"，"文化震惊"是剧烈的，其内心的落差很大，缺乏归属感，思想工作在移民工作中具有不可替代的作用。在文化调适过程中，要高度关注移民的思想动态，准确把脉，对症下药。"加强对移民心态的调查研究，及时了解和掌握移民心态及其发展变化，防范和化解各种矛盾，消除移民的客居心理。"[①] 同时，按移民的心理需求，积极帮助和引导移民参与民主政治生活，推荐选拔移民的先进代表和致富带头人参加各级政府会议，成为党委、政府与移民沟通联系的纽带。这些工作对促进移民与当地社会的文化适应将起到积极的作用。

---

① 王蜀见：《三峡工程移民的社会融合问题研究》，硕士学位论文，西安工业大学，2007年。

6. 尊重生态移民的合理价值选择，加强对价值主体的引导。

"环境造就人"，三江源特有的环境造就了这里人们的价值取向。他们身上带有草原文化的深深烙印。到城市（镇）后，他们自身习俗、生活方式和价值观在新的环境中完全被打乱，甚至产生冲突。如果引导不当，从文化的冲突可能会上升到与当地居民的冲突。所以让移民达到文化的适应是移民工程完成后工作中的重中之重。文化适应的基础层次是对物质生活的适应，而它的较高层次则是对精神生活的适应，而对精神生活的适应正是对他文化的行为规范和价值体系的理解，对自己文化和他文化的差异的接纳。

两种不同的文化相遇，价值观的碰撞是难免的。面对因文化差异而产生的价值观冲突的现状，引导移民通过正当的途径将内心的价值冲突表现出来，要疏导，而不是一味地封堵。科学全面地发现和了解他们的价值冲突，针对价值冲突的重点领域加强价值观教育，充分发挥价值观教育在促进移民合理价值选择上的引导作用，增强价值观教育的针对性和时效性。这对移民的文化调适有积极的意义。

对移民身上某些不合时宜的观念，要客观评价和引导，充分认识和发挥移民的主体作用，在尊重合理价值选择的基础上，因势利导，促进移民主动反思和调整自身的价值观，让其不断理解、熟悉城市（镇）社会的行为规范和价值取向，不断向双方都能接受并有积极意义的价值体系趋近。加强对价值主体的教育，因为提高人的素质是消解价值冲突根源的重要因素之一。所以价值冲突的消除需要价值主体——移民发挥自觉能动性来实现，需要他们在社会心理、价值观念、思维方式和行为方式等方面自觉自愿地做相应的转换和调适。另外应加强对移民的心理疏导和行为矫正服务，加大对他们心理健康的关注和投入，开展社会关怀活动，帮助他们自我管理，帮助他们学习因之前散居惯了而缺乏的邻里相处之道。引导他们自我调适，缓解心理压力，在相互尊重的氛围里完成价值观的转变，进而达到文化适应的目的。

## 二 移民社会资本构建路径

在移民文化调适过程中，一直以来，社会资本这个无形因素是被忽视的，通过信任、社会网络、互惠与规范等社会资本可以使移民由文化骤变而导致的文化失序与文化失调得到很好的调适，所以，要重视移民社会资本的构建，在文化适应方面开辟一条新的路径。具体来说构建路径主要有以下几个方面。

**（一）建构信任社会资本，为移民文化调适奠定基础**

德国著名的社会学家齐美尔曾说，"信任是社会中最重要的综合力量之一，没有人们相互间享有的普遍信任，社会本身将瓦解，几乎没有一种关系是完全建立在对他人的确切了解之上的。如果信任不能像理性证据或亲自观察一样，或更为强有力，几乎一切关系都不能持久"。① 信任资本是社会资本的一个核心内容。

就笔者对三江源各个移民点的实地调查来看，移民与安置区居民之间还有隔阂，彼此的提防心还没消除，所以也就谈不上相互之间的信任。没有信任做后盾，移民新的社会网络关系就不能真正建立起来。所以及时建构移民与当地居民之间的信任关系，是帮助移民打开局面的首要任务。因为信任一旦建成，移民会逐渐消除自己是城市（镇）"过客"的消极想法，社区归属感和认同感将会不断加强。认同感具有强大的凝聚功能与促进协调行动的价值。"认同是加深理解，促进合作的基础，在相互交往的过程中，认同就是凝聚力量，就是号召力，就是一笔无形的社会资本。"② 可见，信任在移民文化调适中有非常重要的作用，就像是一座高楼的地基，如果地基不稳，那么再完美的大厦都将会"土崩瓦解"而不能持久。所以重建信任社会资本，为移民的文化调适做好扎实的基础工作，文化适应才不是"空中楼阁"。

当然普遍信任的建立不是一蹴而就的事，需要一个循序渐进的过程。社区信任的构建到普遍信任的扩展，是移民文化调适的必然选择，也是一个基本思路。社区信任的培育与建构，有利于促进移民对社区的关注度，能使移民对周围邻里等普遍关系的信任度有所提高，延长社区的信任半径，为普遍信任创造可能性。移民初来乍到，由于文化的差异，人

---

① 转引自郑也夫《信任论》，中国广播电视出版社2006年版。
② 郑剑：《社会资本论》，硕士学位论文，华中科技大学，2011年。

们在社区内的关系和交往范围都相对狭窄，往往局限于"移民内部"。他们之间形成一种"特殊信任"关系，这种深度的信任对处于"信任危机"时期的移民有一定的情感抚慰功效。但如果长远来看，这种信任还远远不够，要及时引导移民扩大信任的范围，使社区信任成为普遍信任的基础，而不是羁绊。因为社区信任往往带有致命的封闭性，如果一直"裹足不前"，不打破这种"圈内"的信任关系，社区信任的基础作用反而会走向反面，移民和迁入地居民之间的普遍信任就会受到影响，因为双方都陷入自己的圈子而不迈出艰难的第一步，时间一长，将会形成"定局"，越不可能产生彼此的信任。这种状态对移民来说非常不利，因为这些特殊信任关系获取的信息都是重叠的，其"工具性"功能较弱，对移民今后的发展起不到较大的作用。所以一定要打破这种局面，建构以"普遍信任"为核心的信任社会资本，逐步从圈内的特殊信任扩展到广泛的普遍信任。"社会资本要素中的普遍信任，其信任指数的高低决定着一个社会或一个社区的社会资本的存量，影响人们参与集体行为的决心。"[①]所以应该利用各种机会加强移民和安置地居民的交流频度，逐渐消除猜疑和提防心理，建立彼此的信任关系，使社区成为化解一切冲突的平台，成为生态移民传统文化与城市（镇）现代文化衔接的桥梁。在碰撞与磨合中，逐步建立起普遍信任的关系，为移民的转型奠定坚实的基础。

### （二）重建社会网络，为移民的文化调适搭建桥梁

社会网络资本对于移民文化调适也是至关重要的。从某种程度上理解，社会资本可以看作各种形式、形态的社会网络关系的聚合体。一个强大的社会网络可以为移民与城市（镇）居民的交往、合作提供一个有力的中介平台。新的网络关系可以通过对"圈内"资源的融合和"圈外"资源的链接，使移民在同等的条件下，能够拥有更丰富的资源，"从而为他们提供多样化的社会支持。这种支持不仅是物质上有形的帮助，更是一种精神上和情感上的无形托举力量。建立一个信任、互惠和合作的社会关系网络，有助于培育移民共同价值取向和道德规范，促使移民积极

---

[①] ［美］罗伯特·普特南：《使民主运转起来》，王列、赖海榕译，江西人民出版社2001年版。

主动地参与社区活动，进一步扩大社区网络关系"[1]。移民在丰富社会网络的环境中自然而然地达到文化的调适。

河源新村移民是跨县搬迁的移民，不仅距离最遥远，对移民社会网络关系的破坏也是最严重的。他们从州府之外的玛多县草原来到城市（镇）社区，之前的社会网络关系基本被瓦解，原来的网络关系所能提供的情感支持、物质支持也随之失效。在这种"青黄不接"的困难时期，及时构建移民新的社会网络关系显得尤为重要。因为社会网络可以为移民提供其所需要的物质或精神（情感）上的支持，同时可以加强移民与安置地居民之间的联系，逐步增强移民对社区的认同感与归属感。但建构起新的社会网络关系并不是一件容易的事，这需要当地政府、移民、安置地居民等共同的努力才能有更明显的效果。移民来到城市（镇），因文化的巨大差异和彼此信任的欠缺，他们本能地以血缘、亲缘为特征建立网络关系，"信任与合作规范局限于一定的范围之内，一旦超出，其网络关系立即减弱。因此，这样的社会网络关系呈现出较强的封闭性和排他性"[2]，虽然人际关系比较密切，但其"工具性"效能低下，并带有一定的"排他性"，影响移民新的社会网络关系的发展和建立，从而制约移民文化的适应速度。

要重建移民社会网络，就要打破原有的封闭式的网络关系，构建各主体之间交往、沟通的社会网络平台，为各主体之间的联系与交流创造空间，扩大社区文化参与网络。政府应积极开展社区帮扶活动，促使移民通过参与其中彼此交流、相互影响，促进合作，增强信任，提高主体之间的内聚力，实现社区的互动机制。安置地居民也要积极参与到这个过程中来，在"结对子"帮扶活动中主动接触移民，以平和的态度与移民交流、沟通、交往，使移民逐步消除对他们的提防心，建立新的关系。移民自己也要走出消极、悲观的心理阴影，从封闭网络中走出，放下偏见，与当地居民真诚互动，这样才能逐步消除彼此的误读，逐步建立信任关系，形成新的社会支持网络。只有这样"三管齐下"，才能形成一个

---

[1] 郭丽艳：《社区文化建设与社会资本的开发与应用——以北京市东润枫景社区为例》，硕士学位论文，北京化工大学，2012年。

[2] 同上。

互惠互利的社会支持网络，使移民能在新的社会网络中自主地解决各种问题，在交流中达到文化的认同，进而促进融合。

**（三）重建互惠资本，共赢中实现移民的文化转型**

互惠规范也是协调人际关系的一项重要原则。在移民文化适应过程中，互惠规范的社会资本对于促进移民与迁入地居民平等、团结、友好的关系来说是不可小觑的。互惠"权利与义务一致，个人利益与他人利益统一"。如果在移民文化调适当中，一味强调移民的主体地位，而忽略安置地居民的"利益"，其积极性会大大减弱，"一条腿长，一条腿短"的互动会因不对称而效果甚微。"移民适应当地文化进而融入城市（镇）社区中，首先要建立互惠共赢的社会规范机制，使移民与当地居民在共同的、平等的利益机制基础上互惠合作，实现互惠共赢。"[①] 只有这样的互动才是有生命力的。

目前城市（镇）中的有些事务也由移民来完成，如街道的清扫、给城市（镇）附近牧民"物超所值"的帮牧、社区周遭货真价实的便利小卖部的"救急"、偶尔对移民出租车的顺道搭乘等。移民偶尔也得到当地居民的帮助，如给移民介绍一些附近的工作等。互惠初现端倪，但还远远不够，总体来说，移民与当地居民之间的"对称性"还不够，难以达到真正的互惠。针对现阶段互惠资本缺失的具体情况，培育一种超越传统社会差序格局下的信任和合作意识——也就是一种超越血缘、亲缘和地缘关系的相互协作和互惠规范显得十分迫切。在信任、公平、平等、合作、互惠的规范理念指导下，充分发挥社会资本在创造人力资本过程中的作用。加大对移民人力资本的投资，使其掌握在城市（镇）生存的本领和为城市做贡献的技能，以便在和安置地居民的交往、合作中能给对方带来"恩惠"。二者在互动中感受到对方的重要性，在互惠中达到彼此的接纳、依赖、信任和认同的目的。逐步消除彼此的排斥心理，移民生活的空间会宽松很多，在此基础上移民完成对自己身份社区和城市（镇）文化的认同，逐步适应城市（镇）的生活，完成文化的

---

① 刘莉：《城市化进程中的民族关系研究——以社会资本为视角》，硕士学位论文，西北师范大学，2008年。

顺利转型。

**（四）完善共有规范，为移民文化调适架构保障**

有效的规范与制度可以形成人与人之间关系的基本结构，为人们的交往与合作提供一套框架与秩序。"规范是一定的社会力量，是相对持久的社会关系的定型化。离开一定的规范，组织就形同虚设；离开规范，组织成员就无法建立正常的、稳定的关系，社会资本也就丧失了赖以存在和发展的必要条件。"① 所以移民社区的共有规范是移民文化调适的保障。

人的行动是制度与规则的产物。"有什么样的制度与规则，人相应就会有什么样的行为。"② "制度的产生规范了人们的言行，促进社会理性健康的发展。共有规范的作用就在于约束和指导移民和安置地居民之间的相互关系，减少信息成本和不确定性，降低合作的风险，排除合作障碍的因素。"③

移民原有规范体系解体后，如果能重建社区规范体系，将有助于移民与安置地居民之间达成共识，进而形成彼此都能接受的规范，有利于培育社区居民共同的价值取向和道德规范，修复移民与安置地居民之间、移民与社区组织之间的信任关系，逐步消除移民文化认同的危机，完成对城市（镇）文化规范体系的消化与接纳，实现文化的调适。

这就需要重建新的共有规范来引导移民逐步适应城市（镇）社会的"运转规则"，以免因为文化差异而产生不该有的文化冲突。因为"规范使人们的交往、合作具有可预见性和可依赖性，使人们的相互冲突的利益能得到一种整合，从而防止与化解个人之间、个人与群体之间的冲突，促进行动主体之间的良性互动"。④ 制定出有利于移民文化转型、安置地居民又能容易接受的社区共有规范已势在必行。

因为移民带着自己特有的文化规范进入城市（镇）社区，不仅仅使

---

① 王竹林：《城市化进程中农民工市民化研究》，中国社会科学出版社2009年版。
② 杨月如：《试论社会资本在构建和谐社会中的功能》，《学习论坛》2005年第8期。
③ 燕继荣：《投资社会资本——政治发展的一种新维度》，北京大学出版社2006年版。
④ 杨月如：《试论社会资本在构建和谐社会中的功能》，《学习论坛》2005年第8期。

迁入地的人口和信息量的流动急剧增大，也为原来的城市（镇）社区注入了异质性元素。两种文化相撞，价值观受到冲击的不仅仅是移民，安置地居民各阶层的价值观也会受到一定的影响，这有可能会引发双方心理上和行为上的一系列冲突。在这种情况下，安置地如果没有双方都能认可和接受的统一的行为规范，就会导致社会失范现象的发生和越轨行为的增多，如果严重，可能还会危及安置地的安全和社会稳定。所以要以文化为中介进行规范整合，适当调整迁入地原来的管理体制和管理规范，重建既适用于移民又不委屈当地居民的共有规范和共同规章制度，为大多数人所认可和接受，成为社区正常运转、良性互动的有力保障。规范是用来规定什么样的事能做，什么样的行为受限制的一个行动纲领，所以要想使双方能"磨合"成功，对那些新规范体系所不能容忍的偏差行为一定要进行惩治，竭力使移民和当地居民在行为上相互协调，减少不必要的冲突和矛盾。只有这样，双方在实际行动中才能自觉遵守和维护这些规范。新规范也才能内化成为移民与安置地居民自身行为准则的一部分，最后，双方才能真正从心理上接受和认可这些行为规范。从而根本上减少彼此的文化冲突，真正实现移民与当地居民在心理上和行为上的相融，使移民对安置地产生认同感和心理归属感，文化震惊得到有效消解，达到文化调适的目的。

## 第六节 "强关系"到"弱关系"的转型：从血缘到业缘

### 一 强关系与弱关系解析

普特南在研究社会资本时，把社会资本分为两种类型，即紧密联系型社会资本和联结型社会资本。如果按网络关系来解释，紧密联系型社会资本就是强关系，联结型社会资本就是弱关系。普特南认为强关系大多建立在与家人、邻居、亲属、朋友等密切互动的关系基础上，把彼此熟悉的人团结到一起，起到纽带作用，能够为关系中的个体提供社会支持。但他同时又指出这种关系的弱点：网络关系的同质性太强，所能利用和调动的资源有限，所发挥的功能也有限。而他认为弱关系可以把彼此不认识的人或者群体联系到一起，起到桥梁作用，能够促进网络中的人水平联系或垂直联系，不断发展、扩充异质性社会关系，来获取更多的社会资源和社会支持。

格兰诺维特（Granovetter）在其经典名篇《弱关系的力量》中提出了"弱关系的强度"概念，对强关系和弱关系进行了更深入的探讨，并提出了对强关系和弱关系具体的测度，即"彼此情感强度、互动的频率、互惠交换和亲密程度四个维度来定义和区分强关系和弱关系。强关系表现为感情深、关系亲密、互动频繁"[1]。一般情况下规模较小，异质性低、趋同性强，群体内部的互动方式一般是重复性和同质性的，因而较难获取不同的信息、资源和机会。弱关系则交往面广，人与人关系并不紧密，互动频率低，也没有太多的感情维系，表现为一种泛泛之交。"规模一般要比强关系大，其分布范围也比强关系更广。群体内的人可以跨越其社会界限去获得信息和其他资源"[2]，因为异质性特点突出，跨度大，通过互动，可以将其他群体的重要信息带给不属于这些群体的某个个体。格兰诺维特认为，关系的强弱决定了能够获得信息的性质以及个人达到其行动目的的可能性。因此，他断言，"虽然所有的弱关系不一定都能充当信息桥，但能够充当信息桥的必定是弱关系"[3]。

### （一）强关系——生态移民进入城市（镇）的生存保障

三江源生态移民响应国家的号召，从熟悉的草原牧区，来到陌生的城市（镇），除了政府政策上的帮助外，想立足城市（镇），由移民内部，即"圈内"形成的"强关系"的支持是最可靠的宝贵资源。"强关系"之间的交往是富于"情感型"和"非工具型"的。这能为移民提供心理上的支持和安慰，必要时可提供实质帮助或情感上的安慰，这是移民在较低层次上适应陌生城市（镇）的生存保障。之所以强关系在移民刚进入城市（镇）的时段这么重要，是因为移民面对陌生的完全不同于草原

---

[1] 转引自闫平《西藏日喀则城市老年人社会支持研究》，硕士学位论文，中央民族大学，2010年。

[2] 肖冬平、梁臣：《社会网络研究的理论模式综述》，《广西社会科学》2003年第12期。

[3] 转引自肖冬平、梁臣《社会网络研究的理论模式综述》，《广西社会科学》2003年第12期。

的城市（镇）社会，对周围一切事物以及迁入地的居民充满着不信任感，这无意中削弱了彼此合作或依赖的可能性。而同样来自草原的牧民，虽然之前可能没有交往，但相同的文化背景和经历使他们很快走近，惺惺相惜，彼此信任，很快成为熟人社会。因为信任，所以减少了互动的复杂性，信任成为移民内部交往与互动的基础，并在此基础上构建起自己的关系网络和社会支持系统。这种社会网络以"人情""信任"为媒介，对刚进入城市（镇）缺乏安全感的移民来说是一种心理支撑，也是获取精神慰藉乃至适应城市（镇）文化的基础保障。由于彼此毫无芥蒂的"深度信任"，进一步加强和深化了成员之间的社会交往与互动，"而正是基于熟人社会的人情与信任，初期的发展机会方面更多依靠强关系而非弱关系，对于强关系的依赖是一种在现有条件下用以节约成本的理性选择"。[1]

但是，"强关系"只是移民在城市（镇）生存下来的一个基本保障。若要让移民能顺利掌握城市（镇）的生存技能，顺利实现文化的适应，进而实现社会融合，光靠"强关系"是远远不够的，必须要走出这种"圈内"关系，开拓"弱关系"才有发展潜力。从以血缘、亲缘为基础的"强关系"到以业缘、社缘为基础的"弱关系"，是移民今后生存、发展的必然选择，因为同质性太强的"强关系"发挥的功效有限，它对移民较低层面的生存有很重要的作用，但在移民进一步发展方面作用明显有限。这需要移民逐步完成"情感型行动"到"工具型行动"的过渡，建立起以业缘为基础的新社会纽带。因为"工具型行动"遵循异类互动原则，有利于移民支配并获取有价值的信息和社会资源。这是一种由初级社会关系网向次级社会关系网推开，并以工具性标准为基础的"差序格局"。移民应在"强关系"中拓展"弱关系"，以"强关系"为基础，不断培育丰富"弱关系"。不断重构新的社会关系网，是移民在城市（镇）社会成功生存下来的重要法宝。

---

[1] 冯建蓉：《从强关系到弱关系：农民工社会网络转变的社会学分析》，《西南农业大学学报》2011年第12期。

**(二) 弱关系——生态移民自身发展的行动策略**

在城市（镇）社会中，个人和群体的社会整合更多取决于群际之间的交往，交往越频繁，个体获得的社会支持网络就有可能越多，整合的速度就越快，反之亦然。三江源生态移民亦不例外，他们在城市（镇）生活的几年，实质上也是群际之间不断互动的过程，这个过程也是不断重构新社会关系网的过程，即，在"强关系"的基础上慢慢延伸"弱关系"。这种"弱关系"可超越"情感支持"的局限性，在网络中呈现"工具性差序格局"。相比"强关系"，移民在新社区重构的"弱关系"网络更多带有实用性、工具性、功利性等特点。一般而言，移民如果在城市（镇）中建立的"弱关系"越多，他们整合、融入城市（镇）社会的程度也就越高，速度越快。反之，如果移民不从单一的同质性很强的狭小圈子里走出来，面对城市（镇）的固有文化体系，因缺少普遍信任导致交往的欠缺，进而使移民自身发展受到限制，如此发生失范行为的概率就高，同时也不能顺利提升自己的人力资本。因为仅仅是"特殊信任"，所以移民的社会资本也不能日益丰满，只能原地踏步，最终难以完成文化的调适。

那么如何积极构建"弱关系"呢？这要从两方面入手，即主观和客观两个层面双管齐下方能见效。首先要充分调动移民的主观能动性，即调动移民"强关系"到"弱关系"转化的意识和欲望。"既要巩固纽带型的社会资本同时又要创造机会去建立联结资本。"[①] 在此基础上，让移民勇敢走出封闭的"同质性圈子"，打破"内卷化"格局，主动参与社区的各项活动，抓住每一个和"异质性"居民交往的机会，通过主动积极的人际传播与交流，逐渐学会城市（镇）人的行动逻辑，稳步提升自己的人力资本，不断扩充自己的网络规模，吸收新的网络元素，使"弱关系"网和"强关系"网共同成长，给自身的发展带来有效的帮助与支撑。从客观方面来讲，政府、非政府组织、民间社团以及本社区联手并进，共同努力，通过相关特殊的移民政策或公共政策引导，从多方面创造条

---

① 闫芳：《社会资本视域中的留城农民工问题研究》，硕士学位论文，长春工业大学，2011年。

件搭建平台，促进"同质性"与"异质性"群体之间的交流，在交流交往中彼此增进信任与理解，使移民的原有网络结构彻底得到"优化"，从根本上改变移民不利的生产空间，促进移民逐步适应城市（镇）文化，进而融入城市（镇）社区。同时也应加强相关部门与移民的互动与交流，使移民不仅仅产生"人际信任""社区信任"，也产生"政府信任"和"制度信任"。建立一个以政府为主导，以移民社区为纽带，以血缘、地缘等初级关系为依托的社会支持系统，在"弱关系"的基础上多层次解决移民文化失调问题。

三江源生态移民要想达到文化的适应，从而在今后获取足够大的发展空间，"必须扩大、再构次级社会网络，获得数量多的、异质的、价值高的信息，要将社会网络扩展到其他异质群体中"。[1] 把"弱关系"始终作为移民自身发展的行动向导，是移民文化调适的必然选择，因为只有这样，移民才能够逐渐熟悉城市（镇）"生存法则"，在与"弱关系"的交往中，获取更多的信息和发展机遇。在交流、碰撞中不断磨合，不断成长。在整个博弈和探索过程中，相互适应，逐渐接纳，"结交新朋友，不忘老朋友"，完成从血缘、社缘到业缘的转换，实现"强关系"到"弱关系"的顺利转型，最终达到自身的发展和文化的适应。

## 二 血缘到业缘的转型

费孝通在《乡土中国　生育制度》中认为，西洋社会的结构属于"团体格局"，而中国社会则属于"差序格局"。团体格局"有些像我们在田里捆柴，几根稻草束成一把，几把束成一扎，几扎束成一捆，几捆束成一挑。每一根柴在整个挑里都属于一定的捆、扎、把。每一根柴也都可以找到同把、同扎、同捆的柴，分扎得清楚不会乱的。在社会，这些单位就是团体"。[2] 从费老经典的描述中，我们可以看到，西方社会的人际交往是独立的个体之间的交往。

---

[1] 冯建蓉：《从强关系到弱关系：农民工社会网络转变的社会学分析》，《西南农业大学学报》2011年第12期。

[2] 费孝通：《乡土中国　生育制度》，北京大学出版社2005年版。

而乡土中国的人际关系是完全区别于西方社会的,"我们的格局不是一捆一捆扎清楚的柴,而是好像把一块石头丢在水面上所发生的一圈圈推出去的波纹。每个人都是他社会影响所推出去圈子的中心,被圈子的波纹所推及的就发生联系,每个人在某一时间某一地点所动用的圈子是不一定相同的"。① 这就是费先生提出的"差序格局"概念,形象地概括了中国传统社会的社会结构和人际关系特点:"以'己'为中心,像石子投入水中,逐渐向外推移,一圈圈推出去,愈推愈远,愈推愈薄。"② "那么,能够造成和推动这种波纹的'石头'是什么呢?"③ 正如费老所说,是以家庭为核心的血缘关系。血缘是稳定的力量,在稳定的社会中,"血缘关系的投影又形成地缘关系,血缘关系与地缘关系是不可分离的。"④ "亲密的血缘关系限制着若干社会活动,最主要的是冲突和竞争,亲属是自己人,从一个根本上长出来的枝条,原则上是痛痒相关,有无相通的。"⑤

搬迁前移民在草原主要靠"血缘互助圈"生存,血缘群体在育幼养老、社会化、情感支持等多方面发挥着重要作用。其次是"姻缘互助圈",在牧区,血缘和姻缘往往交织在一起。到城市(镇)后,移民的上述两种关系因为地域的原因而逐渐失去其强大的支持。经过几年的"磨合",在移民内部逐渐形成了"地缘互助圈"。但如果让移民能在城市(镇)扎根,靠"地缘互助圈"是远远不够的,因为群体内部基本属于"强关系",这种关系凝聚力强、整合度高、异质性弱,不利于移民获取有价值的信息,不利于提升自身的人力资本。业缘性关系在客观需求上成为社会关系的主体。"业缘性关系的建立和维持不是靠先赋的血缘、地缘、人情等因素,而是在日益广泛的社会经济交往中发生的,是为了实现彼此或者某一群体的共同利益,具有普遍主义特征。"⑥

---

① 费孝通:《乡土中国 生育制度》,北京大学出版社2005年版。
② 同上。
③ 参见刘曙辉、赵庆杰《家庭在中国传统伦理中的始点地位及其生态合理性》,《南京政治学院学报》2010年第4期。
④ 吴国松:《农村留守妇女家庭关系演变研究》,硕士学位论文,中央民族大学,2012年。
⑤ 费孝通:《乡土中国 生育制度》,北京大学出版社2005年版。
⑥ 张炜:《社会资本与进城农民的社会融入——对浙江金华涡阳籍个体运输户的个案研究》,硕士学位论文,华东师范大学,2006年。

"强关系"到"弱关系"的转换,其实为移民从血缘到业缘的转型奠定了一定的基础,比如"因为生存需要,部分移民外出从事二、三产业,工作中认识了新同事,结交了新朋友,形成了一个以自己为中心的业缘关系网络。新的关系网络的维系逐渐由血缘、地缘向社缘、业缘转变"。[①]即,"弱关系"初现轮廓,但很微弱,还需政府和各方力量的呵护和培育。

"弱关系"的建构过程,其实就是业缘关系的成长过程。移民要想达到文化的调适,逐步适应城市(镇)文化,必须理性走出严重依赖血缘和地缘关系的逻辑思维,主动经营新的关系,转向业缘,因为只有这样,他们才能接触到城市(镇)新的价值理念、生活法则等,逐步理解之、消化之、适应之、接纳之。在业缘中也可获取更多的社会资源,不断丰富自己的社会资本和人力资本。唯有如此,移民才能逐步适应城市(镇)生活,达到真正的文化调适。如果有一天移民在业缘关系中收放自如,业缘关系已成为他们生活中不可或缺的一部分,说明文化调适也已基本完成。

---

① 周甜:《三江源生态移民的社会适应调查研究》,硕士学位论文,西北民族大学,2010年。

# 总结与讨论

人是文化的动物，文化是人的生活。"人的生活离不开文化，人类会用文化来解决其成员所觉察到的生存问题。"① 本书以三江源不同地域的移民为对象，重点分门别类地深描、论述了其中的一个典型城镇社区——河源新村移民的文化变迁内容及所引起的文化失调，在分析了移民文化失调的具体情况后，在社会资本的视域中从政府和个体两个层面提出了如何解决文化适应问题的思路和对策。通过分析，我们可以看到三江源生态移民的文化适应是一个关系到移民能否扎根城市（镇）的大问题。国家花了很大的财力于移民工程，目的是让三江之源的生态"休养生息"，让源头搬迁出来的移民在城市（镇）"安居乐业"。但从笔者的实地调查来看，移民的文化适应还远未完成。从目前的状态来看，可以得出以下结论。

结论一：从文化适应层次看，移民物质文化的"涵化"特征明显，制度文化和精神文化的适应还有一段距离，"文化震惊"还没消除，所以文化调适的任务还很艰巨。三江源的第一批生态移民经历了10年的城市（镇）生活，他们的身份认同还处于一种模糊状态，游离于城市（镇）和草原之间，美国社会学家罗伯特·帕克的经典论述精准地体现了移民的这一特征。"他把处于边缘化状态下的社会成员形象地比喻为文化上的混血儿，认为他们寄托在两个不同的群体之中，但又不完全属于任何一方，

---

① 严墨：《碎片化到重构——以鄂伦春文化变迁为例》，博士学位论文，中央民族大学，2007年。

他们的自我概念是矛盾的，不协调的。"① 移民经济地位和社会地位偏低，在主流社会成为一个特殊的弱势群体。其生存状态呈现出既有希望又常怀失望，既要为适应新环境而进行调整、又要为坚守旧传统而纠葛，既急需选择又别无选择，颓废和希望并存、痛苦和憧憬齐在的边缘境地。

结论二：从社会关系视角看，城镇社区的整体安置割裂了移民原先的社会关系，但新的关系网络建构还不尽如人意，从总体上看，移民交际范围非常狭窄，大多数人除了与"圈内"的人交往以外，很少与外界进行联系。未从根本上改变其以血缘、亲缘为纽带的社会支持网络的边界，"同质性"选择倾向明显。关系延伸半径小，相对封闭。只能满足移民的一部分"情感支持"，但"工具性支持"力量薄弱，不能为移民获取有用信息和提高人力资本提供帮助。

从广袤草原来到陌生的城市（镇），意味着牧民需要"重建新的生活环境和文化模式"，这是一个文化碰撞和融合的过程。处于现代文化边缘上的生态移民无法阻断对原来的生活方式和他们积淀很深的文化的怀念，其社会角色的扮演要受到之前草原牧区生活背景和现在所处城市（镇）环境的双重影响。无法从心理上割舍对传统文化的依恋，如果沉于其中，不主动接触城市（镇）新的文化，习惯性地与"圈内"人交往构建同质性很强的社会支持网络，那么他们将很难融入现代社会的主流文化中，影响其"市民化"的最终完成。

结论三：从社会心理角度看，目前生态移民与城市（镇）社区的隔阂还比较严重，彼此的接纳度不高。移民与安置地居民的联络欠缺，处于"文化震惊"中的他们会产生焦虑、孤独、恐惧的负面情绪。由于文化差异太大，他们对新的文化内心采取对抗的形式，很少与迁入地成员交往，仍然处于内部的小圈子而形成城市边上的"孤岛"。如果不调动移民及安置区居民的积极性，双管齐下，拆除"孤岛"壁垒，这种"文化孤岛"现象将会严重影响彼此的进一步沟通和交流，时间长了，会形成定式，移民文化适应的难度会加大。因此把握生态移民社会交往的趋势，对于我们制定相关政策，更好地引导其融入和适应新的生活具有十分重

---

① 参见胡书芝、吴新慧《生存在边缘——对青年民工社会融入状况的社会学分析》，《青年探索》2004 年第 2 期。

要的意义。如何引导移民正确"角色定位",打破彼此的隔离状态,远非单方面的力量所及。所以还要发挥安置地居民的积极作用,在政府和当地居民的共同帮助、引导下,让移民尽快走出因能力贫困而"无所事事"导致经济及社会地位低下的尴尬局面,尽快让其"乐业",再实现"安居",进而认同当地的文化,达到真正的文化调适。否则,"似乎是找到了经识别的'本我',但没有一个综合文化体系的支撑,这种'本我'的认同只不过是一个难以持续的梦想"。[①]

生态移民过程不仅仅关涉时空变换,同时也是"文化置换"和"文化悬挂"并存的过程。这个过程将同时伴随无数的"转型阵痛"。三江源生态移民世代生活在一个流动性很小的封闭社会中,形成了自己特有的生活方式,草原文化积淀中所形成的精神意识已被他们完全认同并深深烙在其心上。当原有的传统文化在新的环境中遭遇主流文化的"挤压"时,传统文化在城市(镇)面前呈现出"碎片化"[②] 状态。文化调适是移民文化适应的必然选择,移民适应城市(镇)社区的文化生活,是一次从内到外的"博弈"过程。"一方面,移民追求成为主流社会的一员,以享受相应的权利和利益,另一方面,移民作为边缘社群处于现代话语体系的外围,在急剧变换的时代社会,其利益得不到足够的表达,甚至湮灭于无形之中。"[③] 移民过程,游牧社会从生活方式到组织结构都发生了与传统的断裂,游牧文化的存续受到严重挑战。其原有的、已内化的文化与主流文化频繁地碰撞,使其对自身的价值观认同更易产生"焦虑感"和"危机感"。在现代社会与乡土社会之间、社会隔离与社会融合之间、文化转型与文化整合之间,伴随着、交织着、杂糅着不少的文化失调现象,如果把脉不准,不能及时调整移民的这种"文化震惊"现象,有时会引发不同程度的社会问题。生态移民要走出文化震惊的困境,其交往过程应该日益注重文化的相互"吸纳"和融合。笔者访谈中,有些藏族精英认为迁出地和安置地两者之间巨大的文化差异是移民文化不适

---

① 严墨:《碎片化到重构——以鄂伦春文化变迁为例》,博士学位论文,中央民族大学,2007年。

② 解志伟:《新疆木垒县——乌兹别克族游牧社会文化变迁研究》,博士学位论文,中央民族大学,2009年。

③ 黄进:《价值冲突与精神皈依》,南京师范大学出版社2010年版。

应的重要原因。只有正视这些文化差异,以包容的胸怀和开阔的视野理性客观看待两种文化,才能进一步发现在文化适应过程中存在的问题以及由这些问题所引发的移民在认知、情感和行为上的矛盾表现。生态移民群体的文化适应可能会比社会适应更重要,目前在一些移民社区出现的复杂的社会问题,更重要的原因就是由文化传统、宗教伦理、价值观发生变化所致。而这些问题和矛盾表现本身也是移民文化适应的一部分,可见对移民的文化调适依然任重道远。

  本书以深度田野调查为基础,以果洛州河源新村移民社区为重点个案,以三江源其他移民点为补充和辅助,描述分析了移民由于文化变迁而产生的"文化震惊"的真实状况,从三个维度对照和比较了生态移民搬迁前后的衣、食、住、行等生活状态、价值观念、身份认同、心理归属等文化现象,真实再现了移民在文化变迁中的"窘态"。特瑞·伊格尔顿说:"如果我们要生存下去,那么文化就是一种需要。文化是插入我们的本性之中心空隙中的'填补物'。"① 文化是由人在实践中创造的产物,所以文化,必是人化,反过来它又"化人",文化与人类的生存、发展息息相关。三江源生态移民工程是保护"地球之肾"的举措,是由"流动的游牧社会"到"定居的城镇社区"的一次重大的社会转型,是游牧文化到城市(镇)文化的"大跳跃",也是一次"文化大迁徙"。这种变迁完全可以称得上是一次革命。如果处理不当,会引起一系列的文化与社会问题。"生态移民的重要性不言而喻,但是,在实际的操作中却很少有人对移民群体的传统文化保护、文化传承等问题给予足够的关注,而是更多关注于生态环境保护和生态恢复及综合的社会发展指标。"② 在笔者所翻阅的有关文件和相关文献中,涉及"三江源生态移民"内容的很多,但很多政策和论文多关注"生态"而忽视"移民",保护"生态"是为了人类更好地生活。但在保护"生态"的过程中忽略了为"生态"而付出代价的"人",这是不公平的。应优先保护这些为生态做出牺牲的局部"人"的各项民生权益,才符合我们的初衷。所以如何通过文化变迁与文

---

① [英]特瑞·伊格尔顿:《文化的观念》,方杰译,南京大学出版社2003年版。
② 祁进玉:《草原生态移民与文化适应——以黄河源头流域为个案》,《青海民族研究》2011年第1期。

化调适的视角去关注生态移民之"民"本身,感受"他们对生活之感受",让"生态移民"的焦点从只关注"生态"逐步成为"生态"与"移民"并重,如何让"以人为本"真正在生活中体现而不只是停留在口头上的热切呼唤与向往,是本书所反思的主题。

# 参考文献

## 一 专著类

1. 费孝通：《乡土中国 生育制度》，北京大学出版社 2005 年版。
2. 韩全芳：《社区分化与社区重构：云南 DY 铜矿的变迁研究》，中国社会科学出版社 2011 年版。
3. 季文：《社会资本视角的农民工城市融合研究》，经济科学出版社 2009 年版。
4. [美] 威廉·费尔丁·奥格本：《社会变迁——关于文化和先天的本质》，王晓毅、陈育国译，浙江人民出版社 1989 年版。
5. 阿拉腾：《文化变迁——一个嘎查的故事》，民族出版社 2006 年版。
6. 边燕杰：《找回强关系：中国的间接关系、网络桥梁和求职》，上海人民出版社 2002 年版。
7. [美] 鲁思·本尼迪克特：《文化模式》，张燕、傅铿译，浙江人民出版社 1987 年版。
8. 包路芳：《社会变迁与文化调适——游牧鄂温克社会调查研究》，中央民族大学出版社 2006 年版。
9. 曹卫东、张广海：《文化与文明》，广西师范大学出版社 2005 年版。
10. 曹志刚：《社会网络与城市化意识》，社会科学文献出版社 2011 年版。
11. 董晓萍：《田野民俗志》，北京师范大学出版社 2003 年版。
12. [美] 阿兰·邓迪斯：《民俗解析》，户晓辉译，广西师范大学出版社 2005 年版。
13. [法] E. 杜尔干：《宗教生活的初级形式》，林宗锦、彭守义译，中央民族大学出版社1999年版。
14. 贺卫光：《多民族关系中的裕固族及其当代社会研究》，民族出版社2011年版。
15. 费孝通：《江村经济：中国农民的生活》，商务印书馆2001年版。
16. 冯天策：《信仰人类的精神家园》，济南出版社2000年版。
17. ［美］乔纳森·弗里德曼：《文化认同与全球性过程》，郭建如译，商务印书馆2004年版。
18. 方兵、彭志光：《生态移民：西部脱贫与生态环境保护新思路》，广西人民出版社2002年版。
19. 郭于华：《仪式与社会变迁》，社会科学文献出版社2005年版。
20. 高丙中：《民俗文化与民俗生活》，中国社会科学出版社1994年版。
21. ［美］克利福德·格尔茨：《文化的解释》，韩莉译，译林出版社2002年版。
22. ［美］格兰诺维特：《镶嵌：社会网与经济行动》，罗家德译，社会科学文献出版社2007年版。
23. ［美］马文·哈里斯：《文化唯物主义》，张海洋、王曼萍译，华夏出版社1989年版。
24. ［日］广田康生：《移民和城市》，马铭译，商务印书馆2005年版。
25. ［法］莫里斯·哈布瓦赫：《论集体记忆》，毕然、郭金华译，上海人民出版社2002年版。
26. 梁莹：《社会资本与公民文化的成长——公民文化成长与培育中的社会资本因素探析》，中国社会科学出版社2011年版。
27. 蒋斌、何翠萍：《国家、市场与脉络化的族群》，"中央研究院"民族学研究所1993年版。
28. 荆学民：《社会转型与信仰重建》，山西教育出版社1999年版。
29. ［英］吉登斯：《现代性与自我认同》，赵旭东等译，生活·读书·新知三联书店1998年版。
30. 江帆：《生态民俗学》，黑龙江人民出版社2003年版。
31. 林聚任等：《社会信任和社会资本重建——当前乡村社会关系研究》，山东人民出版社2007年版。
32. ［美］克利福德·吉尔兹：《地方性知识：阐释人类学论文集》，王海龙等译，中央编译出版社 2004 年版。

33. 林耀华：《民族学通论（修订本）》，中央民族大学出版社 1997 年版。
34. 陆树程等：《和谐社会视域中弱势群体文化权益保护研究》，上海三联书店 2012 年版。
35. 林竞君：《网络社会资本与集群生命周期研究：一个新经济社会学的视角》，上海人民出版社 2010 年版。
36. 郭永宏：《技术变迁与人力资本结构再造理论分析》，中国财政经济出版社 2009 年版。
37. 李小云：《参与式发展概论》，北京农业大学出版社 2001 年版。
38. 李惠斌等：《社会资本与社会发展》，社会科学文献出版社 2000 年版。
39. ［德］伊曼纽尔·利维纳斯：《生存及生存者》，顾建光、张乐天译，浙江人民出版社 1987 年版。
40. ［美］詹姆斯·克利福德：《写文化——民族志的诗学与政治学》，高丙中译，商务印书馆 2006 年版。
41. ［英］埃德蒙·利奇：《文化与交流》，郭凡、邹和译，上海人民出版社 2000 年版。
42. 马戎：《民族社会学——社会学的族群关系研究》，北京大学出版社 2004 年版。
43. ［英］米尔顿：《环境决定论与文化理论：对环境话语中的人类学角色的探讨》，袁同凯、周建新译，民族出版社 2007 年版。
44. ［法］马塞尔·莫斯：《礼物：古式社会中交换的形式与理由》，汲喆译，上海世纪出版集团 2005 年版。
45. 纳日碧力戈：《现代背景下的族群建构》，云南教育出版社 2000 年版。
46. ［美］C·恩伯、M·恩伯：《文化的变异》，杜杉杉译，辽宁人民出版社 1988 年版。
47. 彭兆荣：《人类学仪式的理论与实践》，民族出版社 2007 年版。
48. 宋蜀华、白振声：《民族学理论与方法》，中央民族大学出版社 1998 年版。
49. 孙尚扬：《宗教社会学》，北京大学出版社 2001 年版。
50. 苏发祥：《安多藏族牧区社会文化变迁研究》，中央民族大学出版社 2009 年版。

51. ［美］史徒华：《文化变迁的理论》，张恭启译，（台北）远流出版事业股份有限公司1989年版。
52. ［美］马歇尔·萨林斯：《文化与实践理性》，赵丙祥译，上海人民出版社2002年版。
53. 色音、张继焦：《生态移民的环境社会学研究》，民族出版社2009年版。
54. ［美］迈克尔·塞尼：《移民·重建·发展》，水库移民经济研究中心编译，河海大学出版社1998年版。
55. 三江源自然保护区编辑委员会：《三江源自然保护区生态环境》，青海人民出版社2002年版。
56. ［美］乔纳森·H.特纳：《社会学理论的结构（第七版）》，邱泽奇等译，华夏出版社2006年版。
57. ［美］保罗·唐纳顿：《社会如何记忆》，纳日碧力戈译，上海人民出版社2000年版。
58. ［英］维克多·特纳：《仪式过程结构与反结构》，黄剑波、柳博赟译，中国人民大学出版社2006年版。
59. ［英］爱德华·泰勒：《原始文化》，连树声译，上海文艺出版社1992年版。
60. ［美］阿尔温·托夫勒：《未来的震荡》，任小明译，四川人民出版社1996年版。
61. ［德］斐迪南·滕尼斯：《共同体与社会》，林荣远译，商务印书馆1999年版。
62. 奂平清：《社会资本与乡村社区发展》，中国社会出版社2008年版。
63. 王雅林：《生活方式社会学》，吉林大学出版社2001年版。
64. 万建中：《中国民间文化》，北京师范大学出版集团2010年版。
65. 万建中：《禁忌与中国文化》，人民出版社2001年版。
66. 万建中：《民间文学引论》，北京大学出版社2006年版。
67. 王铭铭：《文化格局与人的表述》，天津人民出版社1997年版。
68. 姜继红：《社会资本与就业研究》，社会科学文献出版社2005年版。
69. 王明珂：《华夏边缘——历史记忆与族群认同》，社会科学文献出版社2006年版。

70. 王明珂：《羌在汉藏之间》，中华书局 2008 年版。
71. 王霄冰、迪木拉提·奥迈尔：《文字、仪式与文化记忆》，民族出版社 2007 年版。
72. 王洛林主编：《本土全球化：当代中国西部的社会文化变迁》，经济管理出版社 2011 年版。
73. 王春光：《社会流动和社会重构——京城"浙江村"研究》，浙江人民出版社 1995 年版。
74. 王建新、刘昭瑞：《地域社会与信仰习俗立足田野的人类学研究》，中山大学出版社 2007 年版。
75. 康来云：《中国农民价值观变迁》，河南人民出版社 2008 年版。
76. ［美］克莱德·M.伍兹：《文化变迁》，何瑞福译，河北人民出版社 1989 年版。
77. 韦璞：《农村老年人社会资本对生活质量的影响：一个贫困社区老年人的生活状态》，经济科学出版社 2009 年版。
78. 徐平：《羌村社会》，中国社会科学出版社 1993 年版。
79. 黄进：《价值冲突与精神皈依：社会转型期新生代农民工价值观研究》，南京师范大学出版社 2010 年版。
80. 夏建中：《文化人类学理论学派》，中国人民大学出版社 1997 年版
81. 阎云翔：《礼物的流动：一个中国村庄中的互惠原则与社会网络》，上海人民出版社 1999 年版。
82. 杨庭硕、罗抗隆、潘盛之：《民族、文化与生境》，贵州人民出版社 1992 年版。
83. 王竹林：《城市化进程中农民市民化研究》，中国社会科学出版社 2009 年版。
84. 钟敬文：《民俗学概论》，上海文艺出版社 1998 年版。
85. 杨念群：《空间·记忆·社会转型："新社会史"研究论文精选集》，上海人民出版社 2001 年版。
86. 郑振满、陈春声：《民间信仰与社会空间》，福建人民出版社 2003 年版。
87. 周晓虹：《现代社会心理学》，上海人民出版社 1998 年版。
88. 张鸿雁：《侵入与接替——城市社会结构变迁新论》，东南大学出版社

2003年版。
89. 张鸿雁：《城市·空间·人际》，东南大学出版社2003年版。
90. 朱与坤、鲁顺元：《关注民族"生态家园"的安全》，青海人民出版社2004年版。
91. 张旭东：《全球化时代的文化认同》，北京大学出版社2005年版。
92. 中南民族大学民族学与社会学学院：《族群与族际交流》，民族出版社2003年版。
93. 张继焦：《城市的适应：迁移者的就业与创业》，商务印书馆2004年版。
94. 沈再新：《传承与固守：当代散杂居民族生活方式变迁研究》，中国出版集团2012年版。
95. 吴晓蓉：《外推与内生：西南民族地区经济生产方式转型与社会文化变迁》，广西师范大学出版社2010年版。
96. 李丹：《中国西部水库移民研究》，四川大学出版社2010年版。
97. 王志清：《语言民俗与农区蒙古族村落的文化变迁》，中国社会科学出版社2011年版。
98. 王作全：《三江源区生态环境保护法治化研究》，北京大学出版社2007年版。
99. 孙发平：《中国三江源区生态价值及补偿机制研究》，中国环境科学出版社2008年版。
100. 王海飞：《文化传播与人口较少民族文化变迁》，民族出版社2010年版。
101. 袁晓文：《长江上游四川横断山区生态移民研究》，民族出版社2007年版。
102. 东梅：《农牧交错带生态移民综合效益评价研究》，中国社会科学出版社2011年版。
103. 包智明：《内蒙古生态移民研究》，中央民族大学出版社2011年版。
104. 程瑜：《白村生活：广东三峡移民适应性的人类学研究》，民族出版社2006年版。
105. 杨云彦：《社会变迁、介入型贫困与能力再造》，中国社会科学出版社2008年版。

106. 刘中文：《"空心村"之困惑——我国农村人力资本投资效率研究》，浙江大学出版社 2012 年版。
107. ［美］弗里曼：《社会网络分析发展史：一项科学社会学的研究》，张文宏等译，中国人民大学出版社 2008 年版。
108. 张静：《身份认同研究——观念、态度、理据》，上海人民出版社 2006 年版。
109. 彭拥军：《走出边缘——农村社会流动的教育张力》，华中科技大学出版社 2011 年版。
110. 马戎：《民族与社会发展》，民族出版社 2001 年版。
111. 杨公卫：《村落终结与乡土重建：西藏拉萨城市化进程中柳梧村失地农民文化观念变迁研究》，民族出版社 2012 年版。
112. 霍丽：《城乡二元经济差异的人力资本研究》，中国经济出版社 2008 年版。
113. 马戎：《田野工作与文化自觉》，群言出版社 1998 年版。
114. ［英］马凌诺夫斯基：《文化论》，费孝通译，华夏出版社 2002 年版。
115. ［英］安东尼·吉登斯：《现代性的后果》，田禾译，译林出版社 2000 年版。

## 二　期刊类

1. 刘铁梁：《村落：民俗传承的生活空间》，《北京师范大学学报》1996 年第 6 期。
2. 刘铁梁：《地方社会的建构与地方民俗文化的创造——北京三个区民俗调查的视角》，《民间文化论坛》2007 年第 1 期。
3. 刘铁梁：《"标志性文化统领式"民俗志的理论与实践》，《北京师范大学学报》2005 年第 6 期。
4. 万建中：《论民俗规范功能的历史与现实》，《广西民族学院学报》2003 年第 5 期。
5. 万建中：《民俗的力量与政府权力》，《北京行政学院学报》2003 年第 5 期。

6. 杨利慧：《语境、过程、表演者与朝向当下的民俗学——表演理论与中国民俗学的当代转型》，《民俗研究》2011年第1期。
7. 杨利慧：《美国公众民俗学的理论贡献与相关反思》，《广西民族学院学报》2004年第5期。
8. 岳永逸：《传统民间文化与新农村建设——以华北梨区庙会为例》，《社会》2008年第5期。
9. 岳永逸：《生存的空间化抉择：近代北京天桥艺人的来源及认同》，《北京历史文化研究》2007年第1期。
10. ［德］沃尔夫冈·卡舒巴：《民俗学在今天应该意味着什么？——欧洲经验与视角》，彭牧译，《民俗研究》2011年第2期。
11. 彭牧：《从信仰到信：美国民俗学的民间宗教研究》，《民俗研究》2011年第1期。
12. 康丽：《从传统到传统化实践——对北京现代化村落中民俗文化存续现状的思考》，《民俗研究》2009年第2期。
13. 安德明：《朝向民俗学的新视角》，《民俗研究》2010年第2期。
14. 王杰文：《"表演理论"之后的民俗学——"文化研究"或"后民俗学"》，《民俗研究》2011年第1期。
15. 郑丹丹、雷洪：《三峡移民社会适应中的主观能动性》，《华中科技大学学报》2002年第3期。
16. 风笑天：《"落地生根"？——三峡农村移民的社会适应》，《社会学研究》2004年第5期。
17. 张文宏、李沛良、阮丹青：《城市居民社会网络的阶层构成》，《社会学研究》2004年第6期。
18. 刘有安：《乌兹别克人的迁徙及其社会文化变迁》，《甘肃联合大学学报》2008年第1期。
19. 郭锐、刘芳：《文化转型与文化适应——以云南省金平县者米乡苦聪人（拉祜族支系）为例》，《黑龙江民族论丛》2004年第4期。
20. 郭莲：《文化定义、文化差异、文化冲突》，《理论前言》2001年第24期。
21. 何泽仪、彭婷：《入湘三峡移民与当地居民的文化融合探析》，《三峡大学学报》2006年第1期。

22. 贾仲益：《生存环境与文化适应——怒族社会文化的文化生态学解读》，《吉首大学学报（社会科学版）》2005 年第 7 期。
23. 李俊：《相对剥夺理论与弱势群体的心理疏导机制》，《社会科学》2004 年第 4 期。
24. 谈建成：《三峡库区外迁移民文化整合与社会稳定》，《涪陵师范学院学报》2005 年第 1 期。
25. 巫秋玉：《融合抑或游离：居英香港华人的文化适应》，《华侨华人历史研究》1999 年第 1 期。
26. 习涓、风笑天：《三峡移民对新生活环境的适应性分析》，《统计与决策》2001 年第 2 期。
27. 张鹏、陈娟：《三峡库区外迁移民的社区文化冲突及对策》，《东北师大学报（哲学社会科学版）》2006 年第 6 期。
28. 张青松：《三峡移民的社会支持网》，《社会》2000 年第 1 期。
29. 周艳：《"三峡村"社区生活重构中的文化因素》，《合肥学院学报》2006 年第 2 期。
30. 葛道顺：《镶嵌、自主与弱势群体的社会资本重建》，《江苏社会科学》2005 年第 2 期。
31. 杨荣：《社会资本的缺失与重建——以中国城市社区发展为视角》，《山东科技大学学报》2004 年第 3 期。
32. 赵廷彦：《重建社区社会资本的路径选择》，《辽宁大学学报》2008 年第 3 期。
33. 郝彦辉、刘威：《转型期城市基层社区社会资本的重建》，《东南学术》2006 年第 5 期。
34. 宋梅：《重建社区社会资本的路径研究》，《新余高专学报》2010 年第 6 期。
35. 陈立志：《现代化进程中农村社区社会资本的弱化与重建》，《经营管理者》2012 年第 1 期。
36. 李见顺、朱国庆：《重建三峡民族地区农村社会资本的路径选择》，《三峡大学学报》2008 年第 2 期。
37. 骆桂花：《三江源生态移民安置与后续产业发展的社会调查》，《青海民族研究》2009 年第 2 期。

38. 李滨利、谭志满:《历史记忆与族群认同——对鄂西南一个移民村落的历史人类学考察》,《湖北民族学院学报》2010年第3期。
39. 鲁顺元:《三江源区生态移民社会适应问题的调查与思考》,《青海师范大学学报》2009年第5期。
40. 朱晓静:《甘肃地区农村移民适应性研究——以D县Y村为例》,硕士学位论文,西北师范大学,2009年。
41. 马玉成:《"三江源"生态移民后续产业发展的对策措施》,《农业发展》2007年第12期。
42. 胡振军、黎与:《关于发展青海三江源生态移民后续产业的建议》,《现代农业科技》2009年第3期。
43. 马茹芳:《关于三江源区生态移民的思考》,《四川草原》2006年第4期。
44. 史俊宏:《基于PSR模型的生态移民安置区可持续发展指标体系构建及评估方法研究》,《西北人口》2010年第4期。
45. 陈洁:《青海省三江源退牧还草和生态移民考察——基于玛多县的调查分析》,《青海民族研究》2008年第1期。
46. 张成鳌:《三江源地区生态移民安居问题探讨》,《青海金融》2008年第5期。
47. 邢晓红:《三江源地区生态移民后续产业发展现状及对策》,《林业经济》2010年第7期。
48. 荣增举:《三江源自然保护区生态移民社区的居民需要——以玉树县上拉秀乡家吉娘生态移民社区为例》,《青海民族研究》2010年第3期。
49. 谭国太:《三峡库区生态移民的理论与实践》,《重庆行政》2010年第4期。
50. 宝鲁、包红花:《生态移民对牧区生产生活的影响研究》,《北京经济》2009年第5期。
51. 马明元、崇玉林、李兴忠:《生态移民对生态保护与发展影响的调查分析》,《中国林业》2010年第11期。
52. 赵宏利、陈修文、姜越等:《生态移民后续产业发展模式研究——以三江源国家级自然保护区为例》,《生态经济》2009年第7期。

53. 余吉玲：《生态移民中的文化适应》，《经济研究导刊》2010年第16期。
54. 赵宏利、陈修文：《PRA方法在生态移民后续产业项目选择中的应用——以三江源地区生态移民为例》，《开发研究》2008年第5期。
55. 尹秀娟、罗亚萍：《三江源生态移民与迁入地城镇化建设》，《青海师范大学学报》2007年第2期。
56. 马小平：《人类学视野下生态移民的文化变迁——基于宁夏永宁县闽宁镇移民社区的调查研究》，硕士学位论文，西北民族大学，2010年。
57. 吴帅琴：《三峡农村外迁移民文化适应研究——以湖南省C市一个移民安置村为例》，硕士学位论文，山东大学，2007年。
58. 路宪民：《社会文化变迁中的西部民族关系》，博士学位论文，兰州大学，2008年。
59. 潘秋荣：《文化变迁与认同——赛夏族与基诺族的考察研究》，博士学位论文，中央民族大学，2003年。
60. 孙东方：《文化变迁与双语教育演变——东北地区达斡尔族个案研究》，博士学位论文，中央民族大学，2005年。
61. 谭志满：《文亿变迁与语言传承——土家语个案调查研究》，博士学位论文，中央民族大学，2005年。
62. 罗吉华：《文化变迁中的文化再制与教育选择——云南勐罕镇中学傣族和尚生的个案研究》，博士学位论文，中央民族大学，2009年。
63. 张小明：《西北生态移民研究》，博士学位论文，西北农林科技大学，2008年。
64. 解志伟：《新疆木垒县——乌兹别克族游牧社会文化变迁研究》，博士学位论文，中央民族大学，2009年。
65. 胡华征：《生态移民的自愿与非自愿性研究——内蒙古阿拉善盟李井滩调查》，硕士学位论文，中央民族大学，2004年。
66. 周军：《中国现代化进程中乡村文化的变迁及其建构问题研究》，博士学位论文，吉林大学，2010年。
67. 白浩然：《保安三庄汉族移民文化变迁》，硕士学位论文，兰州大学，2009年。

68. 徐鑫鑫：《肃北蒙古族自治县汉族移民文化变迁——一个汉族移民村落的个案研究》，硕士学位论文，兰州大学，2008 年。
69. 李军乔：《三江源地区生态环境重建对策研究》，硕士学位论文，西北农林科技大学，2002 年。
70. 王朦：《论生态移民中的民族文化变迁》，《原生态民族文化学刊》2011 年第 3 期。
71. 白雪梅：《三江源环境保护中生态移民的人文思考》，《青海环境》2009 年第 3 期。
72. 张贺全、逯庆章：《青海三江源地区实施生态移民的分析与思考》，《青海草业》2007 年第 4 期。
73. 章开英：《日常生活视角下的移民社会变迁研究——以西沱移民为例》，硕士学位论文，吉林大学，2010 年。
74. 郑传贵：《转型期农村社区社会资本研究——以赣东北项村为例》，博士学位论文，西北农林科技大学，2005 年。
75. 乌恩：《阿鲁科尔沁旗生态移民问题研究》，硕士学位论文，内蒙古师范大学，2011 年。
76. 洪燕：《生态移民项目的评估研究》，硕士学位论文，中央民族大学，2006 年。
77. 闫平：《西藏日喀则城市老年人社会支持研究》，硕士学位论文，中央民族大学，2010 年。
78. 易伍林：《两类水库移民社会网现状对比研究》，硕士学位论文，福州大学，2005 年。
79. 卜长莉：《"差序格局"的理论诠释及现代内涵》，《社会学研究》2003 年第 1 期。
80. 刘学武：《生态移民中政府权威与民间社会运作体系的互动——以宁夏红寺堡生态移民开发区为个案》，硕士学位论文，中央民族大学，2011 年。
81. 皮海峰、吴正宇：《近年来生态移民研究述评》，《三峡大学学报》2008 年第 1 期。
82. 乌日套吐格：《内蒙古生态移民问题研究》，硕士学位论文，内蒙古师范大学，2010 年。

83. 刘小强、王立群：《国内生态移民研究文献评述》，《生态经济（学术版）》2008 年第 1 期。
84. 宋国光：《建立三江源自然保护区具有重要的意义》，《国土经济》2002 年第 11 期。
85. 马生林：《三江源生态再思考》，《西部论丛》2004 年第 11 期。
86. 马丽君：《西部地区生态环境建设与可持续发展的思考》，《青海民族大学学报》2010 年第 2 期。
87. 饶水平：《"中华水塔"——三江源自然保护区》，《中学生物数学》2002 年第 1 期。
88. 丁忠兵：《论三江源地区的生态地位与可持续发展》，《青海社会科学》2006 年第 2 期。
89. 藏拉：《现代化进程中玉树藏区社会文化变迁研究——以结古镇为个案》，硕士学位论文，中央民族大学，2009 年。
90. 杨云彦：《社会变迁与边缘化人群的能力再造》，《中南财经政法大学学报》2008 年第 6 期。
91. 周艳玲：《社会资本与中国民营企业发展》，博士学位论文，中央民族大学，2010 年。

## 三　外文参考

［1］Goldseheiider G, *Urban Migrants in Developing Nations*, West View Press, 1983.

［2］Taft R, "The Psychological Study of the Adjustment and Adaptation of Immigrants in Australia", *Journal of Australian Psychology Review of research*, No. 2, June 1985.

［3］Ward C, &Kennedy, "Where's the Culture in Cross-cultural Transition? Comparative Studies of Sojourner Adjustment", *Journal of Cross-culture psychology*, No. 1, May 1993.

［4］Robert Furbey, *Faith as Social Cipital：Connecting or Dividing?*, Bristol：Policy Press, 2006.

［5］Woolcock M, "Social Capital and Economic Development：Toward a Theoretical Synthesis and Policy Framework", *Journal of Theory and Society*, No. 3, June 1998.

[6] Baron, S. Field, J. Schuller, *Social Capital Critical Perspectives*, Oxford University Press, 2000.

[7] Lu Qingshui, Zhao Zhiping, "Eco-immigration Policy for the Degraded Rangeland and Responses of Herd Family in the Source Region of Yellow River——Case Study Based on Household Investigation in Maduo County", *Journal of Progress in Geography*, No. 3, June 2008.

[8] Louis Wirth, "Urbanism as a Way of Life American", *Journal of Sociology*, No. 5, July 1938.

[9] Gledhill J, *Power and Its Disguises: Anthropological Pers Pectives on Politics*, London: Sterling Virginia. Pluto Press, 1994.

# 后 记

本书是在我博士论文的基础上修改完成的。本想好好完善她,让其落落大方地和大家见面。但不知道时间去哪儿了?转眼间,她已被尘封两年却无暇顾及。眼睁睁看着光阴从指缝溜走,年岁恣意疯长,不堪回望生命之途,让人惊悚而不知所措。

而今,搁置许久的博士论文有幸获得中共青海省委党校、青海省行政学院、青海省社会主义学院的资助得以出版成书,不胜感激。特别感谢常务副校长武伟生先生,副校长陈玮先生、渭洪先生、马洪波先生、毛玉金先生,教育长漆冠海先生以及科研处处长杨皓然先生和副处长段晓娟女士。是他们的真诚关怀和充满正能量的鼓励,使我克服了惰性,在博士后阶段挤出时间对论文力所能及地加以修改和完善,最终呈现在大家面前。

回首往事种种,一晃9年过去了,奔波于北京和西宁之间,跋涉的路途中,有过光荣与梦想、苦痛与困厄,但一切都湮没于时间的长河中淡了,散了,远了。昏昏然,2015年已过去一半,本书即将付梓,虽有积累不足的掣肘,有能力不及的遗憾,却终成一家之言,且作引玉之砖,由人评说吧!

韦仁忠<br>
二〇一五年五月十六日于西宁枫林绿洲